本书编委会与厉以宁总顾问合影留念

新共赢生态

——政信金融投资指南

国投信达（北京）
投资基金集团有限公司　编著

中国金融出版社

责任编辑：张智慧　王雪珂
责任校对：张志文
责任印制：张也男

图书在版编目（CIP）数据

新共赢生态：政信金融投资指南/国投信达（北京）投资基金集
团有限公司编著 . —北京：中国金融出版社，2019.9
ISBN 978 - 7 - 5220 - 0159 - 3

Ⅰ. ①新…　Ⅱ. ①国…　Ⅲ. ①金融投资—指南　Ⅳ. ①F830.59 - 62

中国版本图书馆 CIP 数据核字（2019）第 131028 号

新共赢生态：政信金融投资指南
Xin Gongying Shengtai：Zhengxin Jinrong Touzi Zhinan

出版
发行　中国金融出版社

社址　北京市丰台区益泽路 2 号
市场开发部　（010）63266347，63805472，63439533（传真）
网 上 书 店　http://www.chinafph.com
　　　　　　　（010）63286832，63365686（传真）
读者服务部　（010）66070833，62568380
邮编　100071
经销　新华书店
印刷　北京市松源印刷有限公司
尺寸　169 毫米 ×239 毫米
插页　1
印张　21
字数　275 千
版次　2019 年 9 月第 1 版
印次　2019 年 9 月第 1 次印刷
定价　69.00 元
ISBN 978 - 7 - 5220 - 0159 - 3
如出现印装错误本社负责调换　联系电话（010）63263947

本书编委会

总顾问：厉以宁

主　编：裴棕伟

副主编：何晓宇　邱　鹰　于文博
　　　　丁兆吉　陈卫国

委　员：陈立强　杜善凡　袁　蕊
　　　　张　磊　霍玲玲　寇　淼
　　　　赵　瑞　朱　冉　张　凯
　　　　吴文成

序　言

  PPP 行业在西方国家发展较快，无论是民间的课题研究、研究机构对城乡的调查和咨询服务，还是智库人才的发现和推介，都取得了较大成绩并积累了丰富的经验。近五年来，中国的 PPP 模式快速发展并形成了规模达 12 万亿元的巨大市场，积累了丰富的经验，当然也暴露出了一些问题。对于中国来说，如何汲取西方国家的经验，并在工作中汲取它们的长处，值得我们思考。

  以 PPP 为核心领域的政信金融服务，是金融业的一个重要细分领域。政信金融是基于地方政府公共信用的金融产品，具有政策性和经营性融合的二元属性。对 PPP 和政信金融的实践总结和理论探索，对于中国金融业的健康发展、产业结构转型升级和国家治理能力现代化具有重大意义。这也是本书的主旨所在。

  我们在澳大利亚和新西兰就 PPP 的参与提出了一些问题。我们感到，在澳大利亚和新西兰两国，以 PPP 的方式聚集资金，取得营造商、金融商、购房者以及其他涉及 PPP 的有关人员的信任，这样，迅速开发合适的居民住房问题就易于完成。

  在澳大利亚和新西兰，PPP 方式是有市场经济背景的。基于此，PPP 方式在澳大利亚和新西兰得到了广大建房者、购房者的支持。

  这里涉及的一个重要问题是如何利用贷款问题。如果在 PPP 情况下，银行担心购房者拖欠贷款而不愿放贷，特别是小额贷款的贷款人，则会加深人们对市场的悲观情绪，使欠银行的款项无法归还，更容易出现银行倒闭等情况。但根据我们在澳大利亚和新西兰两个国家 PPP 的实际情况来看，它们对发行新建居民住宅的过程和反映来看，购房者基本上是满意的，这主要同建房者的认真和负责有关。因此，银行和建房者之间的互相支持是 PPP 得以取得良好业绩的重要原因。

从澳大利亚和新西兰两个国家建设居民楼的过程可以看到，银行业和建房者的合作具有重要意义，因为可供购房者的选择机会越多，购房的一方选择的范围就越大，对购房者来说机会就越多。

在澳大利亚维多利亚州海边（"十二门徒"景区），我们遇到了几位华人游客，他们是前些年来到澳大利亚的，多数在企业界工作，生活一般较稳定。他们说，以前沿海边的路不好走，不断有大石头阻碍前进，幸亏近年来已修好公路，搭上公共汽车，可以在景区上下车，既安全又舒适。他们还对我们说，这些公路是通过发行公路券而聚集资金修建的。政府批准筑路规划，商界投资修路并建筑了沿线的停车场、饭店、旅馆等公共设施。政府在公路建设过程中的作用得到了国民的称赞。

实际上，我们在新交通路线上所看到的还只是澳大利亚和新西兰 PPP 的一部分。政府希望能进一步加快澳大利亚公共设施的建设速度，但过去一直为经费而焦急，以致有些工程因经费不足未能如期完成。现在有 PPP 方式可以利用，政府、商界、居民三方的合作共赢，是成功的例子。

最近在西方国家讨论较多的是与老龄化有关的促进老龄产业发展的研究，PPP 模式被广泛采用，包括如何建设老龄医院、疗养医院一类的规则等。同时，各个国家老龄化的速度不同，收入情况差别较大，因此，如何运用 PPP 模式引导有条件的国家的老龄者更好地生活，是值得社会学者们研究和实践的。

在 PPP 模式推行过程中，采取政府和社会资本合作模式是可行的，原因在于：

第一，政府和社会资本合作后，可以通过提供长期合作方式的做法引导政府资本和社会资本都增加投资的积极性，使政府资本和社会资本继续合作下去，时间越长久，效果通常越突出。

第二，当政府为老龄化提供一定的资本，以及老龄产业开始有较好的物质条件之后，政府会提出新的项目，从而会向社会提出新项目的建设需求，这在西方国家是有先例的。比如，社会资本感到机会难得，不愿放弃投资机会，可以和政府资本合作建设一些新项目，使老龄者的愿望得以实现。

第三，社会资本感觉到多元融资的分工是有利于 PPP 模式的进一步发展的，因此投资、运营、监管的分工和参与会更加自觉，从而推动社会资本的加速壮大，使 PPP 形式更加受到投资方的关注，使风险共担成为众多投资人都关注的焦点。

因此，PPP 模式实际上吸收了社会资本和政府资本合作的优点，老龄产业成为发挥参与者积极性的例证。

从西方国家近年来发展 PPP 模式的经验来看，PPP 应用的范围至少还应该包括下述四个领域：咨询服务、人才培训服务、城市规划服务、行业推介服务。

第一，咨询服务。咨询服务的领域十分广阔，通常包括城市规划、金融支撑、产业规划、公共基础设施、公共服务等方面的顶层设计等。除此之外，产业基金的评级也是咨询服务的对象。从 PPP 咨询服务对象的角度来看，这一类咨询服务是很受投资人欢迎的。因为只要评估及时，而且有根有据，无论是哪一种投资人都会受益，这是稳定 PPP 市场的有益措施。

第二，人才培训服务。PPP 在公共基础设施方的咨询服务方面包括对人才的关注。而人才的培训通常在前期就被注意，因为如果在咨询方面动作慢了，通常也就失去了机会，所以人才培训服务通常走在前面，形成"先下手为强"的局面。从实践来看，这方面的探索和探路多数是外商走在前面，因为他们经验较多，对成本的承担有经验。但进入

21世纪以后，我国越来越多的PPP项目已由本国的行业领头了。本书的及时推出对于政信事业专业人才的培训也是有益的推进。

第三，城市规划服务。在PPP咨询业务展开的过程中，城镇化通常成为服务者关注的焦点，并且西方国家和中国的差别较大，中国的城镇化通常具有特殊性。简要地说，中国现阶段的城镇化农民进城谋生，小孩有机会上学，老人如果也一起进入城镇，那更是农民城镇化的一项特点，这类似于西方国家大约在20世纪前期发生的人口转移高潮。因此，中国当前的农民全家进城，带有中国农村经济的特殊性。

实际上，中国农民进入城市，落户于城市，是一件有影响、有后续变化的大事。换句话说，农民进城安家将连续发生变化，而且会是在城乡两部门同时发生变化的开始。中国的农村人口较多，按照GDP的统计来看，通过机械化和水利工程的普及，最终留下10%的农业劳动力，就有能力保障农产品的提供。新搬进城的农民不必再记住在农村的耕地施肥和播种，因为他们成为工人了。所有这些城市化、工业化和信息化的投资，大部分都是通过政信投资拉动，进而通过政企合作模式实现的，政信投资的基础性、先导性作用日渐显现。

我们可以说：只有把农民变成工人，中国才能真正成为工业国，也才能成为现代农业的种植者。

第四，行业推介服务。行业推介服务是单独的行业，需要PPP给予支持。支持是多种多样的，有些适用于这些企业，有些适用于另一些企业，各个企业的情况不同，因此没有一成不变的良方或良药，但行业经验是共赢的基础，所以推介行业经验是可行的。这些推介不仅是企业需要的，而且是政府需要的。可以预见的是，信息推介、项目推介、产品推介和资金推介将会形成专业的领域，发展成为庞大的市场，进而形成相关理论。本书在这个领域也进行了较为深入的探索。

最后，我想从PPP模式和今后的发展前景谈一些个人的考虑。

从世界PPP模式的推进和成绩来看，主要是最近30年左右的成就。

政府投资和民间资本是相互推进的。有政府投资在先，民间资本的投资就放心了，顾虑就减少了；同样的道理，有民间资本在先，政府投资也会感觉到 PPP 这种模式是得到民间支持的，因此也愿意投入。应当注意到，投资人的投资多少，通常会因项目本身的特点而异，但政府资本和民间资本的融合是成功的基础。本书在政府投资与民间资本的联动效应方面也做了较为深入的探索。

总体来说，PPP 模式还会继续发展。新的规范必须经过公众多数的认可，这是近 30 年来 PPP 的成绩的反映。从 20 世纪 80 年代初探索试行算起，经历了稳定推广阶段（2003—2008 年）、波动发展阶段（2009—2013 年）、快速发展阶段（2014 年至今），总的趋势是向好的，项目数量和投资额逐年增加，这是可喜的①。但也要清醒地看到，PPP 模式中也有新问题，需要政府、民间两方面共同努力，使 PPP 模式发挥更大的优势。

是为序。

厉以宁

北京大学光华管理学院名誉院长

---

① 肖光睿、袁竞峰：《中国 PPP 发展历史》，载《中国 PPP 行业发展报告（2017—2018）》，社会科学文献出版社，1–12。

前　言

　　政信金融是当今世界现代金融业的一个重要细分领域。从中国的四十多年改革开放实践来看，它既是财政金融体制改革的必然产物，又是地方政府公共信用进一步发展的必然方向。

　　首先，政信金融是地方政府信用与市场经济原理有机结合的产物。从1978年的"财政包干"到1994年的"分税制"，再到2000年的快速城镇化进程和2008年的国际金融危机，地方政府肩负着城市建设、经济发展和服务民生等多重任务，本身就需要各种财政性和后来出现的金融性渠道，以筹集相关资金。从1987年国内第一家地方政府融资平台公司——上海久事集团有限公司成立开始，为了解决财力不足与不断增长的资金需求矛盾，地方政府融资平台应运而生，银行借款、债券发行、土地财政、PPP、产业基金等方式，成为地方政府举债融资的核心渠道，推动着中国政信金融业务蓬勃发展，进而极大地促进了中国城镇化、工业化和现代化进程。近年来，政信金融和政府融资平台有过巨大贡献也有过重大不利影响，中国经济的高速成长与风险累积均与此紧密相关。

　　其次，政信金融具有经营性和政策性融合的二元属性。伴随着中国发展进入新时代，供给侧经济结构调整和金融体制改革要求一切金融活动、金融创新、金融发展，都应当以实体经济的需要为出发点和落脚点。政信金融的政策性属性使之在公共服务、"三农"、小微企业等薄弱领域和科技创新、国企改革等支柱领域更加能够发挥引导作用和支持作用。尤其是在中美竞合的背景下，政信金融的逆周期经济调控能够增强中国经济的韧性和弹性，可在一定程度上化解中美贸易摩擦对中国经济造成的不利影响。

最后，政信金融作为一种资产管理工具，具有直接融资的典型特点，能够深化金融体制改革，提高直接融资比重，促进多层次资本市场健康发展。资产管理产品可以在这个领域大显身手，"技术进步＋资本市场"，不仅能够做大做强资本市场，而且能够成为战略新兴产业发展的助推器，促使中国尽快成为创新型国家。

本书课题组基于信用理论和政信实务，创造性地提出了"政信金融"的概念和体系框架，具有较强的前瞻性和较大的创新性。政信金融具有长效、稳定、透明度高、低风险、易操作等特点，是基础建设、公共服务建设的有效组成部分，也是未来政府融资的主要方向之一。

第一，政信金融是基于地方政府公共信用的金融产品，这与个人（消费者）金融、商业性金融具有本质差别。因为公共信用的主权性、高强度性和特殊性，决定了政信金融不仅是一种金融工具或者金融产品，而且是一种调控政策和金融政策。政信金融的信用基础是地方政府，强度较高；而个人金融和商业金融的信用基础分别是个人和企业股东，其强度相对较低。同时，政信金融的实践形式异常丰富，不仅包括政府债券、金融机构贷款、开发性金融，而且包括地方政府投融资平台、政府投资基金、政府与社会资本合作（PPP）、信托计划等。

第二，政信金融作为金融产品，其参与主体除了包括基本主体，即地方政府，还包括地方融资平台公司、政信金融服务公司、投资者三类重要主体。本质上，地方融资平台公司（或者其背后相应的地方政府）是融资人，投资者是相应项目的投资人，而政信金融服务公司则是相应项目的资产（资金）管理人，三者在法律上构成了一种契约关系。投资政信项目是金融市场上安全系数相对较高的投资标的。因为政信投资项目都是以政府为主导进行投资的大型项目，包括大型基础设施建设项目和公共服务类的民生项目。

　　第三，地方政府融资平台是政信金融的依托主体和重要工具。地方政府融资平台是特殊历史时期的特殊产物，功过参半。未来较长一段时期内，地方政府融资平台将依然存在，但是其历史使命和功能定位将发生巨大转变。地方政府融资平台将蜕变成为政府投资主体、国有资本经营主体和国企改革创新主体，区别性地发展成为资源配置平台、资本运营平台和产业经营平台，将在经济发展、引导创新和服务民生等领域发挥重要作用。

　　创新往前走，经济就增长，经济停滞是因为前一个创新的效率已经使用殆尽，后一个创新还没到。经济发展需要创新，金融研究也需要创新，本书基于金融理论，总结金融实践，对比国际经验，教科书式地进行了一次非常有益的尝试，值得各级政府机构、科研院所、各类高等院校、金融机构、企业等学习研读。

吕世杰

中央财经大学政信研究院副理事长

目　　录

第一章 政信金融投资市场

第一节 政信金融概述

一、政信金融的内涵

对政信金融进行比较准确的界定。

为稳金融、稳增长，PPP 模式（Public - Private Partnership）在各地均被大力推广，中央、地方利好政策频出。针对 PPP 模式在推广过程中的问题，各级政府均提出了有效的应对之策。在 PPP 实践过程中，国投信达（北京）投资基金集团有限公司（以下简称国投信达）从信用理论和中国政信业务实务出发，理出了"政信金融"这一概念。

政信金融业务的参与者包括政府主体、政信金融服务公司、投资者（社会公众或者投资机构）三方面。

政信金融服务的模式包括主体、客体和运作方式三个方面。

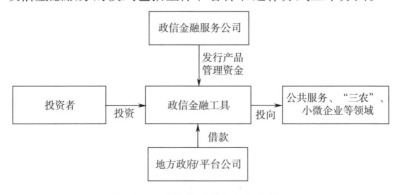

图 1-1 政信金融业务参与者关系

在三方主体中，地方政府是委托人和融资者，而政信金融服务公司是资产管理人，投资者是事实上的受益人。地方政府以其信用介入，将其拥有的公共产品和公共服务特许经营权转移给政信金融服务公司，由其按照规定条件和范围进行管理和运作，一方面将公共产品和公共服务提供给社会大众；另一方面实现投资者的预期收益要求。

二、政信金融的国际对比

由于政治体制、经济发展水平、财政体制和金融体制的不同，中国与发达国家、其他新兴市场国家在政府信用体制上具有很大差异，在财政收入的筹集方式和偏好上也相应具有差异。但总体来说，举债不仅是发达国家地方政府普遍采取的融资手段，也是新兴市场国家越来越重视的融资手段。当然，多数国家规定地方政府只能举借内债，只有个别国家规定在中央政府授权的情况下，达到一定级别的地方政府可以举借外债。

各国地方政府举债最常用的两种方式是发行债券和银行贷款。对于发行债券而言，其定价完全取决于市场竞争，优点是发债成本相对于银行贷款更低一些。但是由于受到市场监督约束，对于发债主体的信息公开透明度要求很高。所以，发行债券更适合于经济规模大、经济基础比较好的地方政府。对于银行贷款而言，程序相对简单，地方政府仅需要向银行提供必要的信息，但是银行贷款的资金成本更高一些。所以，银行贷款更适合于经济规模比较小的地方政府。

必须指出的是，由于银行对地方政府的监督和约束相对有限，管理上可能会存在较多漏洞。总体上讲，美国和印度地方政府以发行市政债券为主，英国地方政府以银行贷款为主，而德国和日本则二者兼而有之。以下侧重于美国、英国和日本，来分析世界三种主要政信金融模式的差异。

1. 美国的政信金融模式

（1）财政体制特点

美国是世界上最大的发达国家，其财政体制具有很强的代表性。美国的财政体制是高度分权，实行联邦财政、州财政和县财政三级治理模式。各级地方政府具有很强的自治性，财权与事权基本匹配，在其范围内具有财政立法权、收益权、征收权和预算权，基本能够实现"一级政府、一级事权、一级收入权"。

（2）地方政府融资的主要渠道

美国地方政府主要通过市政债券的方式融资，各州及州以下地方政府融资几乎全部采取发行（市政）债券的方式。美国市政债券发行的方式有公募（99%左右）和私募（1%左右）两种，投资者包括个人投资者、货币市场基金、共同基金、商业银行、保险公司、封闭式基金以及其他投资者。市政债券分为一般责任债券和收益债券两种。

一般责任债券是由州、市、县或者镇政府发行，以相应政府的税收能力为发行基础和偿付后盾，信用来自发行者的税收能力，定期支付本金和利息，利率相对较低，违约的情况极为罕见。

收益债券指公用事业机构（为了建设某一个基础设施或者公共项目而依法成立）、委员会及其授权机构发行的特定债券，该债券与指定项目严格对应，还本付息资金来源于指定项目有偿使用带来的收益。政府也可以发行收益债券，但是其资金只用于能够带来收益的政府企业，不能以自身的信用来担保收益债券的偿还。与一般责任债券相比，收益债券风险相对较高，所以其利率也相对较高。

政府对于一般责任债券和收益债券的偿还方式是不一样的。对于一般责任债券，政府可以使用项目费收入、地方税收等各种资金向投资者支付利息和偿还本金。同时，当州和州以下地方政府不能或者不愿筹集足够的资金来支付利息或者偿还本金时，债券持有人可以向法庭提起诉讼，获得政府或者其代理机构的资产，而收益债券本身已经锁定了指定项目的收入作为偿债来源。如果该项目获得的收入不足以还本付息，州和州以下地方政府不能动用其他的收入来源进行弥补。债券持有人需要自身承担部分或者全部损失。

为了增强市政债券的还本付息保障，美国有数十家专业的市政债券保险公司及行业性组织"金融担保保险协会"，对市政债券进行保险支持。新发行的一半以上的长期市政债券都获得了相关保险公司的保险支持，从而提高了债券的信用评级，降低了投资者的风险损失。

市政债券因发行期限、资金用途的不同，利率也有所差异。一般来说，市政债券利率低于公司债券。但是由于市政债券的还本付息相对来说更有保证，加上联邦政府对个人投资者购买市政债券获得的利息收入免征所得税，所以市政债券的实际税后收益还是比较可观的。

美国8万多个地方政府中有大约70%，即约5.5万个地方政府都通过市政债券发行来获得融资。整体来看，美国市政债券的余额占GDP的比重基本可以达到15%～20%，约占美国全部债务的6%。

2. 日本的政信金融模式

（1）财政体制特点

日本财政体制与美国截然不同，是典型的高度集权模式，财政比较集中，中央预算收入占全国预算收入的70%以上。一方面，日本税制实行中央集权制，中央和地方税收分配比例为3∶2，而支出结构接近于3∶7；另一方面，日本有比较完善的转移支付体系，地方财政支出的资金缺口主要通过中央对地方的转移支付（国库支付金）进行解决，中央对地方财政的转移支付占地方预算支出的40%以上。此外，地方政府还可以通过地方交付税和地方让予税获得收入以弥补税源不足。

（2）地方政府融资的主要渠道

日本地方政府融资既有借款，又有债券，主要通过银行信贷和发行地方债券融资。

首先，日本地方政府可以向中央政府、公营企业金融公库、银行等机构借款。由于日本实行主银行制度的公司治理结构，因此通过银行信贷融资也较为广泛。

其次，日本地方政府可以通过公募或者私募方式发行债券。日本的地方债券包括地方公债和地方公营企业债两种类型。经济实力强的地方政府主要通过公募方式直接发行中长期债券，即地方公债，主要用于地方道路建设、地区开发、义务教育设施建设、公营住宅建设、购置公用土地以及其他公用事业。而地方公营企业债，则是由地方的公营企业发行，地方政府提供担保的债券，使用方向集中于下水道、自来水和交通基础设施等方面。

最后，日本还有比较完善的财政投融资以帮助地方政府融资，日本财政投融资运作中分配给地方政府的比重约20%，主要通过购买地方债或者为地方债提供担保的方式，来保证地方公共基础设施和服务的投资、运营。因此，日本的地方债并不是真正意义上的市场性、金融性融资，与美国的市政债券之间有很大的差异。

3. 英国的政信金融模式

（1）财政体制特点

欧洲各国财政管理体制有较大差异，但是从共性来看，英国和法国实行高度集中的分税制模式，财政上高度集权。一方面，从财权来看，中央政府与地方政府严格按照税种划分。地方建立了以财产税为主体的税收体系，但是其税率和税基一般由中央政府确定。另一方面，从事权来看，中央政府和地方政府具有相对明确的事权范围，但是中央政府通过限制地方政府财政支出的规模，来影响地方政府的事权。同时，从中央政府和地方政府转移支付的角度看，地方政府履行事权很大程度上依赖于中央政府。例如法国，尽管地方政府有40多个税种，但是其财政支出的约45%，还要依靠中央政府的转移支付。

（2）地方政府融资主要渠道

英国地方政府主要通过借款方式融资，主要来自公共工程贷款委员会和商业银行贷款。其中，公共工程贷款委员会隶属于英国财政部债务管理办公室，通过国家贷款基金（国债性质）转贷给地方政府，为地方政府提供了近80％的借款。

为了防止债务危机的发生，世界上多数国家要求地方政府举债时必须遵守"黄金规则"，即除短期债务外，地方政府举债只能用于基础性和公益性资本项目支出，不能用于弥补地方政府经常性预算缺口。只有加拿大、美国、德国和瑞士等国家允许地方政府举债以弥补财政收支季节性缺口。

三、中国政信金融的基本模式

1. 政信金融的主体

政信金融的主体，是指政信金融的参与方，不仅包括借款方，即地方政府或者其平台公司；也包括金融服务方，即具有相关金融牌照的银行、证券、保险、信托和基金公司；还包括投资者，即广大高净值的个人投资者和机构投资者。本书将在第一章第二节对此进行详细论述。

2. 政信金融的客体

政信金融的客体，是指政信金融采用的金融工具。除了传统的银行信贷，主要包括地方政府债券、产业投资基金、资产证券化、保理和租赁、定向融资计划等。

3. 政信金融的运作方式

从政信金融的融资模式来看，分为债权类融资和股权类融资两种，分别有不同的运作模式。

政信金融的债权类融资方式，常见于地方债。地方债可以分为一般债券和专项债券。一般债券没有直接收益，以一般公共预算作为主要偿还来源，不针对具体项目。专项债券投资于特定项目，由项目未来收益作为偿还来源，不纳入财政预算，不计入赤字。目前专项地方债的品种主要有棚改债、土地债、轨道交通债、高速公路债等。

自 2018 年开始，财政部陆续出台了一系列政策文件，加大了对地方债发行的规范力度。例如，发布了地方政府债券公开承销发行业务规程、弹性招标发行业务规程，对地方债发行的细节和程序作出了规范，进一步完善地方债发行方式，提高债券发行效率，确保地方债顺利合规发行。2019 年初，可以通过银行柜台发行地方债，大大降低了地方债的筹措成本。

另外，还有地方私募债。地方私募债主要依托各个地方股交市场，与地方债一样，是政府主要的债务融资工具，投资到地方基础设施建设。

同时，还可以通过境外发行债券进行融资。与境内发行债券、境内发行股票、境内贷款等融资方式相比，具有吸引外国投资、利率低、时间周期较长并可以建立国际信誉等重要的作用。

应收账款保理融资也是重要的债权融资方式之一，其运作方式是国企或政府融资平台企业将赊销形成的未到期应收账款在满足一定条件的情况下，转让至集团保理业务公司，并承诺到期回购，按一定保理融资比例提供流动资金支持，加快资金周转。

融资租赁方式在很多领域都可以使用，目前在我国具有很好的发展前景。其运作方式是公司对承租人自主选定的租赁物件，进行以为其融资为目的的购买，然后将该租赁物件中长期地出租给该承租人使用，承租人按期支付租金。租赁到期时承租人可以获得设备所有权，实质上是以融物的方式满足承租客户融资的需求。对于政府来说，承租人为政府平台公司或国企，在租赁期内承租人所产生的现金流要足以覆盖租赁期内应付出租人的租赁租金。

在股权融资方面，政信金融的融资类型比较多，运作方式也比较复杂。

首先是 PPP 项目直接投资，政府和社会资本合作投资于地方基建、民生项目，共同出资和占有股份。一般情况下，双方会合资成立一个项目公司，再通过项目公司进行融资建设，以达到风险隔离的目的。项目建成后，由政府特许企业进行项目的开发和运营，社会资本除了可以获得项目经营的直接收益，还可获得通过政府扶持所转化的效益。

其次是政府通过产业引导基金对项目进行投资，这类投资方式一般针对地方政府的大型城镇化、产业园区、新区建设、整体扶贫基础设施建设等项目，由券商、银行等参与。借鉴国外政府扶持股权投资的行业实践与成熟经验，地方政府通过产业引导基金模式吸引社会资本，以"母基金"的方式投资于本地项目投资。地方政府一般会有明确的项目规划，锁定产业基金投资范围。另外，会成立引导基金管理委员会或投资决策委员会，作为基金的最高投资决策机构，行使引导基金决策和管理职责。

在深化国有企业改革的过程中，可以设立国有企业改制基金，引导社会资本参与国有企业改制重组或国有控股上市公司增资扩股，以及企业经营管理。一般情况下会实行同股同权，切实维护各类股东合法权益。政府和社会资本合作模式在其中占有很重要的地位，社会资本可以通过投资入股、联合投资、重组等多种方式，参与各类企业进行股权融合、战略合作、资源整合。

此外，还有一些深化的政信金融服务模式，如将 PPP 模式与产城融合投资相结合，能够充分发动社会资本的力量，根据地区特点导入各类产业，帮助地方实现产城融合发展。当前，我国产业结构正面临重构和调整，产城融合是我国城镇化布局的新战略，承担着打造城市发展新格局的重要使命。

政府和社会资本平等合作，有利于社会资本全流程参与项目、把控风险。一方面，能够更好地把握项目未来的获利能力；另一方面，在投资之后可以深度参与投后管理。

对于股权类政信金融项目来说，可以依靠资产证券化来实现退出。从金融产品的角度，国家发展改革委推出的 PPP 项目专项债以及国家发展改革委联合证监会推出的 PPP 资产证券化产品都是相应的尝试，并且已经有公司进行过实践。虽然与万亿体量的 PPP 项目投资规模相比，证券化的比例依然较小，但是未来的潜力巨大。

第二节　政信金融的主体

如前所述，政信金融的参与主体除了包括基本主体，即地方政府，还包括地方融资平台公司、政信金融服务机构、投资者三类重要主体。本质上，地方融资平台公司（或者其背后相应的地方政府）是融资人，投资者是相应项目的投资人，而政信金融服务机构则是相应项目的资产（资金）管理人，三者在法律上构成了一种契约关系。

一、基本主体：地方政府

1. 地方政府的界定

地方政府作为融资方，是政信金融的基本主体。地方政府指的是管理一个国家行政区事务的政府组织的总称，我国统称为地方人民政府。

中国地方政府既是国家机构体系的重要组成部分，负责执行或保证执行宪法、法律、行政法规和上级国家机关的决议决定，办理上级国家机关交办的事务，同时也是地方单位，依法管理地方事务。另外，民族自治地方的自治机关还享有自治权。

根据 2018 年 2 月的统计数据，中国共有 31 个省、自治区、直辖市（不含港澳台），其中下辖 297 个地市级行政区、2 876 个区县级行政区。省级、地市级和区县级政府及下属投融资平台公司是政信金融主体中的政府方代表。

2. 当前经济形势下面临的挑战和机遇

当前我国经济面临下行压力，需要打好防范化解重大风险攻坚战，重点防控金融风险。然而，我国地方债务如大山一般压在地方政府头顶，让政府苦不堪言，要化解地方债务风险需加大力度推广政信金融。

每个国家的政府，都必须履行自身职能，向社会提供公共产品和服务。政府本身是不生产这些公共产品和服务的，所以需要向社会购买或者调配资源，在这个过程中就会产生支出。例如，基础设施建设支出、流动资金支出、地质勘探支出、国家物资储备支出、工业交通部门基金支出、商贸部门基金支出等；也包括科学事业费和卫生事业费等社会文教费支出；还有公检法、国防、政策性补贴等。地方政府债务就来源于多年来刺激经济政策发展累积下来的支出。

如今政府出台政策规范政府预算管理制度，是推动我国经济高质量发展的要求，有利于加强地方政府债务管理，发挥政府规范举债对经济社会发展的促进作用，有效防范并化解地方政府债务风险。政府为促进经济市场化进行职能调整，通过创新融资模式，在职能输出过程中引入市场机制。

在规范财政支出制度方面，政府需要依据财政支出效益原则，发挥市场机制作用，遵循市场效率准则来安排财政支出，优化资源配置，以最小的社会成本取得最大的社会效益。另外，还需要完善法律法规，限制盲目上马项目、盲目投资，保障国家及社会资金投入产生良好效益。

另外，对地方政府债务实行高效监督，需要穿透式监管。

防控地方政府债务风险的根本在于用好债务资金。地方政府举借债务依法用于公益性资本支出，不得用于经常性支出。实行穿透式监管，就是通过跟踪资金流向，确定最终用途，是用于政府公益性项目建设，还是存量政府债务与隐性债务还本付息，或是国有企业的经营性项目，从而掌握地方政府债务资金的真实流向和实际用途，督促地方政府将债务资金切实用于基础设施领域补短板。

引导地方政府将债务资金切实用于补短板，可以从两方面着手。一方面，从资金端入手，层层跟踪资金流向，落实债务资金的最后用途。另一方面，从项目端入手，追踪项目建设资金来源，分析项目筹资过程中是否存在违法违规行为。

2019 年初，加快发行和用好地方政府专项债券的工作正有条不紊地推进，同时广受各级政府欢迎的 PPP 模式也在被大力推广。有专家乐观预计，专项债券叠加 PPP 模式可以借助 PPP 的规范性提高政府债务资金使用的规范性和效率性，从根源上防范和化解政府债务风险。

PPP 模式实际上就是政信金融的实现形式之一，而政信金融对化解地方债务有切实效用。当前中国经济进入调整期，既存在因中国国情特点而导致的偶然性，也存在中国社会经济发展的必然性。针对调整期存在的经济发展特点，在中央政府的统一领导下，地方政府会加快改革步伐，这同时也是发展基建补短板的大好时机。中央政府力推 PPP 模式，就是为了引入社会资本之力，厚积薄发，为经济、社会成功度过调整期进入高质量发展期而努力。

3. 地方政信金融

政信投资多数投向保障房建设、棚户区改造、城市道路建设等地方政府主导的基础设施、民生工程等项目，是我国经济发展的基石。所以，一般的政信投资项目往往可以使投资者从多维度受益。政府信用介入，企业出力，百姓受惠，使投资人、政府、百姓三方共赢。

国投信达所倡导的政信金融是基于政府信用而开展的投融资业务，本身就与政府的利益诉求息息相关。这也就决定了国投信达提供的政信金融服务不单纯以逐利为目标，更会积极考虑投融资业务的社会效益。

为地方政府提供政信金融服务包括存量债务化解和 PPP 项目融资。国务院及财政部均引导和鼓励社会资本通过 TOT、ROT 等方式改造融资平台公司存量项目，减轻财政债务压力，腾挪出更多资金用于重点民生项目建设。国投信达创新提供"存量债务转换为 PPP 项目服务"，即平台公司提供符合纳入存量债项目，通过项目的识别及 PPP 入库，有效化解平台公司债务压力。

对于政府的增量债务，"借新债还旧债"只能短期缓解财政压力，但从长远来看并没有从根本上改变政府债务状况。作为政信资产管理投资平台，国投信达利用自身优势为地方平台公司寻找发展机遇，厘清发展思路。同时，通过与专业金融机构合作，利用创新型金融产品，为地方基建提供投融资服务，提升地方平台发展的能力和效率。

另外，政府将从多个角度引入社会资本参与地方基础设施建设。由政府主导的投融资项目具有短期内资金缺口大、公益性强、现金流有限、需要筹建工程管理团队及专业运营团队等特性，这使项目存在资金缺口大、运营能力差等诸多不足。采取政府和社会资本合作模式，可以克服传统投融资模式的限制，通过"专项债＋社会资本"形成结构化融资，对于各方都能降低风险，减轻压力。

当政府缺乏土地开发资金或者管理经验的时候，可以选择企业共同进行开发，并负责项目的运作实施。双方共同入股参与土地开发，并按照各自投资股份的比例来分配未来的土地开发收益和分摊投资风险，可大大降低政府的支出压力。

国投信达建议，地方政府和社会资本方可通过设立合资公司以股权合作的形式来负责棚改项目的开发建设。项目公司成为独立的投资开发主体，负责棚改项目的设计、投资、建设、运营、维护一体化市场运作。一方面有利于缓解地方政府资金压力大的问题；另一方面也有利于解决缺乏人才和相关机制的问题，达成政府和社会资本的高效契合。

发展地方政信金融的实质是改善地方国企的资产管理方式，根本目的是增进民生福祉。与地方政府合作发展政信金融，要立足长远，多谋民生之利、多解民生之忧。利用 PPP 等模式，投身到民生建设，促进"幼有所育、学有所教、劳有所得、病有所医、老有所养、住有所居、弱有所扶"不断取得新进展，形成有效的社会治理、良好的社会秩序。

二、服务主体：政信金融服务机构

1. 政信金融服务机构的类型、特点及作用

当前政信金融服务机构大致分为相关部委、金融机构、智库、行业论坛等。

（1）相关部委：项目评审及推动融资便利

在相关部委方面，以国家发展改革委和财政部为代表，国家发展改革委和财政部均设有 PPP 项目库。

发展改革委的 PPP 项目库由国家发展改革委统一建设，各级发展改革委分级管理。各级发展改革委定期对提交的 PPP 项目信息进行初审。对符合本地区储备原则与范围的项目，纳入本级 PPP 项目储备库。

财政部的 PPP 项目库分为储备项目库、执行项目库、示范项目库。

储备项目库——经省级财政部门审核满足上报要求的，列为储备项目（可进一步细分为意向项目、备选项目、推介项目）；

执行项目库——编制项目实施方案，通过物有所值评价、财政承受能力论证，并经本级政府审核同意的，列为执行项目；

示范项目库——通过中央或省级财政部门评审并列为中央或省级示范的项目，列为示范项目。

示范项目根据评审级别和筛选条件不同，分为国家级示范和省级示范项目，即入国库和入省库。

PPP 项目库对于项目而言具有重大意义。财政部规定，对未纳入 PPP 综合信息平台项目库的项目，不得列入各地 PPP 项目目录，原则上不得通过预算安排支出责任。如果项目不在库内，那么相当于项目失去了财政部门的直接支持，金融机构以及其他 PPP 项目参与者的合作意愿将受到严重影响。

另外，财政部政府和社会资本合作中心（PPP 中心）主要承担政

府和社会资本合作（PPP）相关的政策研究、咨询培训、能力建设、融资支持、信息统计和国际交流等工作。在金融方面，其职责为通过股权、贷款和担保等方式支持 PPP 项目融资，推动融资便利化。

（2）金融机构：涵盖所有主流金融机构

作为连接融资人和投资者的桥梁，政信金融服务公司是政信金融活动中的重要主体。政信金融服务机构不仅包括银行金融机构，而且包括保险、信托、证券、基金等非银行金融机构。就目前资管产品结构和比例来看，政信金融服务公司主要有商业银行理财子公司、信托公司、证券公司、保险公司、公募基金（管理）公司、（公募）基金子公司、私募基金（管理公司）等机构。

以国投信达为例。国投信达是国内政信行业的先行者，对政信顶层设计的研究先试先行，已逐步构建了自己的政信研究理论体系，注重理论与实操相结合，注重社会效益与经济效益的双赢模式，有效地为地方政府提供全产业链的战略咨询服务。

国投信达与中央财经大学形成战略合作，成立了中央财经大学政信研究院，聚集了国内一批政信金融和 PPP 研究领域的专家，形成智库资源，对政信领域顶层理论研究探索，为行业发展提供投研专业支持及权威顾问服务，为地方政信金融业务发展提供前瞻性理论引导，为地方政府提供高水平的专家咨询服务。目前，中央财经大学政信研究院已经发布政信金融发展指数，为社会资本投资地方项目形成重要参考。

国投信达联合及战略支持各权威组织、中央财经大学政信研究院，已成功举办三届"中国 PPP 投资论坛"，特邀厉以宁教授担任总顾问，共同研究政信事业顶层设计，探讨 PPP 项目规范、健康、创新发展的思路与机制，引导中国 PPP 理论与政策研究，成为推动 PPP 实践与创新的公共交流平台。

另外，在企业方面，参与 PPP 项目的国企、上市企业、民企众多，其中国企占比较大。

（3）智库先行

高校智库在政信行业内是"先行者"，中国科学院大学、清华大学、北京大学均设有 PPP 中心，其中中央财经大学政信研究院是国内政信行业专业学术机构。

北京大学 PPP 研究中心目前已发布成果《北京大学·中国 PPP 指数》《北京大学·中国 PPP 市场蓝皮书》《PPP 示范项目案例选编——幸福产业》《PPP 支持脱贫减贫的探索》等研究成果。

目前，清华大学 PPP 研究中心从政府治理、财政保障、营商环境和发展需求四个维度构建了中国 PPP 发展环境评价体系（包括 33 个指标），并以 289 个地级及以上城市为对象，编制完成了"2017 年中国城市 PPP 发展环境指数"。

（4）政信投资论坛

政信类论坛方面，自 2014 年政府和社会资本合作投资模式上升为国家宏观调控的方式以来，业内形成了对政企合作和政信投资的研究，并以论坛的形式对外发表观点和研究成果。目前，业内逐渐形成了"中国 PPP 投资论坛"和"中国 PPP 融资论坛"两大权威峰会。

中国 PPP 投资论坛是财政部、国家发展改革委、地方政府、金融机构、学术机构、著名专家学者、相关央企国企、知名民企、资深媒体共同参与的高规格、高水准的中国 PPP 投资发展盛会。论坛旨在贯彻落实党中央、国务院关于推进 PPP 改革的总体部署，响应推广 PPP 合作模式的一系列方针政策，融合政府部门、专家学者及各类企业共同把脉中国经济，大力推进 PPP 模式。著名经济学家厉以宁担任论坛总顾问，中华全国工商业联合会原副主席孙晓华担任论坛主席，聘请多位部委、省市领导和行业专家担任论坛顾问。

中国 PPP 融资论坛是由财政部 PPP 中心和上海金融业联合会联合主办，旨在汇聚各地不同种类的金融机构和金融资源，搭建起一座项目与资本的连接桥梁，推动 PPP 项目落地，促进 PPP 更规范地整合各方参与，构建合理融资机构，提高项目可融资性。

中国政府和社会资本合作融资支持基金（中国 PPP 基金）：为支持 PPP 模式的推广和项目落地执行，经国务院批准，由财政部与全国社会保障基金理事会、中国建设银行股份有限公司、中国邮政储蓄银行股份有限公司、中国农业银行股份有限公司、中国银行股份有限公司、中国光大集团股份公司、交通银行股份有限公司、中国工商银行股份有限公司、中国中信集团有限公司、中国人寿保险（集团）公司共同发起设立了中国 PPP 基金。基金为公司制，由中国政企合作投资基金股份有限公司和中国政企合作投资基金管理有限责任公司共同完成融资支持工作。

中国政企合作投资基金股份有限公司于 2016 年 3 月 4 日成立，注册资本为 1 800 亿元，经营范围为非证券业务的投资、投资管理、咨询，股权投资，债券投资，项目投资，投资管理，资产管理，企业管理，经济信息咨询。作为社会资本方参与 PPP 项目投资，坚持市场化、专业化运作，主要通过股权、债权、担保等方式，为纳入国民经济和社会发展规划、基础设施和公共服务领域专项规划以及党中央、国务院确定的其他重大项目中的 PPP 项目提供融资支持。中国政企合作投资基金管理有限责任公司的成立，标志着中国 PPP 基金工作重点全面转入 PPP 项目投资。

（5）政信学术研究机构

国家高度重视 PPP 模式的应用和推广，将其作为创新我国公共服务供给机制、转变政府职能、激发市场活力、打造经济新增长点的重要举措，并出台了一系列政策文件。国家发展改革委和有关部门、各地政府加大推动力度，取得了明显成效，但在应用推广中也面临一系列挑战，需要成立专业的学术研究机构来为 PPP 模式在中国的应用和推广提供理论支撑，保证 PPP 模式在经济发展和国家治理中持续起到积极作用。目前国内最早对政信和 PPP 研究的权威学术机构有中央财经大学政信研究院和清华大学 PPP 研究中心。

中央财经大学政信研究院于 2017 年 7 月 9 日在北京成立，是为了服务国家经济社会发展，为政信领域知识积累、行业发展、制度建设、国家治理等提供智力支持。中央财经大学政信研究院是由国投信达提供资金支持，中央财经大学提供人才、品牌、智力支持，集政信领域学术研究、决策咨询、学科培育、人才培养、社会服务等主要职能为一体的高校智库。

清华大学 PPP 研究中心是清华大学校级非营利性学术机构，由国家发展和改革委员会、原中国保险监督管理委员会和清华大学共同发起，依托清华大学公共管理学院进行建设。针对 PPP 领域的重大理论、政策和实践问题开展研究，提出有学术价值的研究成果，深化对 PPP 的理论认识。清华 PPP 研究中心坚持高层次、开放式、前瞻性的发展导向，围绕重大理论、政策与实践问题开展研究，推动专业人才培养，促进国际合作与交流，逐步建成领域内的国家级专业智库、高端人才培养基地和国际交流中心。

（6）政信金融产品发行备案机构

政信金融产品根据产品类型及监管要求不同，在不同的机构和场所发行备案。其中，金融资产交易所定向债券融资计划是地方融资平台发行定向融资工具的平台。下面简单介绍我国的金融资产交易所。

金融资产交易所（以下简称金交所）是一种新型交易平台，即以资产交易的方式，让资产持有者通过出售某类资产或者暂时让渡某资产的权利获得融资。金交所本质上是交易场所，而非金融机构，其功能在于提供交易平台服务，撮合、促进融进资产交易的达成。中国的金融资本市场存在两个体系：一是证监会管理下的证券交易市场，即股权交易中心，作为"四板"市场，以培育和发展上市公司为主；二是央行领导下的银行间市场，属于区域性银行间市场，是对全国性的银行间市场的有益补充。

金交所一般由省政府批准设立，业务上受地方金融办监管，各省（自治区、直辖市）对金融资产交易所出台相应的业务管理办法，各交易所各自有业务规则。一般情况下，交易所有合格的审计事务所对备案企业财务信息进行审计；有承销券商对项目进行尽职调查；有律师事务所对所有备查文件进行核实，并由金交所对所有文件进行二次审核。因此，金交所的业务操作具有合规合法性，受多方监管。

银行间市场交易商协会是银行间债券市场、拆借市场、票据市场、外汇市场和黄金市场参与者共同的自律组织，协会业务主管单位为中国人民银行。协会经国务院同意、民政部批准，于2007年9月3日成立，为全国性的非营利性社会团体法人，其业务主管部门为中国人民银行。协会单位会员将涵盖政策性银行、商业银行、信用社、保险公司、证券公司、信托公司、投资基金、财务公司、信用评级公司、大中型工商企业等各类金融机构和非金融机构。经过十余年的发展，中国银行间市场已成为一个以合格机构投资者为主要参与者，以一对一询价为主要交易方式，囊括债券、拆借、票据、黄金、外汇等子市场在内的多板块、有层次的市场体系，市场规模稳步增长。通过银行间交易商协会发行定向融资计划，需要具备以下条件：

（1）六真原则：真公司、真资产、真项目、真支持、真偿债、真现金流。申请企业不得为"空壳"公司，需内控完善，业务经营和公司财务具有独立性；公司资产必须存在能产生现金流和利润并保证偿债的经营性资产，不能全部为公益性资产；必须是公司或下属子公司正常经营的项目，要避免为融资而将项目主业临时并入的情况；政府具有明确的支持措施，且措施落实到位；要有明确、可信的偿债计划，具体体现为非经营性收入超过30%，地方政府债务率低于100%；公司必须有稳定、真实的现金流。

（2）发行主体范围：对于经济基础较好、市场化运作意识相对较高的省会城市及计划单列市，支持这些地区下属的区县级地方政府融资平台类企业注册发行债务融资工具（2016 年 9 月，《经济参考报》）。
如果注册发行企业在 2013 年债务审计名单内、银监会名单内及 2013 年
审计后有新增纳入政府偿还责任的（以下简称一类债务），需要额外出
具说明；而企业在名单内，但申请注册时已无存量债务纳入一类债务，
以及关联企业（子公司或担保公司）在名单内但发行企业不在名单内
的可在注册发行材料中进行披露，并由主承销商出具专项尽职调查
报告。

（3）地方政府债务率和负债率：地方政府债务率不超过 100% 或负
债率不超过 60%。

（4）募集资金用途：可用于项目、补充流动资金、偿还银行贷款。
如用于募投项目，募投项目应为具有经营性现金流的非公益性项目。如
用于偿还银行贷款，应追溯所偿还的银行贷款用途，严格限制用于偿还
甄别为一类债务的银行贷款，用于偿还的银行贷款为地方政府负有担
保责任或救助责任的债务，另有特殊规定。如用于补充流动资金，应出
具合理可信的流动资金缺口匡算依据及拟使用募集资金额度等。

2. 政信行业对金融服务机构的推动作用

国投信达提出了"政信金融"这一全新理念后，获得了学术界的
普遍认可。学术界人士根据国投信达的实践经验和理论积累，进一步明
晰了政信金融的概念。政信金融是政信的核心和主体，包括政府为了履
职践约、兑现承诺而开展的所有投融资活动。从融资工具的角度来看，
政信金融的实践形式主要包括政府债券、金融机构贷款、地方政府投融
资平台、政府投资基金、政府和社会资本合作（PPP）、政府信托、开
发性金融等。

政信行业以政信金融为核心，随着政信业务的不断推动，金融机构
也以各种各样的形式参与到政信类项目中。

参与政信金融的金融机构涵盖所有主流金融机构，包含政策性银
行、商业银行理财子公司、信托公司、证券公司、保险公司、公募基金

（管理）公司、（公募）基金子公司、私募基金（管理）公司等。

政策性银行会在中央指导下参与 PPP 项目，发挥自身中长期融资优势，为项目提供投资、贷款、债券、租赁、证券等综合性金融服务，并联合其他银行、保险公司等金融机构以银团贷款、委托贷款等方式，拓宽 PPP 项目的融资渠道。

对于国家重点扶植的基础设施项目，如水利、污水处理、棚改等项目，政策性银行将进行特殊信贷支持，如长期优惠利率贷款等。

商业银行是 PPP 项目最重要的资金提供方，可以通过资金融通、投资银行、现金管理、项目咨询服务、夹层融资等方式参与 PPP 项目。商业银行理财子公司接受投资者委托，按照与投资者事先约定的投资策略、风险承担和收益分配方式，对受托的投资者财产进行投资和管理，也可以投资到政信项目。

信托公司"受人之托，代客理财"，可能是业务范围最广的一类金融行业，几乎无所不能，具体包括信托贷款、投行业务、证券业务、基金业务、租赁业务、保管业务等。信托公司参与 PPP 项目一般有直接参与和间接参与两种模式。直接参与，即信托公司发行产品期限较长的股权或债权信托计划，直接以投资方的形式参与基础设施建设和运营，通过项目分红收回投资。间接参与，即信托公司为 PPP 模式中的参与方融资，或者与其他社会资本作为联合体共同投资项目公司。

此外，信托公司还可以为 PPP 项目公司提供融资，通过过桥贷款、夹层融资等形式介入。

截至 2018 年，中国有 131 家证券公司，多为国资背景，或者上市公司、地方集团公司参股。131 家证券公司总计净资产 6.58 万亿元，管理各类资产达 36.78 万亿元。证券公司可以为 PPP 项目公司提供 IPO 保荐、并购融资、财务顾问、债券承销等投行业务，也可以通过资产证券化、资管计划、另类投资等方式介入政信类项目。

保险公司收取保费，将保费所得资本投资于债券、股票、贷款等资产，运用这些资产所得收入支付保单所确定的保险赔偿。保险公司通过上述业务，能够在投资中获得高额回报并以较低的保费向客户提供适当的保险服务，从而盈利。政信项目多数为地方基础设施建设，基础设施建设一般久期很长，符合险资长期性的特征。保险资金追求安全性，具有期限长、规模大的特点，比较适合基础设施投资。保险业和政信项目天然契合，但由于险资对项目的担保和增信要求较高，完全符合要求的项目数量也有限。优质的政信类项目，保险公司可以直接投资，也可以通过信托等方式参与其中。

公募基金以大众传播为手段进行招募，发起人集合公众资金设立投资基金，进行证券投资。（公募）基金子公司一般由相应基金母公司全资控股，基金母公司背靠三大派系，分别是信托、银行、券商。

私募基金（管理）公司是以非公开方式向特定投资者募集资金，并且以特定目标为投资对象的投资基金。目前私募基金参与 PPP 项目、政信项目的力度比较大。其中 PPP 产业基金是一种特殊的私募基金，以股权、债权及夹层融资等工具投资基础设施 PPP 项目，可以为基金投资人提供一种低风险、中等收益、长期限的类固定收益。

放眼全球，中国政府的财政情况属于较为健康的，国际信用评级较高。由于中国特殊的国情，地方政府平台违约概率极低。政信金融投资方向多为有良好经济效益和社会效益的公共设施和公共服务项目。国投信达预判，在目前的政治环境和经济条件下，政信金融必将获得长足发展。

为帮助地方政府度过调整期，国投信达提供以基建为主的政信金融服务，主要发力领域集中于基础设施建设、民生工程建设方面。随着国家政策的完善和政信金融服务的推广，国投信达在软性公共服务方面，如医疗、养老、文化旅游等也开始着力，以基建为切入点，带动社会经济全面进步。

三、投资主体：投资者

在政信金融市场中，投资者是指参与政信金融活动，认购政信金融产品的自然人和机构。

1. 个人投资者

个人投资者（Private Investors）是指居民个人作为一级投资主体进行投资。

2018 年 5 月 26 日，中国招商银行股份有限公司和贝恩公司（Bain Company）联合发布《2017 中国私人财富报告》。报告指出，中国高净值人群①（可投资资产 1 000 万元人民币，从 2006 年的 18 万人跃升至 2017 年的 187 万人。这意味着，过去十年间，每天有接近 400 人跻身千万级以上高净值人群中。

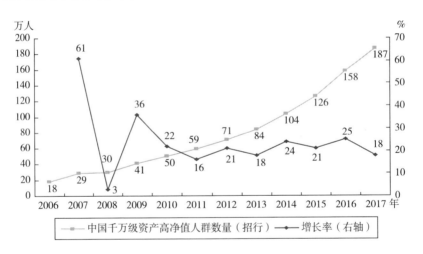

图 1-2 中国千万级资产高净值人群增长率

---

① 可投资资产包括个人的金融资产和投资性房产。其中金融资产包括现金、存款、股票（指上市公司流通股和非流通股，下同）、债券、基金、保险、银行理财产品、境外投资和其他境内投资（包括信托、私募股权、黄金、期货等）等；不包括自住房产、非通过私募投资持有的非上市公司股权及耐用消费品等资产）。

高净值人群中人均持有可投资资产约 3 100 万元人民币，共持有可投资资产 49 万亿元人民币。高净值人群中：创富一代企业家占比 40%，职业金领占比 30%，二代继承人占比 10%。

2016 年，广东、上海、北京、江苏和浙江五个省市的高净值人士占全国总数的 47%，可投资资产占全国高净值人群财富的比重约为 62%。

除房地产、股票、公募基金、银行理财、保险等类别外，以私募股权投资为代表的另类投资站上风口。与此同时，境外资产配置也获得越来越多的认可。

2. 机构投资者

机构投资者（Institutional Investors）与个人投资者相对应，是指使用自有资金或者从分散的社会公众、其他机构手中筹集的资金进行投资活动的法人机构。机构投资者具有资金实力雄厚、风险承受能力强和交易的专业能力强等特点。

机构投资者包括银行、保险公司、证券公司和信托公司、养老基金和捐助基金等。机构投资者主要是指一些金融机构，包括银行、保险公司、投资信托公司、信用合作社、国家或团体设立的退休基金等组织。按照机构投资者主体性质不同，可以将机构投资者分为企业法人、金融机构（银行、保险公司、证券公司和信托公司、养老基金和捐助基金等，它们既是资金供给者，又是资金需求者）、政府及其机构等。

机构投资者进行对外投资的目的主要有两个：一是资产增值；二是参与管理。机构投资者具有管理专业化、结构组合化和行为规范化的特点，一般都是长期投资，交易量大，但是相对较稳定。

3. 政信行业为投资者保驾护航

广大投资者对 2015 年股票市场的惨状可能记忆犹新，股市上千股跌停，不少公募基金市值大幅缩水，基民同样损失惨重。123 只违约债券、1 198.51 亿元的违约金额，也给债券投资者留下了难以磨灭的印象。另外，P2P 频频爆雷，广大投资者血本无归的情况大量出现。投资者为寻求安稳可能会将资金存入银行，但是存款利息跑不赢通货膨胀，财富只能被动缩水。

投资政信项目是金融市场上安全系数相对较高的投资标的。因为政信投资项目都是以政府为主导进行投资的大型项目，包括大型基础设施建设项目和公共服务类的民生项目。2018 年第四季度千亿基建项目获批，基建投资补短板加码。根据 2018 年中央经济工作会议确定内容，2019 年要抓好的重点工作任务就包括加强保障和改善民生，所以政信项目是顺应国家大政方针要求并且得到国家支持的项目，还款有保障。

政信投资风险低，在资产配置中有"稳定器"的作用。以地方政府、央企或地方国企作为项目投资的信用支撑，是其最大的优势。有政府信用介入，可谓当前各种投资模式中安全性最高的一种，因为这些项目都是以解决政府需求为目的，所以项目的借款信息清晰透明，安全性高。

此外，投资人选择政信类产品也有技巧，首先是项目投向是否符合当前国家政策和法律法规要求，特别要关注平台公司和担保方，优选大型实力国企融资或担保。

第三节　政信金融投资市场解析

一、政信投资理财现状格局

广义的政信投资理财产品包含国债、地方政府债券、各种形式的地方政信私募债券以及政信资产证券化产品，其中国债是以国家信用为基础，中央政府为筹集财政资金向社会发行的政府债券。地方政府债券则是以地方政府的信用为基础发行的区域性政府债券，其属性与国债一致。国债和地方政府债券是政信产品的主力。地方政信私募债是在国务院〔2014〕43 号文《关于加强地方政府性债务管理的意见》出台后，为解决地方政府和地方融资平台的存量债务通过各类金融机构面向特定人群发行的私募类投资理财产品。

从产品来看，有政信信托、政府存量债私募基金、资管计划、产业投资基金、定向融资计划、资产证券化 ABS 等。根据不同的监管要求，通过不同的渠道发行备案，在理财市场上占有一席之地。

在政信产品中，以地方融资平台对政府的应收账款为基础资产形成的应收账款收益权转让商业保理，由保理商向其提供资金融通、买方资信评估、资产账户管理、信用风险担保、账款催收等一系列服务。

应收账款证券化是一种既能充分发挥应收账款的促销作用，又能控制和降低应收账款成本的管理办法。政信项目投资所形成的收益或现金流，如收费权、项目每年产生的经营性收入变成可投资的工具，形成可以上市交易的证券化产品。政信项目资产证券化的优势在于因政府特许经营而产生的收益权具有更强的确定性。

在产业投资基金方面，我国的产业投资基金起源于以美国为主导的西方私募股权投资基金，专注于未上市企业的股权投资，并参与到被投资企业的运行管理中，以其所投资企业发育成熟后通过各种退出方式实现资本增值，进行新一轮的股权投资。

我国的产业投资基金在设立过程中有政府不同程度的参与，设立的目的是促进某个区域的产业发展，募集的渠道往往是当地的大型国有企业或社保基金，因此带有较强的行政色彩。作为基金管理人的产品发行方需对基金进行管理，投向国家和地方政府主导的民生项目、重点发展项目，同时，政府也对项目投入引导资金。项目建成后，以项目产生的巨大收益回馈投资者。

目前，市场上很多融资方及金融机构纷纷涌向各大金融资产交易中心挂牌发行的各类固定收益类直接融资产品，如"定向融资计划"

等。此类融资产品，一是可以形成合法有效的债权债务关系，合法合规地进行产品创新；二是解决了资质较好企业的融资需求。

定向融资计划是指依法成立的企事业单位法人、合伙企业或其他经济组织向特定投资者发行，约定在一定期限内还本付息的投融资产品。其本质是经各地方金融办公室审核批准，以支持实体经济发展为目的，遵守相关法律法规、政策规定开展的业务。每个金交所发行的产品均需到地方金融办进行备案。

各地方金融资产交易中心备案发行的"定向融资计划"除需严格审核融资方的各项资质、还款来源、还款能力等，往往还会要求有被各大评级机构评为 AA 级的关联主体为产品如期兑付提供无条件不可撤销连带责任担保，且要求发行方办理抵（质）押相关风控措施，以确保投资人的本息兑付。

在政信类信托方面，政府通过其下属的地方融资平台公司，以某个特定的基础设施建设项目为依托，向信托公司融得资金，这就是政信类信托。相当于政府向信托公司借钱用来做基础设施建设，如修路、架桥、修水库、建公园等。

政信类信托的发行热潮源于 2008 年国际金融危机中政府推出的 4 万亿经济刺激方案，当时地方政府纷纷成立融资平台公司，而银行贷款和城投债等传统融资方式已无法满足日益增长的地方基础设施建设的资金需求，在此背景下，政信类信托成为地方政府的重要融资工具。

政信类产品"热门"的重要原因在于地方政府融资渠道的狭窄，而造成这一问题的重要原因则是地方政府没有自主发债权。不过，这一困境随着"自发自还"式地方债的开闸得到有效的缓解。

投资人也可以选择 PPP 项目进行投资。通过 PPP 模式，可以发挥政府在项目建设与营运过程中的规划引导管理监督的作用，也可以发挥民营企业效率高、成本低和经营机制灵活的优势，从而实现公共目标与市场机制的结合以及社会公众利益与企业利益的双赢。

政信理财产品是嫁接民间资本与政府项目的重要介质，通过合理利用投资人的理财资金，可以投资到政府的基础设施建设项目及符合国家产业政策的民生项目，能够有效实现公共目标与市场机制的结合及社会公众利益与企业利益的双赢。

二、个人投资者政信金融投资策略

对于个人投资者而言，选择政信类产品或 PPP 产品重点是看融资方的实力。初步选择政信类产品应该从区域和政府财政情况、融资主体实力、产品风控及增信措施、第三方担保措施等几方面考察。优选有发债记录的主体，再融资能力强的主体和有大型实力国企融资或担保，地方政府财政实力强的地区，即可在很大程度上规避风险。

具体分析，投资者可以从以下角度着手。

1. 调查所在区域的经济情况和地方政府财政实力

可以通过统计部门网站或者经济年鉴查到一些数据，如政府的财政收支等。除此之外，也需要考虑债务率或者负债率。

区域的经济情况方面，主要可以从 GDP 规模、增速、人均值、支柱产业的健康程度等方面评价。GDP 总量要达到一定规模，支柱产业是否单一、产业的健康程度也很重要。

地方政府财政实力方面，主要从地方财政收入与支出情况评价，重点关注地方一般预算收入、可支配收入以及收支平衡情况。地方一般预算收入要相对较高。

负债规模方面，主要考察地方负债规模、负债率、偿债率等指标是否处于合理区间，以及偿债高峰期的峰值和出现时点。

判断一个地区的情况是否良好，除了经济水平、收入水平、财政情况，还应该看这个地区的市场成熟度、地理位置、发展前景等。建议普通投资者优选经济发达区域，如长三角、珠三角、环渤海等，再选经济水平较强的一二线城市及百强县等。当然，三四线城市及非百强县也不乏优质、可靠的项目，但需要专业的研究机构严格筛选，把控风险。

以国投信达为例，公司对融资方有着充分和审慎的调研，其中研究发展部负责宏观经济、市场、行业、上市公司、投资品种和投资策略等研究分析工作，并提交研究报告，为投资策略的制定提供投资决策依据；产品创新及量化投资部的金融工程研究员进行量化策略的研究，并负责开发和完善定量投资分析与策略的工具与系统，为基金投资提供支持；另外，金融工程研究员还需定期或不定期地对金融投资组合进行事中风险监控与事后绩效评估。在充分的数据调研基础和分析之上，国投信达所投资的项目都是优中选优。

2. 选择融资主体实力较强的产品

尽量选择国资背景的融资方，最好是发债主体，再融资能力强。因为融资主体是基础产业资管计划最重要的参与方，也是主要的还款主体，其背景、资质、实力、市场关系、发展情况等都需要重点关注。主要从正面、侧面两个角度判断。

正面主要看融资方的背景、项目信息、企业财务信息、是否为发债主体等。主要考察融资方在期限内是否有比较稳定的现金流、总资产、净资产、资产负债率、主营业务收入、净利润等指标。侧面主要考察融资方银行信贷状况、信托业务状况、小型私募融资状况等。

此外，还要看是什么级别的地方政府。总体来看，在其他条件大致相同的情况下，行政级别越高，偿债能力越强、风险越小。同等条件下，东部城市总体比中西部城市实力强。

以国投信达业务合作为例，国投信达通过省级政府和地方进行对接，选择县市级以上政府进行合作。国投信达所募资金直接投向政府平台公司，为政府引导的民生项目、基础设施建设项目提供资金支持。通常由央企基金公司对政府平台公司进行股权投资，资金用于项目建设。国投信达拥有完善的风控体系，密切跟踪及控管产品发展进程，强调及时的项目风险预警，及时告知项目发展状况，评估客户风险承受能力，保障投资全流程的安全。

3. 足值的土地抵押或者应收账款质押

资管计划募集总规模占抵押物估值的比例最好低于50%，且越低越好。被质押的应收账款一般为融资方承接政府项目所产生的政府欠款，目前的政信类产品多为此类，而债务人非政府的，也多为资质优良的企业，从债务人的还款意愿和能力来讲，保障力度较大。

如果牵涉土地使用权，还要重点关注土地评估风险以及变现风险。

同样以国投信达为例，在国投信达合作项目中，有着严格的风控措施，其中项目融资本息确认为政府性债务的，会以应收账款质押，以土地抵押。国投信达拥有严谨的政信金融管理体系、合规的政信产品、合规的政府项目、合规的投资流程，从方方面面保障投资人的投资安全。

4. 第三方的担保措施

目前最常见的就是城投公司融资，另外一家城投公司担保。必须要求实质性担保，即担保公司的综合实力要足以覆盖项目风险。

政信类产品的担保方与融资方类似，多为政府下属国企及与融资方系关联公司等，因此也要综合考虑担保方实力背景、业务状况、财务状况、信用记录、是否为发债主体及信用评级等因素。

以国投信达项目筛选为例，国投信达设置了较高的门槛。其中政信债权项目，所投项目为政府基础设施建设项目，有AA级以上国企担保。经过国投信达对项目严格审核后，投资人可直接投向项目，或投资政府项目基金，通过基金投向项目。

作为固定收益产品中的黄金高地，政信等"类国债产品"已经成为国民资产配置表中不可或缺的一员，越来越受到普通投资者的重视。因此选择安全性强、性价比高的政信产品显得尤为重要。

5. PPP类产品与传统政信产品的对比优势

一直以来，政信产品因有政府信用介入，被视为优选的安全业务类型之一。这类产品的融资主体大都是实力较强的地方政府融资平台，融资标的一般为政府债权收益权，也因此关联政府信用，安全性相对较高。然而，在这类融资模式下，平台对融资成本不敏感，政府负担着较高的融资成本，政府的债务负担日益加重。自 2014 年《国务院关于加强地方政府性债务管理的意见》即 43 号文发布以来，业内就一直在探讨政信产品转型问题，可能成为替代品的政府和社会资本合作（PPP）类产品受到投资者关注。

（1）何为 PPP 类产品

如今，随着中央对地方政府举债的规范化，产生了与传统政信项目"同胞"的 PPP 项目，两者设立的目的相同，即替地方政府基础设施建设提供融资服务，但 PPP 融资模式希望在城市基础设施建设中，政府部门和社会机构形成一种合作关系，共同出资建设、运营，也就是充当项目的股东分担政府项目的风险和收益。

（2）如何识别优质 PPP 项目

在识别优质 PPP 项目的过程中，需要考虑当地政府对 PPP 政策的理解、执行能力，以及是否具备契约精神和履约能力，还要考虑 PPP 项目自身的资质和条件，如是否具备合理运营收益或者基于项目公益属性政府给予财政补贴的能力，以及社会资本方对于项目建设运营的操盘能力。

在具体项目上，首先是"真 PPP 项目"，手续要齐全，这种项目在参与过程中风险较小，发展方向相对可控；其次项目在顶层设计时尽可能全面，如项目前期的统筹规划合理，后续的发展路径清晰。

在选择投资 PPP 模式金融产品时，一方面要加强对于实际项目的考察，如项目所在地、项目实施机构、发行机构实力等；另一方面要加强对于该类型项目产品的风控措施和增信措施的评估。

三、机构投资者政信项目操作流程

机构投资者在面对政信项目的时候，可以有一些共性的操作。如更多地参与到项目中，全方位洞察项目品质，通过多种途径的融资渠道及金融平台，为所投项目化解各类投资风险及金融风险。通过专业的金融产品设计理念，获得市场普遍认可的风控管理体系及风险控制方法，有效化解项目实施过程中可能遇到的各种金融风险。

1. 项目筛选

（1）结构

考察当地人文环境、经济发展、产业政策、财政情况。项目负责团队对人口、经济数据、产业分布及优势产业、上级补助及土地出让等信息进行登记和核实。

（2）支撑

考察当地政府对项目的重视程度，项目是否为当地政府重点建设项目，当地政府对项目有哪些支持，政府的需求是什么，与政府各相关部门接洽是否顺利。

（3）细节

考察用资项目，项目团队重点对项目类型、用资需求和各类政策文件进行查证，含项目立项、可研报告、土地出让过程、环评、项目入库申报等相关信息。

2. 立项标准

（1）投资标的

投资标的必须是地方政府下设县级以上国有企业，或已经过项目识别或正在进行项目识别的优质 PPP 项目，项目情况综合评测结果良好，交易结构严谨合规。

（2）风控要求

优先选择 AA 级及以上等级主体信用评级的国有企业，融资主体或担保主体（针对债权投资的还本付息或者针对股权投资的远期股权转让）至少有一个达到 AA 级及以上等级主体信用评级。必要时，融资方及相关主体需提供足额的抵（质）押资产。

（3）尽职调查

对项目要素进行全方位尽职调查，引入咨询公司、会计师事务所、律师事务所、评级机构等第三方机构对项目的商业预期、财务状况、法律合规性进行实地考察和核算。

（4）合规操作

合规链接地方财政的资金，须得到地方政府及人大决议通过，并被纳入政府财政预算。项目的各项手续严格遵照现行法律法规的要求。

3. 交易结构设置

政信项目可以拥有多种、灵活的交易结构，可以覆盖存量债务管理，新项目建设。银行、信托、证券、基金、保理、融资租赁、地方交易所等机构可以在合理安排下介入项目投资。投资模式包括 TOT、BOT（建设—经营—转让）、BOO（建设—拥有—经营）等。通常情况下，可根据客户具体情况及项目实际需求，综合考虑相关法律法规等因素，设计合理的交易结构；推动设立项目公司，帮助形成合理的内部管理制度；融资方与投资方确定融资及退出方式，签订合同文书，落实资金投放。

4. 风险分配

（1）商业保理及融资租赁

标的资产无法律瑕疵，交易过程合法合规，融资方提供必要的增信措施。

（2）PPP 项目

原则上项目设计、建造、财务和运营维护等商业风险由社会资本承担，法律、政策和最低需求等风险由政府承担，不可抗力等风险由政府和社会资本合理共担。

5. 项目监控

（1）工程建设进度计划

明确要求项目的具体建设进度要求，关键时间节点明确具体日期，督促项目公司确保工程建设进度。

（2）工程建设承包商和设备材料采购管理

根据具体项目确定采购方式和采购流程，实现充分竞争，保证施工质量，把控成本。

（3）施工现场监督和检查

对项目工程的施工情况进行检查，把控项目建设过程中的风险。

（4）对项目公司日常运营维护监管

保证项目公司在特许经营期内的合法经营，严格履行对项目公司的各项监管职能，协助项目公司与相关政府部门进行沟通。

（5）中期评估的实施

确认 PPP 协议是否实现了其目标，评估项目公司在运营期内的运营维护状况等。

6. 项目退出

（1）资产证券化退出

针对已经进入运营期的 PPP 项目，根据国家政策方针，借助 PPP 项目资产证券化绿色通道，实现资本金的及时回笼和利润分配。

（2）股权/收益权转让退出

向第三方转让 PPP 项目公司的股权、保理资产受益权、融资租赁受益权，实现溢价转让并退出。

（3）借壳上市退出

通过反向并购手段，使优质投资项目的核心资产借壳上市，实现数倍盈利，进行收益分配并将富余资金投向新的项目标的。

四、政信项目投资要素问答

1. 政信项目都有哪些，主要投资方向有哪些

（1）燃气、供电、供水、供热、污水及垃圾处理等市政设施；

（2）公路、铁路、机场、城市轨道交通等交通设施；

（3）医疗、旅游、教育培训、健康养老等公共服务项目；

（4）农业、林业、水利、资源环境和生态保护等项目。

2. 政信金融的监管机构有哪些

根据融资产品的不同，政信金融监管机构有财政部、银保监会、证监会、金融办及基金业协会等政府机构或行业自律组织。

3. 都有哪些人投资政信项目

有购买意愿及购买能力的投资人都可以，除个人投资者以外，政府、银行、企业、投资机构等也可参与政信项目的产品认购。

4. 政信金融的安全性体现在哪里

政信金融属于资金融通方式的一种。资金融通分为针对个人、企业、政府的，安全性逐级提高。政信金融就是面对政府需求进行的融资，资金的还款来源包含政府财政收入、政府平台公司担保、融资主体应收账款确认（应收账款来自政府财政局），每一环风险控制都背靠着政府的信誉，相比个人、企业，政府信誉更加可靠。

5. 国家政策的规范方向

不断完善的政信金融政策法规，使政信金融有法可依。总体来看，政府通过政策法规正聚焦以下三个方向：

（1）杜绝不合法金融机构违法经营；

（2）限制合法金融机构进行虚假出资或者抽逃出资等违规操作扰乱市场；

（3）杜绝地方政府违规举债乱象。

6. 未来中国最有前景的行业是哪些

（1）新材料行业、生物制药行业、新能源行业、新网络行业、新文旅商业行业、新农业、新节能环保行业、养老行业、物联网、金融产业。

（2）中国特色产业：政信金融、产城融合、PPP 项目投资、基建产业。

（3）未来十大行业与国资、与地方政府深度结合是趋势。

（4）个人投资创业第一产业做新型田园经营；第二产业做科技创新，技术升级；第三产业做创意与技术，养老服务，新金融投资，或投资自身专业，做中产白领、金领，未来个人财富的增值程度，将由资产配置是否得当决定。

7. 认识国企混改的市场机遇

国企混改，即国企混合所有制的改革，是指在国有控股的企业中加入民间（非官方）的资本，使国企变成多方持股，但还是由国家控股主导的企业，来参与市场竞争。混合所有制的目的并不是混合多方资本，而是让国企在改革中能够提高竞争力和增加活力，为企业打造一个符合现代企业治理的有竞争力、能够培养竞争力和创新力的治理体系。

（1）地方融资平台利用 PPP 模式与社会资本合作

地方政府应当鼓励地方融资平台通过 PPP 模式参与基础设施和公共服务的建设。地方融资平台可以通过 PPP 模式继续承担地方政府的公益性或者准公益性项目建设，但需要和地方政府之间采取市场化的结算手段。未来地方融资平台参与 PPP 项目，关键在于需要成功转型为具备自主经营能力的准市场化主体，与地方政府关系进行清晰界定，成为公益类国有企业，而不能成为完全的商业类主体。准市场化主体主要在于其作为重要的国企，重民生轻盈利，更多承担保障性功能。

（2）通过混合所有制改革，吸收社会资本，改善公司治理结构

在地方融资平台转型发展过程中，进行混合所有制改革，通过出让部分股权、合资合作等方式吸收社会资本，来改善公司治理结构。政府通过制定政策，允许民间资本以投资入股或控股的方式，参与地方融资平台重组整合，这样既可以丰富地方融资平台融资渠道，也可以提高地方融资平台经营活力和治理能力，降低地方融资平台转型的风险。

健全现代企业制度，落实融资平台的独立法人地位，完善法人治理结构，实现市场化的自主运营，自负盈亏。地方政府作为出资人，可以

行使投资者相关的权利，在其出资的范围内承担有限责任，实现从"管理职能"向"监督职能"转变，从"企业管理"向"资产管理"转变，利用市场手段而非行政手段引导融资平台的发展。

（3）以优化营商环境为重点加强政府信用建设

国务院办公厅印发《关于聚焦企业关切进一步推动优化营商环境政策落实的通知》（以下简称《通知》），《通知》从"坚决破除各种不合理门槛和限制，营造公平竞争市场环境""推动外商投资和贸易便利化，提高对外开放水平""持续提升审批服务质量，提高办事效率"等七个方面提出26项举措。

《通知》强调，加强诚信政府建设。各地区、各部门要把政府诚信作为优化营商环境的重要内容，建立健全"政府承诺＋社会监督＋失信问责"机制，凡是对社会承诺的服务事项，都要履行约定义务，接受社会监督，没有执行到位的要有整改措施并限期整改，对整改不到位、严重失职失责的要追究责任。国家发展改革委要监测评价城市政务诚信状况，组织开展政府机构失信问题专项治理。各地区要梳理政府对企业失信事项，提出依法依规限期解决的措施，治理"新官不理旧账"等问题，研究建立因政府规划调整、政策变化造成企业合法权益受损的补偿救济机制。同时，要加大政府欠款清偿力度。

第二章 政信金融的战略意义

第一节 中国金融战略

一、深化金融体制改革

党的十九大提出：加快完善社会主义市场经济体制，深化金融体制改革，增强金融服务实体经济能力。未来，应进一步推动改革沿着市场化、法治化的轨道前行，不仅要扩大对外开放，也要扩大对内开放，优化市场竞争环境。总体来说，要让市场在资源配置中起决定性作用。

经济发展的根本是提高资源的配置效率，以尽可能少的资源投入生产尽可能多的产品，获得尽可能大的效益。理论和实践都证明，市场配置是最有效的形式。

高质量发展的重点是提高全要素生产率，而全要素生产率提高的一个重要途径就是资源配置效率的改善。市场是按照价格引导人们进行配置的，哪个部门与地区的收益率高，这个部门与地区的资源流入量就会大于流出量。当要素资源按照市场价格配置资源时，不仅每个资源主体收入会得到提高，而且整体的资源配置效率也会得到改善。

市场不仅能够让各类企业通过市场竞争实现各种资源和生产要素的最佳组合，以及自身利益最大化，而且能够让各种资源按照市场价格信号反映的供求比例流向最有利的部门和地区。其结果是，国民经济中的产业结构得到优化，高质量的增长就有可能实现。

另外，习近平总书记明确提出："建立开放透明的市场规则，把市场机制能有效调节的经济活动交给市场，把政府不该管的事交给市场，让市场在所有能够发挥作用的领域都充分发挥作用，推动资源配置以实现效益最大化和效率最大化，让企业和个人有更多活力和最大空间去发展经济、创造财富。"

2018 年 12 月中央经济工作会议尤其强调要发挥竞争政策对经济发展的基础性地位，创造公平竞争的制度环境。公平的制度环境意味着制度的制定者不应偏向于特定的经济行为体，在非关系国计民生的关键行业对各种所有制企业应一视同仁。国有企业改革是深化市场改革的硬骨头，而能否啃下硬骨头对于释放中国的市场力，把握公平竞争带来的战略机遇十分重要。

这就关系到一个重要的概念"竞争中性原则"。市场经济讲求不同市场主体之间进行竞争，政府的角色在于鼓励竞争、反对垄断。但私营企业和公营企业在市场上竞争的时候，政府很容易既当运动员，又当裁判员，结果很可能并不是优胜劣汰，而是"劣币驱逐良币"。因此，需要完善政策措施，既要提高国有企业的运作效率，又要防止出现对私营企业的所有制歧视，造成市场机制扭曲、资源错配和社会福利损失。

政府要"一碗水端平"，只要是市场主体，无论身份如何都要一视同仁，在市场准入和资源等方面，都享受公平的待遇。"竞争中性"主要体现在公平性和平等性，各种所有制经济都是平等的，平等占有生产资料，公平参与市场竞争，同等受到法律保护。

我国经济发展正处于新旧动能转换的关键阶段，面临向高质量发展转型升级的历史阶段。迫切需要优化市场资源配置，完善市场发展的道路，进一步推动产业结构调整和国家创新战略实施。社会主义市场经济必须充分发挥市场在资源配置当中的决定性作用，促进国企改革、支持民企发展，中国经济才能迈入新的征程。

二、增强金融服务实体经济能力

实体经济是一国经济之本，增强金融服务实体经济能力，对中国经济发展至关重要。

近年来，经济运行中出现了一些"脱实向虚"的现象，挤压了实体经济生存发展的空间，成为经济增速放缓、金融风险加大的原因之一。

2017年政府工作报告明确指出：要抓好金融体制改革，促进金融机构突出主业，下沉重心，增强服务实体经济能力，防止"脱实向虚"。随后一系列监管文件陆续出台，也不断强调金融机构要更好地服务实体经济。

对于虚拟经济过度膨胀，所涉及的范围很广，包括股市炒作、债市炒作、高利贷、高息集资、虚假票据各类项目资金套取、网贷，加之金融机构、理财机构、房产等中介机构及家庭个人等多种渠道的过度融资。过度的虚拟经济泡沫不仅推高了金融杠杆，也增加了企业经营风险。

虚拟经济建立在实体经济基础之上，但虚拟经济在一定程度上又可以脱离实体经济自我繁荣发展，归根结底，不能完全脱离实体经济而独立存在。一旦虚拟经济发展的规模超出实体经济的最大负荷，就会导致金融危机的爆发。

温州经济的衰退与复苏，提供了观察虚拟经济泡沫从破灭到新一轮经济增长的现实案例。2011年温州民间借贷危机爆发宣告了温州经济虚拟化的彻底破灭。据"网络资料显示"，当地民间借贷规模占民间资本总量1/6左右，相当于当时温州全市银行贷款总额的1/5。自2011年4月以来，由于无力偿还巨额债务，温州市已有90多家企业老板跑路、企业倒闭，曾有一天就出现9家企业主负债出走，而且关停倒闭企业从个别现象向群体蔓延，引发"温州民间借贷危机"。

如今监管力度加大，对那些追逐高收益的资金来说，越来越多的不规范融资爆雷、"刚性兑付"的打破，会更直接、更清晰地提示投资虚拟经济的风险。

监管层严厉打击虚拟经济炒作实现金融去杠杆的用意十分明显，就是希望资金能重回实体经济，实现"脱虚向实"的蜕变。但相比虚拟经济加杠杆炒作的丰厚回报，实体经济投资回报率显得十分可怜。所以仅靠压制虚拟经济是无法让资金脱虚向实的，必须彻底打通虚拟经济与实体经济之间的鸿沟才能解决根本问题。

以服务实体经济为基本导向是现代金融体系建设的首要因素，金融创新不能脱离实体经济。一切金融活动、金融创新、金融发展，都应当以实体经济的需要为出发点和落脚点。要完善中长期融资制度，满足公益性产业和基础设施融资，开发更多满足群众医疗、养老等方面需求的金融产品。针对地方政府融资渠道不畅的情况，开展金融创新。

金融服务实体经济，可以为实体经济转型升级提供动力。反之，实体经济蓬勃发展，也会促进金融业更好发展。金融业与实体经济供需失衡、循环不畅，正在呼唤现代金融体系的成型。

三、提高直接融资比重，促进多层次资本市场健康发展

资本市场是现代金融体系的重要组成部分，在中国经济处于深化供给侧结构性改革和推动高质量发展关键时期的背景下，建设一个质量更优、效率更高的资本市场需求日益迫切。

2018 年中央经济工作会议对深化资本市场改革开放作出了专门部署，提出打造一个规范、透明、开放、有活力、有韧性的资本市场。

我国资本市场已走过近三十年发展历程，包括主板、中小板、创业板、新三板、区域性股权市场、私募市场、债券市场、期货市场在内的多层次市场体系已架构完成；以公司法、证券法、基金法、期货交易管理条例等为核心的资本市场法律法规体系基本确立。未来，我国还需要推动多层次资本市场发展，提高直接融资比例。

当前我国实体经济债务率较高，大力发展股权融资补充实体经济资本金，才能真正解决高杠杆问题，有效缓解融资难和融资贵现象。与

直接融资相比，通过银行信贷间接融资的规模更大、更集中，更易引发金融风险。

统计显示，2018 年境内资本市场共实现融资 7.1 万亿元。其中，核准 105 家企业首发申请，IPO 融资 1 378 亿元；上市公司再融资约 1 万亿元；新三板、区域性股权市场分别融资 604 亿元和 1 783 亿元；交易所债券市场发行各类债券 5.69 万亿元。在 7.1 万亿元的直接融资中，股权融资只有 1.41 万亿元，占比不足 20%。在直接融资中，股权融资的比重明显偏低。未来，需要完善 A 股市场、新三板以及区域性股权市场的制度建设，吸收更多优质企业上市，提升上市公司质量与投资价值。

"多层次资本市场"已连续 6 年出现在政府工作报告中。从 2013 年、2014 年的"加快发展多层次资本市场"，到 2015 年的"加强多层次资本市场体系建设"，到 2016 年的"促进多层次资本市场健康发展"，再到 2017 年、2018 年的"深化多层次资本市场改革"。要践行深化改革，推动多层次资本市场健康发展，就需要推动更丰富、多层次融资体系的形成。要立足实体经济的融资需求导向，积极稳妥推进主板、新三板、区域性股权交易以及股权众筹市场建设，协同发展市场内和市场外、公募和私募、股票、债券和期货等分层有序、功能互补的多层次资本市场体系，支持符合条件的企业通过资本市场融资，持续丰富资产证券化等各类直接融资工具，拓宽投融资渠道。

四、中国国债和地方债在资本市场的基础性作用

为了满足经济建设资金需求，克服财政困难和筹集重点建设资金，从 1981 年起重新发行国债，截至 1995 年，共发行了 8 种国内债券，有国库券、国家重点建设债券、财政债券、特种债券、定向债券、保值债券、转换债等。

我国国债的发行在弥补财政赤字、筹集建设资金保证重大工程项

目的建设资金、促进国家大型基础设施建设、国防建设等方面起到巨大的推动作用。如著名的三峡工程、国家高速铁路网的建设、国家高速公路网的建设和机场建设等，资金来源很大部分来自财政部发行的国债，为国家经济社会的发展提供基础资金支持，起到了杠杆的作用。

国债作为财政政策和货币政策的最佳连接点，是实现国家经济宏观调控的重要手段。一方面，加大发行国债力度是扩张性财政政策的主要手段，是国家弥补财政赤字和筹集建设资金的直接途径；另一方面，随着国债余额规模的快速上升、国债期限和品种的多样化和记账式国债在国债余额中比例的提高，为中央银行加大公开市场操作创造了条件。因此，今后我国政府在继续实施积极财政政策的过程中，如果能控制好国债的发行规模和节奏，设计好国债的品种和期限，同时加强公开市场操作，将会收到一箭双雕的功效。

地方政府债券作为市场经济和现代财政分权制度的重要组成部分，在现代经济条件下对地方经济乃至一国经济的发展起着至关重要的作用。首先，弥补地方财政赤字。当经常性的财政收入不能满足财政支出的需要时，弥补财政收支缺口的常用方法就是发行债券。根据财政赤字的大小，结合债务主体的承担能力，选择合适的债务发行规模，满足财政支出的资金需求，是使用地方政府债券的主要目的与作用之一。其次，促进投资增长，筹集建设资金。社会经济的发展离不开投资的合理增长。债券融资的用途一般在地方政府法规中都有明确规定，不得滥用。地方政府债券这种偏顾社会性的特点，主要是为了向地方经济发展提供更多的软硬件支持，促进社会公平。通过发行地方政府债券来融资，不仅可以缓解地方财政的支出压力，而且可以使财政支出在更多的受益者之间合理分担。最后，优化地方资源配置，调控地方经济发展。地方政府会将债券收入主要用于提供地方性公共服务，这一过程使资源在公共部门与私人部门之间进行配置。地方公益性事业将会得到更多的照顾，资金就不只在竞争性行业流转。2009 年 3 月全国人大常委会委员长会议听取了《国务院关于安排发行 2009 年地方政府债券的报告》，由财政部代理发行 2 000 亿地方债券。地方政府债券一般用于交通、通讯、住宅、教育、医院和污水处理系统等地方性公共设施的建设。同中央政府发行的国债一样，地方政府债券一般也是以当地政府的税收能力作为还本付息的担保。地方政府债券的安全性较高，被认为是安全性仅次于"金边债券"的一种债券，而且，投资者购买地方政府债券所获得的利息收入一般都免交所得税，这对投资者有很大的吸引力。

为解决地方政府债务，化解地方债风险，国家鼓励通过市场化融资解决到期债务问题，促进重点项目的顺利完工。以地方金融资产交易所为发行机构，地方融资平台公司以私募的形式通过发行定向债务融资计划进行融资。通过非公开定向融资工具对特定项目进行融资，已经成为县市级地方政府解决重大基建项目和公共服务工程资金缺口的途径之一，因为这种融资方式手续简便、资金到位快、期限适中、规模灵活等特点，在化解债务方面和解决项目建设投融资资金方面作用明显。

在我国资本市场中，国债、地方政府债是信用债，主要用于重点大型基础设施建设和公用事业建设，对国家和地方经济建设发挥了重要作用。地方私募债与地方政府债券一并成为贯彻宏观调控政策实现化解地方政府债务和扶持重点项目顺利建设的金融工具，充分服务于实体经济的发展。

第二节　政信金融与贸易摩擦

一、我国的主权信用与金融主导权

1954 年，世界著名汉学家李约瑟（Joseph Needham，1900—1995）在其主编的《中国科学技术史》（又名《中国的科学与文明》）序言中写道：在第 1 至第 15 世纪，中国的科学发明和发现遥遥领先于同时代的欧洲；但是欧洲在 16 世纪以后诞生了近代科学，这种科学已被证明是形成近代世界秩序的基本因素之一，而中国文明却未能产生相似的近代科学，中国的科学为什么持续停留在经验阶段，并且只有原始型或中古型的理论，其阻碍因素是什么？

1976 年，美国著名历史学家彭慕兰（Kenneth Pomeranz）把李约瑟的提问概括为"李约瑟难题"（又称李约瑟之谜）。他在《大分流》（*The Great Divergence：Europe，China，and the Making of the Modern World Economy*）中进一步指出，正是西欧克服了前现代化过程中的增长限制，采用文艺复兴、宗教革命、科技革命和政治改革，才在 19 世纪成为最强大和最富裕的世界文明，使中世纪印度、清朝中国、伊斯兰世界和德川日本黯然失色，创造了"西欧奇迹"。

从金融角度讲，鸦片战争中清朝的失败不简单地在于火器舰船，而在于金融体系的落后上。而资本主义国家最大的优势在于其金融市场职能的发达，即能通过国家债券发行强化其战时动员能力，以弥补单一税收的不足，提高国家资本的周转能力。

在实现中华民族伟大复兴的过程中，经过四十多年改革开放，中国取得了显著的经济发展和社会进步，经济总量跃居世界第二位，外汇储备、进出口量、工业产值等多项指标居于世界首位。在此进程中，如何借鉴西欧奇迹和破解"李约瑟难题"，非常值得我们研究和思考。

应当说，无论承认与否，尽管不尽完善，经过四十多年的改革开放，我国基本形成了一套独具特色的中国模式（China Model）。中国模式，不仅与英国、美国、德国、法国等市场经济国家存在巨大差异，而且与苏联、东欧等前社会主义国家存在显著不同。中国模式是结合了苏联、东欧的政治体制模式和西方市场经济发展模式的混合模式。中国模式具有政府调控下的市场经济、相对集中的权力配置和务实的发展路径三个显著特点。

1. 政府调控下的市场经济

改革开放四十多年来，中国在多边主义政策中受益良多，正是在此价值取向下的中国模式，使中国保持了持续高速的经济增长。四十多年来，我国国内生产总值由 3 679 亿元增长到 2017 年的 82.7 万亿元（成为世界第二大经济体，对世界经济增长贡献率超过 30%），居民人均可支配收入由 171 元增加到 2.6 万元，贫困人口累计减少 7.4 亿人，建成了包括养老、医疗、低保、住房在内的世界最大的社会保障体系。通过长期实践探索，中国确立社会主义市场经济体制，以公有制为主体、多种经济成分共同发展的所有制制度，以按劳分配为主体、多种分配方式并存的分配制度，使市场经济在国家宏观调控下对资源配置起决定性作用的运行机制。中外学者均承认，从计划经济向市场经济的转轨，是激发中国经济活力的重要推动力，但这决不意味着市场经济的运行机制就是中国经济发展的唯一因素。

在改革之初，中国就形成了学习和借鉴日本、韩国、新加坡等国家的"政府主导型市场经济"，随着改革的深入和市场经济体制的完善，越来越多的经济学家，即使是倾心于欧美式自由市场经济的专家学者也认识到，政府的介入调控是必要的。其实，政府的宏观调控（包括宏观财政、金融、产业、税收等政策和对公有制经济的直接调控）也是中国经济发展的关键因素，同时这也是我国与西方自由市场经济的重要区别。西方经济学之父亚当·斯密在《国富论》中指出：所有个体对经济利益的最大化追逐，能够达到国家的整体幸福。然而"囚徒困境"也告诉我们，个体理性与团体理性的方向并不完全一致。市场经济固然有其自发性、效率高的优势，但也存在"市场失灵"的困境。例如，2008 年美国金融危机爆发的原因之一就是对市场和个体理性的过度信任。所以，中国政府一直强调和坚持，高度理性地把握经济形势，通过政府调控市场经济，有利于中国实现现代化的长远目标。

2. 相对集中的权力配置

在社会主义初级阶段，四项基本原则中核心的内容就是坚持中国共产党的领导。从国家权力的配置角度来看，在制度设计和现实运作中，中国共产党在国家政治、经济、社会、文化各个方面，保持着广泛而集中的领导权和决策权，这是中国模式的特点之一。

从实际运作来看，应当根据一个国家的具体条件和实际情况，选择集权、分权或者二者兼而有之的模式。过度集权，就会犯苏联的错误，以集体理性取代个人理性，国家试图以计划指令的方式统摄经济生产的方方面面，就会忽视民众在经济上的个人理性和正当意愿。中国模式下，一方面，资源、要素、商品的配置权，由市场来发挥作用，这是经济上的分权；另一方面，国家对市场具有宽泛的主导权，通过宏观调控来避免市场失灵，这是经济上的集权。

正是因为相对集中的权力配置，才可以发挥社会主义的优越性——集中力量办大事。这一特点在国内表现为国家通过国有企业，包括央企、地方国企等，迅速完成了基础建设、城市扩建与不停增高变大的城市标志性建筑，还有高速公路、世界第一规模的北京奥运会与上海世博会、三峡大坝、神舟飞船、天宫一号、高铁等。国家有了相对集中的权力，只要能同时规范和正当运用权力，就能在更高层次和更广范围上增进民众福祉。

以政府为主导进行的投资，是在基础建设和公共服务以及重大战略产业的投资，其投资回报具有长期性、规模大和盈利性小的特点。西方国家的政府运用税收方式筹集资金，主要从事公共事业、基础设施等方面的投资。与政府投资相对应的非政府投资则是指由具有独立经济利益的微观经济主体进行的投资。

在一个社会中，政府投资和非政府投资所占比重究竟多大，主要取决于以下两个因素：

（1）社会经济制度的不同。一般而言，实行市场经济的国家，政府投资所占的比重相对较小，非政府投资所占的比重相对较大；实行计划经济的国家，政府投资所占的比重相对较大，非政府投资所占的比重相对较小。

（2）经济发展阶段的不同。在经济发达国家，政府投资占社会总投资的比重较小，非政府投资所占比重较大，在欠发达和中等发达国家，政府投资占社会总投资的比重较大，非政府投资所占比重较小。

一般而言，在市场经济条件下，政府投资选择必须遵循以下几个原则：

①弥补市场失效的原则；②维护市场配置功能的原则；③调节国民经济运行的原则。

政府投资是国家宏观经济调控的必要手段，在社会投资和资源配置中起重要宏观导向作用。政府投资可以弥补市场失灵，协调全社会的重大投资比例关系，进而推动经济发展和结构优化。政府投资职能一般表现在以下几个方面：

（1）均衡社会投资政府发挥宏观调控作用。在市场经济条件下，尽管政府投资量不占据主要地位，但对社会投资总量的均衡能起到调节作用。当社会投资量呈扩张势头、通货膨胀趋势严重时，政府投资主体通过减少投资量，缓解投资膨胀。当经济不景气、社会投资低迷时，政府投资主体采取增加投资量的方法，扩大社会需求，推动经济发展。

（2）政府投资对调节投资结构、引导社会投资方向起着重要作用。国家在经济发展的不同时期需要制定不同的产业政策，确定产业发展次序，投资的基本方向是国家产业政策规定优先发展的产业，特别是国民经济薄弱环节，对社会效益大而经济效益并不显著的产业予以重点扶持，这有利于优化投资结构，协调投资比例关系。在市场经济条件下，政府已不是唯一的投资主体，即使是国家需要重点扶持的基础设施及其他重要产业也需要鼓励社会投资的介入，但政府投资起到了一种先导和示范作用，它通过运用直接投资和间接投资手段（如投资补贴、投资抵免、投资贷款贴息等），引导全社会投资更多地投入国家鼓励发展的产业和领域。

（3）为社会民间投资创造良好的投资环境。投资的环境好坏，很重要的一个方面是公用设施和社会基础设施完善与否。公用设施和社会基础设施及软环境建设，有相当部分是无法实现商品化经营的或商品化程度很低，即不能实现投资经济活动投入—产出的良性循环，因此这方面的投资是政府投资主体的义务和责任，是政府投资的一个重点。

（4）支持地区内国家重点项目建设。政府从资金、移民搬迁、劳动力供给等方面为重点项目的建设提供保障，承担区域内公益性项目投资，集中力量投资于基础项目和支柱产业的项目，同时通过各项政策和经济手段，推动资产的重组，进行存量调整。推进现代企业制度建设，使企业成为投资的基本主体。

政府投资的范围有严格的限定，目的是提高政府投资的资金使用效率，充分发挥金融服务实体经济的作用。主要有以下4点原则：

（1）政府投资要严格限制在公共领域，包括公益性项目和基础设施项目，并允许企业集团、实力较强的私营企业对有盈利能力的公益性和基础性项目进行投资。政府投资要进一步划分为公共事业投资和产业投资，并实行不同的投资管理模式。政府投资项目要实行项目法人责任制，严格按照现代企业制度要求进行经营管理，确保投资者的利益和风险约束机制得到落实。同时，改革预算外资金管理体制，变分散管理为必要的集中管理，弱化部门利益，堵塞管理漏洞，壮大政府投资实力。建立政府投资的项目评估审议制度和错案追究制度，促进投资决策民主化、科学化。广泛引入竞争机制，大力推进规范的招标承包制度。

（2）创建公共财政支出框架，调整支出结构，确定支出范围。保证国家机器的正常运转，加大对社会公益事业的支持，扶持农牧业生产和扶贫，搞好非经营性基础设施建设。实现职能回归，压缩生产性基本建设投资和企业挖潜改造资金，财政资金坚决退出生产性和竞争性领域。理顺财政职能与企业发展的关系，财政对企业扶持仅限于安排下岗职工基本生活保障和再就业补助、剥离企业中的社会事业机构等。在完成事业单位机构改革的基础上，按照"公益"标准确定事业单位类别，区别情况安排资金。

（3）政府投资对经营性基础设施项目，要积极推动产业化经营，改变目前基础设施项目主要由政府"一家抬"的局面，减轻财政负担。对有收益的基础设施项目，如轨道交通、收费公路、自来水厂、燃气、热力以及污水、垃圾处理设施等，政府要采取招标方式选择投资企业，政府赋予投资企业项目的特许经营权。对中标的投资者采取 BOT、BOOT（建设—拥有—经营—转让）、BOO 和 BTO（建设—转让—经营）等多种建设方式。

（4）要合理安排投资布局，调整区域产业结构。投资布局即政府投资在各地区的分配比例关系，是政府投资政策的重要组成部分。我国地域辽阔，地区经济极不平衡，合理安排布局意义重大，它不仅有利于调节生产力布局和区域产业结构，而且也是调节地区差距、促进地区协调发展的必要手段。

政府多种投资方式往往是通过多种投资工具加以实现的。在公共投资领域内，政府投资工具主要有四大方面内容，即财政投资（包括财政拨款与资本金注入）、财政补助（如财政补贴、基金补助、研发委托费等）、政策性金融（如低息贷款、贴息及贷款担保等）和税收优惠（如特别折旧、进口设备税收减免、所得税减免、税前扣除研发费用等）。

公益性项目应当以拨款投资为主，以间接投资（包括贴息、政策性金融等）为辅。公益性项目主要涉及科、教、文、卫、体、环保、广电等设施，公检法司等政权设施，政府、社会团体、国防设施等领域。与经营性项目和基础性项目相比，公益性项目的社会效益最高而经济效益最低，是一般企业无力或无意承担的，政府应当从总体上承担此类项目的投融资责任，主要采取无偿的直接投入的方式，可以采取全额或大部分拨款、土地划拨、税收免除等投资方式。

准公益性的投资项目应当以资本金注入和产业补助为主，以间接投资（包括贴息、政策性金融等）为辅。准公益性项目主要涉及农、林、牧、渔、水、气象基础设施、能源、交通邮电运输业，地质勘探业、基础科研、基础原材料、城市公用事业以及高等教育、医疗服务等社会事业，等等。我们知道，准公共领域投资项目不同于一般竞争性领域与公益性领域，其有收费机制和资金流入，须承担部分公共职能，具有明显的外部性与一定的经营性，政府定价且不足以补偿成本的建设项目。投资主体应以社会团体与企业为主投资，政府部门可以提供适当补贴或提供必要的资本金作为引导资金，弥补外部效益、弥补市场失灵或低效、促进公平配置。

一般竞争性项目的投资方式应用。应当以间接投资（包括贴息、担保、政策性贷款等）为主，以直接投资（资本金注入、产业补助）为辅。与公益性项目和基础性项目不同的是，经营性项目的最大特点是投资的社会效益（外部性）较弱，经济效益较高，因而投资主体主要由企业来担任。但由于经营性项目受到技术进步、企业规模、信用等级等多种因素的影响，完全依靠企业特别是中小企业的独立投资，难以发挥更大的投资效益。因此，政府部门的投资主要采取间接投入为主导的投资方式，如通过信贷贴息、政策性贷款、信用担保等投资工具的使用，降低企业投资的商务成本、技术进步成本与社会成本，用"四两拨千斤"的办法，即用很少的杠杆资金投放来实现放大企业投资效益的目标。同时，对于一些关系国计民生的关键行业，如中国的四大专业银行遇到资本充足率不足的问题时，国家财政还是需要通过资本金的输入起到稳定金融的作用。我国在一个相当长的时期中，政府是全国主要的投资者，几乎所有的重要投资项目都是由政府进行的。中共十一届三中全会后，投资领域发生了许多重要变化。由原来单一的政府投资主体发展为政府、企业、个人、外资等多种形式的投资主体。政府通过投资起到引导投资、调整投资结构、贯彻产业政策的重要作用。

与此对应的是，作为社会资本方的非政府投资主体，其投资原则与政府方则完全不同，资本逐利是首位的，但企业本身也需要具有社会责任，在与政府方合作过程中，双方需要找到互利双赢的支撑点即可合作。

非政府投资是指由具有独立经济利益的微观经济主体（企业和个人）进行的投资，具有以下4个特点：

（1）追求微观上的盈利性。作为商品生产者，他们要追求盈利，而且他们的盈利是根据自身所能感受到的微观效益和微观成本计算出来的。

（2）企业主要依靠自身积累和社会筹集来为投资提供资金，而自身积累不可能很大，社会筹集也受到种种限制，所以其无力承担规模较大的投资项目。

（3）由于追求盈利的目的，决定了它只能从事周转快、见效快的短期投资项目。

（4）企业投资于一行一业，所以不可能顾及非经济的社会效益。

在2018年第三届"中国PPP投资论坛"上，著名经济学家厉以宁指出民营资本参与PPP项目积极性不高的原因：

一是国有企业始终处于控股优势，弱化了民营资本参与的话语权；

二是PPP项目本身的公益性，令以盈利性为目的的民营资本不愿参与；

三是参与PPP后，没有建立有效的法人治理结构，缺乏科学的管理制度；

四是PPP的退出机制尚不健全，由于基建等公益性项目的长期性，资本回收周期长，这使民营资本担心短期内难以看到投资回报，因此民

营资本天然认为民间资本在 PPP 发展中只是"陪衬";

五是国有企业混合所有制改革进展速度慢,多数民营资本持观望态度;

六是在 PPP 债券市场,民营资本也不是发行债券的主力。尽管 PPP 项目通过发行债券的方式融资成本更低,期限更长,但仍然主要以地方政府发行债券为主。

厉以宁教授认为要在中国发展好 PPP 模式,需要规范 PPP 发展,落实政策法规,推行合理的法人治理结构,给予民间资本公平竞争的机会,并完善民间资本退出机制,拓宽民营资本的融资渠道,并再次提出诚信建设是中国发展 PPP 的基本条件。

3. 务实的发展路径

1978 年,中国抛弃了"以阶级斗争为纲"的错误路线,通过"猫论"(不管白猫黑猫,能捉老鼠的就是好猫)、"摸论"(摸着石头过河)等方法论,厘清了思路。中国的历史发展,一贯是将马克思主义与中国的本土实践相结合,走中国特色的社会主义道路和制定适时优化的发展战略。

因此,中国特色社会主义道路,既有学习,又有创新。在改革开放之初,国家经济凋敝、民生多艰,提出"以经济建设为中心""发展才是硬道理";当经济全球化浪潮扑面而来,提出"引进来,走出去",大力发展出口导向型经济;针对民生问题、贫富差距问题,提出"构建和谐社会""科学发展观";面临世界形势的大变局,提出"新时代中国特色""新旧动能转换"等,四十多年来,我们就是这样一步一个脚印,与时俱进、开拓创新,才取得了今天的发展成就。

总体来说,"中国模式"是一种现实存在。但世界上从来不存在十全十美、永恒不变的发展模式。任何一种模式都必须随着时代的发展及时调整,进行体制机制的健全和完善。中国模式不是一个完成时,而是一个进行时和持续改善的动态过程。

4. 主权信用与金融主导权

改革开放四十多年来，地方政府在中国持续高速增长的过程中扮演了重要角色。从改革开放开始，政府融资大致分为四个阶段。

第一个阶段，改革开放时期（1978—1994 年），这个阶段，政府通过发行国债、国库券来支持国内投资、地方发展建设。

第二个阶段，分税制改革时期（1994—2008 年），这个时候土地财政、银行贷款是地方经济发展的主要资金来源和推动力。

第三个阶段，地方融资平台时期（2010—2015 年），各地方政府通过城投借债，支持地方基础设施建设、棚改、产业园建设等，促进本地百姓住房安置与就业。

第四个阶段，政信投资时代（2015 年以后），以地方债和地方私募债为代表的融资方式成为新的潮流，让利于民，与国共赢成为未来的发展趋势。不通过政府信用进行社会融资，地方就难以发展。而政府与社会资本合作若想蓬勃发展，就要求政府演变为与民共赢的平台。另外，2019 年地方债从全国银行间债券市场、证券交易所债券市场发行走入了银行柜台，可以通过商业银行柜台市场在地区范围内发行，投资者范围向个人扩容，有利于进一步强化投资人监督，对地方政府债务管理和信息披露形成新的外部约束。过去四年，地方私募债在各个地方股交市场发展迅猛，与地方债一起作为政府主要债务融资工具，有效改善了地方基础设施建设，提升了城镇承载能力，促进了地方经济增长。

中国的历史传统中就包含政商合作，未来是政信搭建起百姓与政府共赢的桥梁，地方债和地方私募基金的兴起将会成为一种趋势。根据中国人民银行数据，2017 年我国债券市场共发行各类债券 40.8 万亿元，国债发行 3.9 万亿元，地方政府债券 4.4 万亿元。地方债券规模超过国债规模，并与国债规模的差距进一步拉大，已经成为债券市场中主要的品种。

具体来说，在安全性方面，主权信用下的政府金融有五大保障。

（1）信用保障。根据巴塞尔委员会 2006 年发布的《巴塞尔协议 Ⅱ》，地方政府债权可以视同主权债权，对于地方政府而言，应当具有特定的获取收入的能力和降低违约风险的机制安排。《巴塞尔协议》认定地方国资平台债务为主权债务，不能违约，不可取消，风险权数趋于零。

（2）政策支持。新《预算法》和国发〔2014〕43 号文件要求把地方政府债务分门别类纳入全口径预算管理，实现"借、用、还"相统一。另外，43 号文、50 号文、87 号文、92 号文、23 号文、54 号文等从不同角度对以地方债、地方私募债为代表的政信行业进行了规范和安全性保障。

（3）政策保障。《中共中央　国务院关于完善产权保护制度依法保护产权的意见》确定债务终身问责制，严禁"新官不理旧账"，地方政府违约要承担法律和经济责任。在制度越来越完善的情况下，政府对待债务管理极为严肃，让地方更有积极性来解决问题，化解债务风险。

（4）央行征信。政信投资有法律法规约束，纳入中国人民银行征信等级系统，违约成本高。政府信用受损会对地方经济发展造成严重影响。

（5）业绩优良。市场长期稳定，违约率极低。2018 年是信用债频繁违约的一年，非国企违约金额占全市场违约的九成以上，违约率约 3.8%，远高于国企 0.32% 的违约率。平台公司的违约表现为延期兑付，其比率占所有平台债务的 0.032%，延期后，平台公司在较短时间内可实现兑付，因此平台公司的实质违约率为零。

二、贸易摩擦之盾

1. 贸易摩擦的概念

贸易摩擦，是指一个国家（或地区）与另一国家（或地区）在贸易平衡上产生的摩擦，主要表现是持续逆差国或者产业受到伤害国对他国实施反倾销、反补贴或者其他保障措施。

自 20 世纪 90 年代以来，由于中国经济增长、产业发展和国际贸易量的增加，尤其是中国加入 WTO 之后，已经对现有的国际贸易秩序和产业格局产生了冲击。因此，中国已经连续 22 年成为遭遇反倾销调查最多的国家，连续 10 年成为遭遇反补贴调查最多的国家。2017 年，我国产品遭遇到了来自 21 个国家和地区发起的 75 起贸易经济调查。其中反倾销 55 起，反补贴 13 起，保障措施 7 起，涉案金额高达 110 亿美元。钢铁、轮胎、鞋、玩具、铝制品等是中国贸易摩擦的重点领域；同时，我国贸易摩擦产品种类一直在不断增加，机电、高科技产品出口迅速增长，也成为新的摩擦热点，如汽车行业、医药产业等，并且有从单一产品向整个行业延伸的形势。

2. "修昔底德陷阱"和中美贸易摩擦

（1）中美贸易摩擦的升级

中美之间一直有贸易方面的摩擦，但是经过协商总能良性处理，真正意义上的争端爆发于 2017 年初。2017 年 8 月，美国贸易代表办公室宣布对中国发起"301 调查"。根据《1974 年贸易法》第 301 条，该条款授权美国贸易代表可对他国的"不合理或不公正贸易做法"发起调查，并可在调查结束后建议美国总统实施单边制裁，包括撤销贸易优惠、征收报复性关税等。这一调查由美国自身发起、调查、裁决、执行，具有强烈的单边主义色彩。从 2018 年 6 月 15 日确定对价值 500 亿美元从中国进口的商品征收 25% 的关税起，到 9 月 24 日对另外约 2 000 亿美元的中国产品加征 10% 的关税正式生效，并将在 2019 年 1 月 1 日起提升至 25%。

美国之所以发起"301 调查"和挑起中美贸易争端，表面原因是中国在全球贸易中所占份额已经超过美国（截至 2018 年，中国作为美国第二大贸易伙伴、第三大出口市场和第一大进口来源地的世界地位没有改变），同时美中贸易逆差严重（按照中国官方数据，2017 年中国对美国货

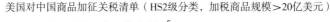

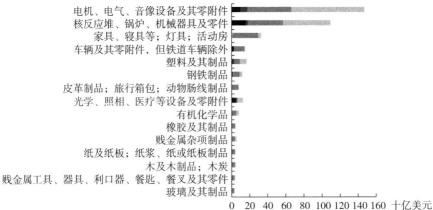

美国对中国商品加征关税清单（HS2级分类，加税商品规模＞20亿美元）

注：上述商品覆盖加税商品规模2 195亿美元。

资料来源：Haver，中金公司研究部。

图2－1 美国对中国加征关税的商品集中在机电、机械等领域

物贸易顺差1.87万亿元，合2 780亿美元；美方统计口径则是3 750亿美元）。所以，美国出于经济增长和国家安全考虑，对中国进行贸易制裁。

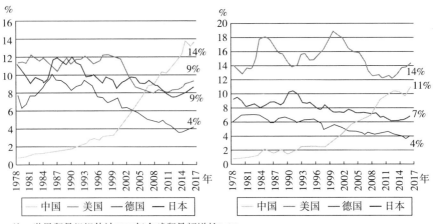

注：世界贸易组织估计2017年全球贸易额增长3.6%。

图2－2 中国在全球贸易中所占份额已超过美国

第一，经济增长问题。美中之间的贸易赤字，即便在经济上没有什么意义，但是在政治上是有重要意义的。从 2000 年前后开始，大部分基层美国人（现任美国总统特朗普先生的大选票箱）感觉到自己的个人收入没有任何程度的提高，企业界精英感觉被"世界工厂"抢走了市场，他们不仅没有从贸易全球化中受益，反而丧失了就业和收入增长的机会。所以在美国的舆论中，就认为是中国抢走了他们的岗位和薪水，中国是导致美国利益受损的罪魁祸首。在这一认知的背景下，美国挑起了中美贸易摩擦。

第二，国家安全忧虑。近些年中国科技创新发展很快，如上天的神舟号、下海的蛟龙号、高速铁路、北斗导航、航空母舰、第五代战斗机和"中国制造 2025"等，颇有后来者居上之势，但是这些成就的背后，一方面政府的深度参与客观上与公平竞争的市场经济原则兼容性欠佳，另一方面这些技术可以通过军事化支持美国所谓的敌对国家，会严重危害美国的国防安全。

（2）中美竞争的"修昔底德陷阱"

这背后就是中美竞争的"修昔底德陷阱"。2012 年，格雷厄姆·艾利森在《金融时报》发表文章《修昔底德陷阱已经在太平洋地区凸显》，首次提出"修昔底德陷阱"这一概念。他使用该名词用于指代守成大国和新兴大国之间的关系，即守成大国和新兴大国身陷结构性矛盾，冲突极易发生。古希腊历史学家修昔底德在《伯罗奔尼撒战争史》中叙述了古希腊两大城邦——雅典和斯巴达——的战争，指出"使战争不可避免的真正原因是雅典势力的增长以及因此而引起的斯巴达的恐惧"，这就是"修昔底德陷阱"。同样，历史上经济秩序和政治格局的转变，崛起国与守成国之间的竞争，大多数以战争收尾。世界上本无"修昔底德陷阱"，但大国之间一再发生战略误判，就可能自己给自己造成"修昔底德陷阱"。

3. 中美贸易摩擦背后的美国焦虑

总体来看，中美贸易摩擦背后是美国对丧失世界主导权和中国改变世界经济政治秩序，包括国际金融话语权、科技话语权、贸易话语权、美国模式话语权等综合变化的恐慌和焦虑。

（1）阻止中国拥有国际金融话语权

众所周知，金融是经济的核心和枢纽，控制了金融就能控制世界。第二次世界大战之前，国际金融话语权在英国；第二次世界大战之后，美国通过石油、美元获得了国际金融话语权。

截至 2018 年末，人民币已经成为世界第五大支付货币（中国占比1.89%，美国占比 39.66%）、第六大外汇储备币种（中国占比 1.84%，美国占比 39.66%）和第三大 SDR 币种（中国占比 10.92%，美国占比41.73%）。但是，2018 年，中国成立了上海石油交易所，用人民币交易，卖出石油获得的人民币可以购买黄金，这得到俄罗斯等产油国的响应，上海石油交易所石油交易量迅速增长，直追纽约石油交易所、伦敦石油交易所，位居世界第三。人民币国际化将会类似于日元、欧元的国际化，威胁到美元的霸权地位。

（2）阻止中国拥有科学与技术话语权

第二次世界大战之前，科学与技术话语权掌握在德国手中；第二次世界大战之后，美国依靠经济实力、地区稳定、移民制度等吸引和留住了世界上最优秀的科学家，获得了科学与技术话语权，并且一直保持着绝对领先优势。

而现在中国的科技人员数量、专利申请数、技术应用场景等，促使中国在发展颠覆性、原创性和前沿性技术上，如 5G、量子通信、航空航天等直追美国，让美国感到惴惴不安。

（3）阻止中国获得贸易话语权

世界上明显的全球化浪潮有两次。第一次经济全球化从 1750 年到1950 年，是以英国、法国和荷兰等欧洲列强主导的，通过殖民地的方式实现的全球化。第二次全球化从 1950 年到现在，是以美国为主导的，通过自由贸易理论建立的美国式全球化。美国相继建立了世界贸易组织、国际货币基金组织、世界银行等国际性组织，运作着 GE、可口可乐、高通等垄断性跨国公司，成为第二次全球化的主导者和最大受益者。

但是，近些年在贸易全球化的进程中，美国连年财政赤字、贸易逆差不断扩大、蓝领工人 20 年没涨过工资、基础设施破旧和 1/3 的人口没出过国等。所以，在"美国优先"战略下，美国开始反全球化，实行贸易保护，挑起贸易争端，甚至要废掉世界贸易组织。

（4）担心中国模式威胁到美国模式

美国模式又称"盎格鲁—萨克逊"模式（Anglo Saxon Model），是以私有制为基础，实行多党制、三权分立、个人主义和自由主义，强调个人发展、利润至上的模式。从第二次世界大战以来，美国模式是西方资本主义国家的典范和标杆。

但是，目前中国的公有制、集体主义、综合国力和世界影响力日渐增长，正在运作的"一带一路"倡议、中非合作论坛、东盟"10 + 1"（东盟 10 国 + 中国）、上海合作组织等，而且提出全球治理的中国方案，这些都让美国感到焦虑。

4. 政信金融之盾

政信金融作为重要的金融细分领域，能够有效化解中美贸易摩擦对中国经济的不利影响，不仅能够化解地方政府债务风险，而且能够提高经济的弹性和韧性。

（1）化解地方政府债务风险

自 2012 年开始，如何化解地方政府债务风险，避免债务风险演化成系统性金融风险，已经成为决策层和社会各界广泛关注的热点问题。随着经济增长，地方政府债务规模不断扩大。

研究数据表明，2015 年以后形成的存量债务将在 2018—2020 年迎来到期量约为 5 万亿元以上的偿债高峰期。这些存量债务普遍存在"投资低收益、融资高成本"的风险错配问题,再加上近几年经济发展由 PPP 项目、政府性产业基金等途径形成新增债务给地方政府造成了巨大负担和风险。2018 年 5 月,天津、内蒙古等地的地方融资平台相继出现债务违约逾期;2018 年 6 月,安徽六安市、湖南耒阳市等地连续出现公职人员欠薪事件等。

显而易见,政信模式必须及时调整、良性发展,合理合法筹集和科学统筹使用资金,同时将地方政府融资平台分类转型为资源配置平台、产业经营平台和资本运营平台,才能够有效化解地方政府债务风险。

(2)保证经济的弹性和韧性

韧性和弹性,均是物理名词。韧性是指材料承受应力时对折断的抵抗,换个角度说,就是材料直至断裂时能吸收机械能或动能的能力。韧性是相对于折断而言的,只要不折断,就是有韧性。弹性是指如果材料在应力下发生变形,应力撤销后又恢复到原来的形状。外力是检验材料的物理特性的基本方式,危机则是观察经济的弹性和韧性的重要时间视窗。

保证中国经济的弹性和韧性,关键在于推进"去杠杆"和"去产能",防范和化解风险,不断完善金融监管。政信金融作为化解地方政府债务风险的重要手段和去除过剩产能的调控手段,能够在很大程度上增强中国经济的韧性,从而有效支持中国解决中美贸易摩擦。

5. 政信金融对于供给侧结构性改革的意义

供给侧结构性改革旨在调整经济结构,使要素实现最优配置,提升经济增长的质量和数量。需求侧改革主要有投资、消费、出口"三驾马车",供给侧则有劳动力、土地、资本、制度创造、创新等要素。

(1)政信金融是"去产能"的利器

2003 年后,中国央企生产力变革变得十分缓慢,钢铁、煤炭、水泥、玻璃、石油、石化、铁矿石、有色金属等几大行业,亏损面已经达到80%，产业的利润下降幅度最大，产能过剩十分严重。"供需错位"已成为阻挡中国经济持续增长的最大路障：一方面，过剩产能已成为制约中国经济转型的一大包袱；另一方面，中国的供给体系与需求侧严重不配套，总体上是中低端产品过剩，高端产品供给不足。此外，中国的供给侧低效率，无法供给出合意的需求。因此，强调供给侧结构性改革，就是要从生产、供给端入手，调整供给结构，为真正启动内需，打造经济发展新动力寻求路径。

通过政府与社会资本的合作为主要模式的政信金融合作在基础设施建设领域发力。近年来，虽然我国已经形成了强大的高铁、高速公路、机场、轨道交通等大型基建的系统性升级，体现了基建大国的风范，但是在广大的三四线城市和农村地区，基础设施建设仍然比较落后，改善这些地区的基建水平，从而形成对经济持续发展支撑，是亟待解决的问题。"十三五"以来，各地制定的发展规划，体现了强烈的发展愿望。

在经济下行期，基础设施建设是逆周期行业。从20世纪30年代以来，美国通过基建来复苏经济行之有效的办法，直到现在，仍然是提振经济的有效调控手段。

"要想富，先修路""交通兴，百业兴"，是先进发达省份的致富经验。交通基建带来的"引致效应"，即扩张性的货币政策降低利率时所引起的投资增加的现象。对于经济欠发达地区而言，增加交通基建投资，可带来资金、人才、信息等各种生产要素的聚集。以贵州为例，贵州省的自然条件为发展大数据战略提供了得天独厚的优势。目前包括国内外知名的企业均将数据中心落户贵州，华为、阿里、苹果、腾讯等均已建立了大数据中心，刺激了信息通信业的业务旺盛需求，驱动了行业的快速增长，同时也助推了大数据产业的健康发展，形成了良性循环的发展生态。另外，贵州联通、贵州移动等通信运营商利用自身的数据优势，建立了大数据中心，搭建大数据运用平台，推动大数据与旅游、交通、医疗、金融等行业深度融合，助推大数据产业发展。在贵州大数据信息产业发展带来相关产业迅速发展的背后是交通基建的强大支撑。贵州山高坡陡，沟壑纵横，山地和丘陵占国土面积的 92.5%，素以"地无三里平"著称，交通闭塞成为制约经济社会发展的一大"瓶颈"。自 2000 年以来，贵州省大幅增加了交通基建投资，公路、水路、机场齐头并进。截至 2018 年底，全省高速公路通车总里程突破 6 000 千米大关，达到 6 450 千米，占全国通车里程的 1/10。根据《贵州省新时代高速公路建设五年决战实施方案》，到 2022 年，高速公路完成投资5 000 亿元以上，通车总里程突破一万千米。现阶段，贵州已进入县县通高速公路时代。同时，贵州共建成 11 个机场，实现每个市（州）都有机场，旅客年吞吐量达到 1 874 万人次。除了大数据产业的迅猛发展，交通便捷的优势带来的是贵州旅游业大发展，真正实现了绿色发展的理念。截至 2017 年，贵州拥有的名胜风景景区数量达到 71 个，其中，国家级的名胜风景景区数量是 18 个，5A 级风景景区的数量是 5个，还有大大小小的乡村旅游扶贫重点村。

在过去，因为交通环境恶劣的原因，很多人想去贵州看美丽的风景总是无法实现，如今，多彩贵州因交通便捷发达而成旅游热点地区。贵州省的交通基建是基础设施建设的一个典型代表。

据不完全统计，从 2018 年第四季度至今，发展改革委批复的基建项目规模超过 1.2 万亿元。仅 12 月一个月，就批复项目规模近 8 000 亿元。根据广东、四川、重庆、云南、贵州等十余个省（自治区、直辖市）发布的"十三五"交通投资计划，每个省的投资规模基本都在4 000 亿元以上，合计投资规模达到 5.8 万亿元。

资金短缺成为基建投资的重要约束。在现有投融资体制下，基建投资的资金来源，包括国内贷款、外资、自筹资金、国家财政支出资金等，其中自筹资金占了大头，因此，地方融资的变化才是决定基建投资的关键。

万亿交通基建市场是政信金融发展的蓝海，也是有效"去产能"的利剑。

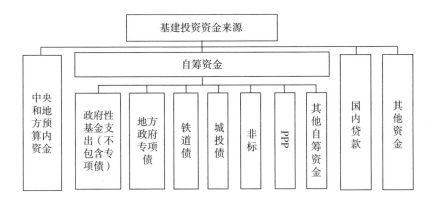

图 2 - 3　基建投资资金来源

（2）交通基建带动经济圈效应

经济圈又称大城市群、城市群集合、大经济区、大都会区或都会区集合，属于 20 世纪 90 年代开始渐多出现的中文地域经济用语，指一定区域范围内的经济组织实体，是生产布局的一种地域组合形式。经济圈是主要从地域的自然资源、经济技术条件和政府的宏观管理出发，组成某种具有内在联系的地域产业配置圈。经济圈通常指疆域极广的国家内部某一特定区域，常为城市群体的集合或在国家经济总量（GDP）中占有很大比重，并对全球经济产生影响。

美国是继欧洲工业革命开始后迅速推进工业化和城市化的国家，形成了以纽约、洛杉矶、芝加哥为代表的三大都市经济圈。纽约大都市经济圈是以曼哈顿岛为中心，覆盖 1 万多平方千米，囊括 1 800 多万人口的大都会地区，是美国甚至世界的经济中心之一。1990 年，洛杉矶大都市经济圈覆盖范围内人口达到 1 300 多万，中心城市美国第二大城市洛杉矶人口达到 310 万，是美国重要的军工基地和文化娱乐中心。到 1990 年美国第三大城市芝加哥拥有市区人口 298 万，芝加哥大都市经济圈人口 810 多万，是美国内地重要的金融、贸易、文化和重化工基地。中国城市发展报告显示，全世界范围内，美国三大都会区（大纽约区、五大湖区、大洛杉矶区）的 GDP 占全美国的份额为 67%，日本三大都市圈 GDP 占全日本的份额则达到 70%，中国大陆三大经济圈占 GDP 总量的 38%。

中国的城市群、经济圈正在发展和形成过程中，由于之前的地方保护主义、行政区划导致的条块分割等因素，缺少真正意义的区域经济合作和统一城市规划。2018 年 11 月 18 日，中共中央、国务院发布的《关于建立更加有效的区域协调发展新机制的意见》明确指出，以京津冀城市群、长三角城市群、粤港澳大湾区、成渝城市群、长江中游城市群、中原城市群、关中平原城市群等城市群推动国家重大区域战略融合发展，建立以中心城市引领城市群发展、城市群带动区域发展新模式，推动区域板块之间融合互动发展。

第三节　政信金融与现代化

一、虚拟货币与政信金融国际化

1. 什么是虚拟货币

虚拟货币是电子商务的产物，并开始扮演越来越重要的角色。在金融环境发达的国家，早就出现了虚拟货币。虚拟货币也就是数字货币，属于一种新型的货币支付方式，也可以说是一种结算工具。

知名的虚拟货币如百度公司的百度币、腾讯公司的 Q 币、Q 点，盛大公司的点券，新浪推出的微币（用于微游戏、新浪读书等）。

目前全世界发行有上百种数字货币。2013 年流行的数字货币有比特币、莱特币、无限币、夸克币、泽塔币、烧烤币、便士币（外网）、隐形金条、红币、质数币。

网络虚拟货币大致可以分为以下几类。

第一类是大家熟悉的游戏币。主角靠打倒敌人、进赌馆赢钱等方式积累货币，购买草药和装备。互联网建立起门户和社区、实现游戏联网以来，虚拟货币便有了"金融市场"，玩家之间可以交易游戏币。

第二类是门户网站或者即时通信工具服务商发行的专用货币，用于购买本网站内的服务。如腾讯公司的 Q 币，可用来购买会员资格、QQ 秀等增值服务。

第三类互联网上的虚拟货币，如比特币（BTC）、莱特币（LTC）等，可以用于互联网金融投资，也可以作为新式货币直接用于生活中使用。

自 2009 年发布以来，比特币已成为最知名的虚拟货币。这一虚拟货币由化名为"中本聪"的个人或组织开发，主要被在线商户使用。不过近年来，一些小型实体商户也开始接受比特币支付。

比特币最初是在全球的科技极客圈子里面流通，积累了一批忠实的粉丝。比特币不依靠特定货币机构发行，它依据特定算法，通过大量的计算产生，比特币经济使用整个 P2P 网络中众多节点构成的分布式数据库来确认并记录所有的交易行为，并使用密码学的设计来确保货币流通各个环节的安全性。比特币的系统是一个分布式、去中心化的系统，比特币的所有交易都存在一个总账簿里面，这个总账簿就是区块链，存储在每一个人的电脑里面，而且它的转账是匿名的，由于没有中心机构，所以就不需要开户，它是通过地址来转账的。比特币的发行每 4 年递减一半，产出越来越少，产出难度越来越高。该货币系统曾在 4 年内只有不超过 1 050 万个，之后的总数量将被永久限制在约 2 100 万个。

现在国与国之间的货币流通很麻烦，转账速度慢，手续费高，在很多国家转进转出还会受到极大的限制。虚拟货币能用于结算、流通，尤其是在跨境支付中，安全加密的虚拟货币就大有用武之地。虚拟货币转账到达时间短，手续费低廉，这些都是其明显的优势。

"区块链技术"是互联网的一项新技术，虚拟货币以区块链技术为支撑，其特点是"去中心化"，即拿掉一个机构对货币的集中控制发行权。通过区块链技术可以解决在虚拟经济体系中的信任问题。以比特币为例，它在投入流通后都是单一、留痕、可追踪的。从哪里来、到哪里去，所有的资金都非常透明。

虚拟币在世界大盘上的价值起伏不定，波动极大。它作为一种投机的商品，如炒股一样，可以选准时机，低价买进、高价卖出。大部分虚拟币被某些组织和一些团队利用，成了牟利的工具。

同时，在比特币早期使用的客户中，有一批是灰产地带的用户，把本币转换成比特币，然后再把比特币卖出以后，兑换成其他国家的本币，以此达到把钱转移的目的。军火、黑钱等都能通过比特币来洗白，这就是比特币最早的一种刚需。

虚拟货币越来越和现实世界交汇。在虚拟货币日益壮大的同时，相关法规却相对滞后，埋下了不少隐患。

网上虚拟货币的私下交易已经在一定程度上实现了虚拟货币与人民币之间的双向流通，给虚拟货币本身的价格形成一种泡沫，同时为各种网络犯罪提供了销赃和洗钱的平台。

2. 国内对于虚拟货币的监管

虚拟货币价格不稳定、高波动，易发生价格操纵和市场投机，也容易成为洗钱工具。虚拟货币隐藏风险多，虚拟货币传销突破了传统地域空间的限制，加上如果有正规公司门面做掩护，打着区块链、P2P、虚拟货币等新概念做包装，可以大规模对公司进行宣传，迷惑了不少投资人。如果不能及时发现查处，会造成极大的破坏。

早在2013年12月5日，中国人民银行等5部门即发布《关于防范比特币风险的通知》，明确强调比特币不是货币，仅为一种特定的虚拟商品，不能在货币市场流通，金融机构不得开展相关业务。

2017年比特币价格一路飙涨，最高曾突破2万美元，吸引了大批投资者参与其中。同时，以比特币和各类虚拟货币为媒介的非法金融活动蔓延，风险巨大。2017 年人民银行对火币网、比特币中国等国内主要的虚拟货币交易平台进行巡查时发现，部分大型交易平台存在超范围经营、违规开展配资业务、投资者资金未实行第三方存管等问题。甚至还有交易平台打着虚拟货币的幌子，进行传销、非法融资等活动。在币链网、大比特等交易平台存在涉嫌传销的"山寨币"，而这些"山寨币"的交易系统多部署在海外，很难彻底监管。为此，2017 年 9 月人民银行等 7 部门联合发布《关于防范代币发行融资风险的公告》，叫停 ICO 并关停虚拟货币交易平台。

关于我国目前的虚拟货币相关监管政策，主要表现在以下几个方面：一是禁止基于虚拟货币的 ICO 融资行为；二是禁止在国内提供商业化的虚拟货币交易服务；三是对个人之间偶发的虚拟货币交易则无明确禁止规定。

另外，人民银行表示，已于 2014 年成立专门的研究团队，对数字货币的发行和业务运行框架、数字货币的关键技术、发行流通环境等进行深入研究，目前取得阶段性成果，并争取早日发行数字货币。如果虚拟数字货币成功发行，百姓生活支付更便利，更有着提高经济交易活动透明度等多重利好。

业内认为，人民银行所指的数字货币应该是人民币的电子化，当前人们日常所用的银行转账、余额宝等第三方支付行为均与数字货币有关。刷卡支付、扫码支付等已经极大地缩小了纸币使用的空间，技术的进步已经有逐渐倒逼纸币退场的趋势。而广义的数字货币又包括非官方发行的虚拟货币，如比特币。

3. 虚拟货币下的全球化趋势

如果把虚拟货币作为一个中间的媒介，就能很容易地解决跨境电商支付的问题。日本在 2017 年通过修改资金结算法，规定了虚拟货币的定义、虚拟货币交换业者的义务和处罚措施，把虚拟货币确定为资金结算手段。同时，法律规定对虚拟货币交易商实行注册制度，此举使日本成为世界主要国家中最早接纳虚拟货币的国家之一。

但在虚拟货币技术、交易方式不断更新的背景下，日本连续发生巨额虚拟货币被黑客盗取，以及虚拟货币投机化的问题，这促使日本政府不断严格相关法律监管。

近年来，世界经济进一步呈现全球化趋势，各经济体之间的经济联系更加紧密，全球金融市场跨越了地域限制，产品种类繁多、交易频率加快。随着信息技术的发展，数字货币、电子货币成为各国的关注点。电子货币仅仅是法币的电子化，它依托于法币存在，代表法币的价值。货币形态的演变反映了经济、金融和技术的变化；反过来，货币形态的变化也会对经济和金融造成影响。随着数字化进程，虚拟货币已经客观存在，未来数字货币使用范围将越来越大。

数字货币的产生，或许为解决国际货币体系提供了另一个思路。如果没有强制限定劣币与良币的兑换比率，竞争将会导致"良币驱逐劣币"的结果。另外，区块链技术正进一步受到全球范围内的公司、政府及组织认可，其中许多公司意识到了该技术的发展潜力。

数字货币时代的金融体系和现在大不一样，数字货币与其背后的区块链技术对政府机构和商业机构同时提出了挑战，也是一种机遇。

4. 人民币国际化

近年来，各类虚拟货币在全世界引发高度关注，它们吸纳民间资本，游离于金融监管之外，投机成风。其中的洗钱、支持非法经济活动等问题蕴藏着较大的金融风险。对此，相关部门应采取有效措施，切实强化社会上各类虚拟货币的监测监管，牢牢把握住人民币发行权，守住不发生系统性风险的底线。同时，也应当正视机遇，在金融全球化的背景下，通过人民币电子货币等方式，加入全球化的浪潮中。

1914年之前金本位制度通行于世界主流国家，第一次世界大战爆发后，各国纷纷废除金本位，采用不兑现纸币，通过印刷纸币掠夺民众财富支撑战争。

1922 年，欧洲主要国家在意大利热那亚召开了世界货币会议，会议决定采用"节约黄金"原则，拥有一定黄金储备的国家依然实施金块本位，而缺乏黄金储备的国家则可以采用金汇兑本位。

1944 年 7 月，西方主要国家的代表在联合国国际货币金融会议上确立了"布雷顿森林体系"，即以外汇自由化、资本自由化和贸易自由化为主要内容的多边经济制度，构成资本主义集团的核心内容。当时 70% 的世界黄金储备在美国，美元与黄金挂钩，各国货币与美元挂钩，美元成为世界货币。

"布雷顿森林体系"的建立，促进了战后资本主义世界经济的恢复和发展。到 20 世纪 70 年代，欧洲复兴、日本崛起，美国的经济地位受到冲击，美国深陷越战泥潭，财政赤字巨大、国际收支恶化、通货膨胀加剧等因素动摇了"布雷顿森林体系"，该体系于 1971 年被尼克松政府宣告结束。

同时，美国与以沙特阿拉伯为首的欧佩克成员达成协议，使用美元进行石油贸易结算，石油美元的地位巩固后，美国斩断了与黄金的挂钩，完成了从"黄金美元"到"石油美元"的华丽转身。

一直以来，美国利用美元霸权，单边发起贸易摩擦，叠加美联储加息，全球贸易、货币市场承压，以美元为中心的货币体系正面临诸多挑战，各国摆脱美元霸权束缚的呼声愈加强烈。

随着中国的和平崛起，人民币正迈向世界货币的舞台，人民币被各国寄予破解全球金融困境的厚望。作为全球第二大经济体，人民币已经被很多国家视为绕开美元的最佳国际结算货币。

目前，俄罗斯、伊朗、沙特阿拉伯等主要石油出口国开始向人民币靠拢。欧洲央行曾买入价值 5 亿欧元的人民币作为储备，随后德国、法国、英国也陆续将人民币纳入自己的外汇储备中。世界各国都逐渐加快向人民币靠拢的脚步。

目前，全球 60 多个国家将人民币加入自己的外汇储备中，尽管人民币短期内无法取代美元，但至少可以逐渐成为全球储备货币之一。

我国提出的"一带一路"倡议以及与"一带一路"沿线国家的经济贸易往来、合作，为相互之间在跨境支付结算以及投资融资方面的合作提供了机会和平台，为人民币国际化铺平道路。此外，国内也在探索扩大人民币资本账户可兑换，加大金融开放力度，探索人民币计价的石油、黄金等大宗商品交易和市场开放。

5. 借助"一带一路"推动政信金融国际化

我国以"一带一路"倡议为统领，秉持共商、共建、共享的原则，坚持企业主体、绿色永续、开放平衡、互利共赢的原则，同沿线国家一道推动产能合作取得丰硕成果。

2016 年 11 月 17 日，联大举行全体会议，提出支持"一带一路"等经济合作倡议，呼吁国家社会为"一带一路"的推进提供安全保障。2017 年 3 月 17 日，联合国安理会又作出决定，欢迎"一带一路"等经济合作倡议。

根据"一带一路"方向，能够延展出"六廊六路多国多港"的合作框架。六大经济走廊是指中蒙俄、新亚欧大陆桥、中国—中亚—西亚、中国—中南半岛、中巴、孟中印缅六大经济走廊建设。"六路"指铁路、公路、航运、航空、管道和空间综合信息网络。"多国"指一批先期合作国家。"多港"指若干保障海上运输大通道安全畅通的合作港口。

"一带一路"在国内和国际两个方面都取得了丰硕成果和积极的影响，得到广泛支持。近年来，中央企业在"走出去"过程中的年均投资增长 15%，年均销售收入增长 4.5%。这些项目里面，很大部分在"一带一路"沿线上。随着"一带一路"沿线基础设施建设的不断展开，投资项目的不断落地，当地企业的融合不断深化，投资会不断深化和拓展。

对"一带一路"建设来说，首先要做的就是基建投资。"一带一路"基础设施项目建设的资金来源主要有以下几个渠道：一是企业自有的资本金；二是和合作方共同出资；三是基金和当地一些资金，或者其他来源；四是对已建成的项目感兴趣的资金。

"一带一路"沿线国家开展基础设施建设的资金缺口较大。据测算，仅亚洲地区每年基础设施建设资金缺口就高达 8 000 亿美元。面对这么大的资金需求，必须积极推动投融资模式创新，为基础设施互联互通提供资金保障。其中通过 PPP（政府和社会资本合作）模式吸引社会资本参与，成为"一带一路"基础设施建设的重要资金来源渠道之一。

PPP 采取政府与私人部门相互合作的模式，由项目参与各方共同承担责任和融资风险，其核心原则是将不同风险分配给能够最有效管理和控制该风险的一方。"一带一路"中的互联互通项目包括基础设施建设、交通领域及电信能源建设等方面，都是公共产品的涵盖范围，适用于使用 PPP 项目进行投资建设。

2017 年初，国家发展和改革委员会同多个部门建立"一带一路"PPP（政府和社会资本合作）工作机制，在沿线国家推广 PPP 模式。国家通过设立丝路基金和亚投行的方式为"一带一路"建设提供资金，在这种背景下，我们应充分挖掘 PPP 创新中的社会资本力量，通过各种模式与丝路基金共同参与"一带一路"建设。

而人民币也将借助 PPP 等政信合作模式，在全球化浪潮中为自己赢得更有利的地位。

二、政信金融助力产业结构优化

1. 新结构经济学与产业政策

（1）新结构经济学

中国模式不仅有实践体现，而且有理论总结。中国模式的理论总结就是著名经济学家、原世界银行首席经济学家林毅夫提出的新结构经济学。新结构经济学是对以往发展经济学结构主义（Structuralism）和新自由主义（Neo‑liberalism）的反思，从发展中国家自身的成败经验中总结出来的，成为发展中国家解决问题的一个参照系。

新结构经济学在理论上体现了从比较优势到有效市场和有为政府，再到产业政策的逻辑体系，在实践上基于案例总结提炼出了 GIFF 框架，这对发展中国家的发展模式选择和产业体系构建具有重要的现实意义。新结构经济学的理论架构包括以下重要论点：

第一，随着经济的发展，一个经济体的经济结构会从劳动力密集型过渡到资本密集型。

第二，一个经济体在每一时点上的经济结构，包括技术、产业和软硬基础设施的体系，是内生于要素禀赋结构的。如果在既定的要素禀赋结构基础上，选择具有比较优势的产业并构建合适的软硬件基础设施，就能够降低交易费用，将比较优势转化为竞争优势。

第三，发展中国家可以利用后发优势，充分借鉴或采用发达国家的先进技术和机制，实现产业机构从劳动密集产业到资本密集产业的升级，从而实现经济结构的动态优化，形成从低收入农业经济到高收入工业经济乃至服务经济的连续频谱。

第四，基于韩国和新加坡等国的历史经验，中国经济完全有可能利用后发优势，跨越"中等收入陷阱"，从而在 2025 年前后成为第二次世界大战后第三个（在中国台湾和韩国之后）从低收入升级到高收入的经济体。

（2）有效市场与有为政府

发展中国家利用后发优势，通过产业政策实现经济结构升级依赖于有效市场和有为政府的相互促进。有效市场是"看不见的手"，有为政府是"看得见的手"，二者相互补充，协调统一，才能克服"市场失灵"和"政府失灵"，共同为经济发展提供内部动力和外部支持，保证国家竞争优势的迭代升级。

首先，经济发展依赖于有效市场。通过市场机制，按照要素禀赋结构所决定的比较优势来选择技术、发展产业是一个经济体在国内、国际市场形成竞争优势的前提。企业追求利润最大化，只有在充分竞争、完善有效的市场体系中才能形成有效的价格信号，进而通过价格机制引导各个企业自发地选择技术、选择产业，从而使整个国家具有竞争优势。

其次，经济发展离不开有为政府。技术创新、产业升级有赖于先行的企业，但是先行企业能否成功，一方面有赖于政府提供相应的基础设施和制度安排的完善；另一方面还需要政府支持和补偿先行企业所面对的风险和不确定性。这种设施制度和风险补偿，不是单个企业力所能及，需要政府发挥因势利导作用，组织协调相关企业的投资，并提供相关的公共服务。只有这样，技术创新和产业升级才能根据要素禀赋、经济结构和比较优势的变化不断顺利实施。

中国模式（或中国道路）之所以能够取得成功，是因为其在经济发展和转型中既发挥了"有效市场"的作用，也发挥了"有为政府"的作用，一方面是以市场经济为基础；另一方面政府的宏观调控和产业政策也起到了积极作用。中国政府没有照搬新自由主义"华盛顿共识"所主张的休克疗法，而是开拓思维、因地制宜，采用务实渐进的双轨制转型，一方面给予关系国防安全和国计民生的大型资本密集产业的国有企业以补贴；另一方面放开民营企业和外资企业，进入符合比较优势的产业，从而实现了经济的快速发展和资本积累，使中国经济结构从农业经济提升到了工业经济，从低收入国家迈进中等收入国家。

（3）产业政策

根据2008年世界银行增长与发展委员会（其主席为迈克尔·斯宾塞，Michael Spence，2001年诺贝尔经济学奖获得者）发布的研究报告，第二次世界大战以来，有13个经济体（博茨瓦纳、巴西、中国、中国香港、中国台湾、印度尼西亚、韩国、马来西亚、马耳他、阿曼、新加坡、泰国和日本）在25年或者更长时间内经济增长率达到7%或者更高。这 13 个经济体具有 5 个共同特征：开放的，宏观稳定，高储蓄和高投资，有效的市场机制和积极有为的政府。迈克尔·斯宾塞认为，这 5 个特征只是成功的必要条件，而不是成功的充分条件。经济发展成功的秘诀在于遵循比较优势选择产业和发展经济，该经济体就能够具有竞争力的产品、财政收支盈余、较少的经济危机，因为财政盈余和高投资回报表现出高储蓄率和高投资率，进而表现出开放和宏观稳定。

经济发展中的有为政府，主要体现为政府对特定目标产业进行选择，并提供相关基础设施建设、制度安排、研发资金支持等。政府需要通过产业政策对产业进行战略甄别和因势利导，将具有潜在比较优势的产业变成现实竞争优势产业，对于失去比较优势的产业帮助其转型、转产或退出。

根据目标行业与全球技术前沿的距离，一国政府可以将产业分为追赶型产业、领先型产业、退出型产业、弯道超车型产业、国防安全和战略型产业五类。

第一，追赶型产业，代表性产业包括汽车、高端装备业、高端材料等。在这类产业上，中国现有技术、附加值，都明显低于发达国家同类产业水平，处于追赶阶段。

对于追赶型产业，政府和金融机构应该在资金融通和外汇获取上对合适企业给予支持，并鼓励优质企业到海外并购同类产业中拥有先进技术的企业，作为技术创新和产业升级的来源。或者支持优质企业设立海外研发中心，直接利用海外高端人才推动技术创新。

第二，领先型产业，代表性产业包括白色家电、高铁和造船等。这类产业的产品、技术已经接近国际技术前沿，已经不能依靠国外来源实现技术升级，只能依靠自主研发。

领先型产业的自主研发包括产品技术开发和基础科研的突破，对于产品技术开发，由企业自己申请专利；而对于基础科研的突破，不仅投入大、风险高，而且具有很强的公共产品属性，中央和地方政府可以利用财政拨款设立知识产权基金和产业发展基金，或者组建行业公共技术研发平台，支持领先型企业与科研院校协作进行基础科研，从而为企业产品技术开发提供基础性支持。

第三，退出型产业，代表性产业包括钢铁、水泥、平板玻璃、电解铝等。退出型产业又可以细分为完全丧失比较优势的产业、产能过剩产业。前者主要是劳动密集型的出口加工业，必须通过品牌塑造、技术研发升级到"微笑曲线"两端。后者主要是具有技术和品牌优势，国内市场不足的平板玻璃、电解铝等产业，完全可以通过对外直接投资，将产能转移到"一带一路"沿线国家。

第四，弯道超车型产业，代表性产业包括通讯、信息类产业。这类产业相对技术密集、人才密集和资本密集。中国具有国内市场规模大、科技人才储备多的优势，政府可以通过提供创新孵化器、建立风险投资基金、制定优惠政策、完善专利保护等政策，助力优质企业实现超越。

第五，国防安全和战略型产业，代表性产业包括大飞机、航天、超级计算机等。这类产业通常资本密集、人才密集、创新周期长，关系到国家安全和战略利益，所以政府需要通过各种订单式采购、技术补贴、人才支持政策等，保证国民经济的完整性和安全性。

2. 政信金融与中国产业结构优化

政信金融作为重要的金融细分领域，能够落实各项逆周期宏观经济调控政策、有效降低中美贸易摩擦对中国经济增长和社会稳定的不利影响，从而成为有为政府的基本依托和产业政策的重要膀臂，支撑中国模式越来越强，越走越远。

（1）有为政府的基本依托

有为政府对于技术创新和产业升级的引导作用毋庸置疑。有为政府，首先体现在中央政府通过适当的产业政策以及相应的财政金融等政策，选择合适的目标产业并进行扶持；其次，体现在地方政府积极主动贯彻中央政府各项方针政策，用财税政策、土地政策，当然也包括政信金融工具，为区域内优质企业、领先企业、战略性企业等的良性成长提供人才、土地、资源、资金和制度建设等软硬件支持，最终落实相关产业政策。

（2）产业政策的重要膀臂

政信金融，通过支持产业选择、促进产业结构优化和产业结构高级化三种方式，落实既定的产业政策。政信金融通过组建知识产权基金、产业发展基金、产业并购基金，从重大项目融资、杠杆融资支持领先企业兼并重组、支持中小企业融资等手段上对追赶型产业、领先型产业、转阵型产业、退出型产业、战略型产业分别进行有针对性的金融支持，从而落实中央政府的产业政策，实现国家既定的技术创新、产业升级和经济发展路径。

总体来说，政信金融作为有为政府的基本依托和产业政策的重要膀臂，能够有效支持中央政府宏观调控，发挥集中力量办大事的优势，实现经济务实渐进发展，是中国模式的核心支柱之一，具有重要的战略意义和历史价值。

三、政信金融对于实现现代化的意义

1. 经济周期理论与宏观经济走势

经济周期（Business Cycle），也称商业周期、商业循环或者景气循环，是指经济运行中周期性出现的经济扩张与经济紧缩交替更迭、循环往复的一种现象。经济周期的表现就是国民总产出（GDP）、总收入、总就业等指标的波动。经济周期一般分为繁荣、衰退、萧条和复苏四个阶段。

（1）繁荣，即经济活动扩张或向上的阶段（高涨）；

（2）衰退，即由繁荣转向萧条的过渡阶段（危机）；

（3）萧条，即经济活动收缩或向下的阶段；

（4）复苏，即由萧条转向繁荣的过渡阶段。

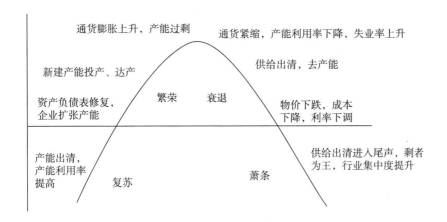

图 2 - 4　经济周期

一般认为，经济发展中存在四种周期，由短到长，分别是基钦周期、朱格拉周期、库兹涅茨周期和康德拉季耶夫周期。

表 2 - 1　　　　　　　　　　　　　四种经济周期

经济周期	周期跨度	驱动因素	备注
基钦周期（短波）	3 年	库存投资变化	每个长周期包含 6 个中周期，每个中周期包含 3 个短周期
朱格拉周期（中波）	10 年	设备更贴、固定资产投资	
库兹涅茨周期（中波）	20 年	建筑业和房地产兴衰	
康德拉季耶夫周期（长波）	60 年	技术创新	

（1）基钦周期（短波理论）

1923 年，英国经济学家约瑟夫·基钦在《经济因素中的周期与倾向》一书提出了"存货周期"，因为厂商在生产过多时会形成存货，从而减少生产。所以库存投资变化会导致经济波动，大致的周期是 2～4 年。存货周期也称为"基钦周期"或"短波理论"。由于外部市场需求和内部产能供给的不同变动，基钦周期会经历四个阶段。

①被动去库存。当经济开始回暖时，市场需求上升，但是企业生产往往不能马上对销售增加作出反应，从而呈现出被动去库存状态。

②主动补库存。经济明显回暖时，市场需求旺盛，于是企业加大生

产，进入主动补库存。

③被动补库存。经济经过繁荣顶点后经济下行，市场需求逐渐下滑，但企业还来不及收缩生产，从而导致企业被动补库存。

④主动去库存。当经济形势明显变差后，企业预期消极并开始压缩生产，进入主动去库存阶段。

目前中国正处于这一轮基钦周期的被动补库存和主动去库存的阶段，对应经济基本面的逐步承压。

（2）朱格拉周期（中波理论）

1862年，法国经济学家朱格拉提出，市场经济存在由于设备更替和固定资产投资变化而导致的8～10年的中周期波动，设备更替与投资高峰期时，经济随之快速增长；设备投资完成后，经济也随之衰退。朱格拉周期是我们平时最经常谈论到的经济周期，其循环如图2-5所示。

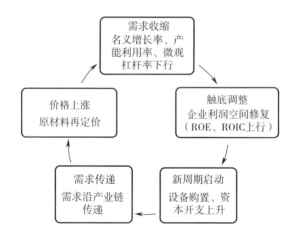

图2-5　朱格拉周期

朱格拉同时认为，社会经济运动存在繁荣、危机和萧条三个阶段，三个阶段的反复出现就形成了周期现象。危机好比疫病，是发达工商业的一种社会现象。周期波动是经济自发产生的，与居民的消费行为、储蓄习惯和他们能利用的资本与信用方式直接相关。在某种程度上，这种周期波动可以被预见和采取措施进行缓和，但是不能完全抑制。

从世界范围来看，2001—2009 年为一轮全球朱格拉周期，主要发达国家设备投资增速在 2002 年迎来上涨，并在 2009 年前后实现触底。2009—2016 年为新一轮全球朱格拉周期，主要经济体从国际金融危机中缓慢复苏，开启了新一轮资本投资。

从中国范围看，2011 年起，中国设备投资增速开始大幅下滑，2017 年出现了一定程度的回暖。

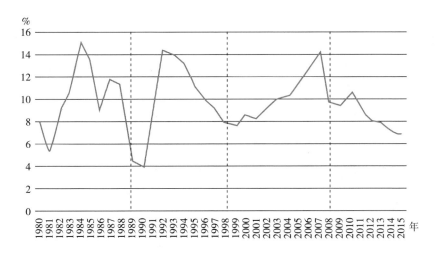

图 2-6 中国经济的朱格拉周期

朱格拉周期在经济周期中有着显著的规律，全球基本每隔 10 年左右出现一次经济危机，1997 年亚洲金融危机，2008 年国际金融危机都得到了很好的验证。

（3）库兹涅茨周期（建筑周期）

1930 年，美国经济学家库兹涅茨提出一种为期 15～25 年，平均年限为 20 年左右的经济周期。该经济周期主要是以建筑业的兴旺和衰退为标志进行的周期性波动，所以也被称为"建筑周期"。由于建筑业及房地产的需求变化与人口的繁衍与迁移息息相关，所以库兹涅茨周期也在一定程度上反映了人口周期。

从美国来看，受"婴儿潮"的起伏变化，1991—2010 年，美国经历了一个典型的库兹涅茨周期：1991—2006 年为兴盛期，房地产市场向好，带动上下游相关行业快速发展；2007 年次贷危机爆发，房地产泡沫破裂，美国经济进入了 4 年的下行通道。中国香港房地产行业1985—2003 年的变动也印证了库兹涅茨周期：1985 年开始复苏，1997年东南亚金融危机之下泡沫破裂，直至 2003 年再次复苏。

从中国大陆的发展情况来看，尽管中国房地产市场起步较晚，还不能对库兹涅茨周期提供实质性的数据支持，但是，从中也能够发现一些端倪。

1998 年，国务院发布《国务院关于进一步深化城镇住房制度改革加快住房建设的通知》，这是我国的第一次住房货币化制度改革，实现了房地产行业的市场化转型，城镇职工从福利分房到通过市场解决住房问题的重大变革。2015 年前后，中国房地产市场触顶回落，已经结束了一个库兹涅茨周期的上行期。目前，我们处于此轮库兹涅茨周期的下行期。

（4）康德拉季耶夫周期（长波理论）

1926 年，俄国经济学家康德拉季耶夫（Nikolai Dimitrievich Kondra-tiev，1892—1941）提出以科学技术为驱动的，40～60 年的长经济周期——康德拉季耶夫周期，简称为康波周期或长波理论。

该理论认为，科学技术是生产力发展的基本动力，生产力发展的周期是由科学技术发展所决定的。在 60 年的长周期上，康波周期分为繁荣、衰退、萧条、回升四个阶段，以创新性和颠覆性的技术变革为起点，经济进入 20 年左右的繁荣期，随着技术不断迭代优化，经济快速发展；接着进入 5～10 年的衰退期，经济增速明显放缓；衰退期之后的10 年是萧条期，经济增长缺乏动力；最后进入 10 年左右的回升期，孕育下一次重大技术创新的出现。

自 19 世纪 60 年代工业革命以来，全球已经经历了四轮完整的康波周期，每一轮周期的起点都是以一个突破性的技术作为标志，如纺织工业和蒸汽机技术、钢铁和铁路技术、电气和重化工业、汽车和计算机。

表 2-2　　　　　　　　康波周期划分示意

周波	时间	繁荣	衰退	萧条	回升
第一轮（纺织工业和蒸汽机技术）	63 年	1782—1802 年（20 年）	1815—1825 年（10 年）（战争 1802—1825 年）	1825—1836 年（11 年）	1836—1845 年（9 年）
第二轮（钢铁和铁路技术）	47 年	1845—1866 年（21 年）	1866—1873 年（7 年）	1873—1883 年（10 年）	1883—1892 年（9 年）
第三轮（电气和重化工业）	56 年	1892—1913 年（21 年）	1920—1929 年（9 年）（战争 1913—1920 年）	1929—1937 年（8 年）	1937—1948 年（11 年）
第四轮（汽车和计算机）	43 年	1948—1966 年（18 年）	1966—1973 年（7 年）	1973—1982 年（9 年）	1982—1991 年（9 年）
第五轮（网络和人工智能）		1991—2007 年（16 年）	2007—2017 年（10 年）	2018—2025 年（预测）	

现阶段全球经济正处于第五轮康波（1991—2025 年）周期中，以信息技术为标志性技术创新。有研究认为，以美国繁荣的高点 2007 年为康波繁荣的顶点，第五轮康波的繁荣期为 1991—2007 年。2007 年至今，全球处于第五轮的衰退期和萧条期之间。如果第四次工业革命[①]能够顺利推进，将带动全球经济走出第五轮康波的萧条期。

一个康波周期就是 60 年左右，也就是人的一辈子。如果一个人年青时赶上了康波周期的繁荣期，那将是一件非常幸运的事情。人们常说，"时势造英雄"，努力固然很重要，但是如果没有在恰当的时代和恰当的地方，也是很难成功的。

2. 经济下行趋势与逆周期调控

（1）市场的顺周期性

经济系统相当复杂，除了系统本身自发的周期性特征，经济主体的

---

① 第四次工业革命，是以人工智能、清洁能源、机器人技术、量子信息技术、虚拟现实以及生物技术为主的全新技术革命，是继蒸汽技术革命（第一次工业革命）、电力技术革命（第二次工业革命）、计算机及信息技术革命（第三次工业革命）的又一次科技革命。

行为也会对经济系统产生正向或者负向的反馈机制，从而放大经济系统的周期性特点。实证研究发现，中国居民消费行为、银行信贷行为、企业存货投资行为、国际资本流动等都对经济系统有正向反馈，具有明显的顺周期性特点。市场的顺周期性正在加速经济繁荣，同时也会掩盖一些系统性风险因素，为风险积累留下巨大隐患。

第一，居民消费行为。消费市场存在比较显著的"买涨不买跌"现象，当经济处于上升期，即期收入和预期收入都会增加，从而刺激居民消费快速扩张，推动经济持续增长；相反，当经济进入下行期，居民会感到恐慌和焦虑，消费规模明显缩小，从而加剧经济衰退。同时，由于中国医疗、教育和养老等不确定性因素对居民消费的负向影响，导致居民消费在经济下行期内的顺周期性表现得更加明显。

第二，银行信贷行为。银行信贷受到时点（年底或者季末）考评、理论模型、资本监管、羊群效应等因素影响，始终与经济周期保持高度同步，呈现明显的顺周期性。银行信贷的顺周期性，毫无疑问会加大实体经济的波动。在经济上升期，信贷扩张使流动性大大增加，从而造成资产泡沫和经济过热；在经济下行期，信贷收缩造成资产贬值和经济萧条。

第三，企业存货投资行为。企业存货投资与经济的周期性波动的同步性更加明显。经济上升期，市场需求快速增长，企业必然增加存货投资，以满足市场需求，这样存货投资就会推动生产规模扩大和经济增长，从而进一步增加存货投资需求；相反，在经济下行期，企业为了规避风险，会自发减少存货投资。多年实证研究也表明，存货投资对经济周期波动的相关性为正值，尤其是去库存化对经济下滑的放大效应比较突出。

第四，国际资本流动。国际资本也是逐利行为，在经济上升期，总体发展趋势向好，国际资本会大规模流入我国，对国内经济造成较强冲击；相反，在经济下行期，国际资本会不断或者尽快撤离我国，从而进一步放大市场的悲观预期，导致经济产生大幅震荡。所以，国际资本流动是宏观经济运行的极大挑战，具有明显的负向效应，不仅增加了宏观调控的难度，而且极易引发经济风险。

（2）逆周期调控

既然经济周期性波动不可避免，同时由于居民消费行为、银行信贷行为、企业存货投资行为和国际资本流动等的顺周期性会加剧经济波动，国家当政者和管控部门必然会通过逆周期调控来对冲、缓释经济系统中的系统性风险。

逆周期调控，是一种宏观审慎政策，包括财政、货币、产业、土地等政策，在客观判断宏观形势走向的基础上，进行相机行事的逆周期调控。

例如，人民银行等相关金融部门会采取建立健全与新增贷款超常变化相联系的动态拨备要求和额外资本要求，通过逆周期的资本缓冲，平滑信贷投放、引导货币信贷湿度增长，以实现总量调节和防范金融风险的结合，从而提高金融监管的弹性和有效性。

2018 年，中国经济面对下行压力，在经济由高速增长转为高质量发展过程中，虽然可以接受结构性调整增速下降，但由于我国发展正处于重要战略机遇期，要完成全面建成小康社会的目标仍需经济增长保持一定增速，因此其下行空间不能太大，逆周期调节就显得尤为重要。

3. 政信金融缓解经济风险，助力国家未来建设

政信金融作为重要的金融细分领域，也是一种逆周期调控工具，可以发力基础设施和公共服务等薄弱领域，缓释经济系统性风险。

（1）发力基础设施和公共服务等薄弱领域

政信金融作为地方政府合法的融资工具和手段，通过地方政府债券、产业投资基金、资产证券化、保理和租赁、定向融资计划等工具所获得的资金，通过财政补贴和地方投融资平台直接或者间接投资，在加速工业化、城镇化、信息化和国际化方面发挥了重要的基础作用，具有

其他金融领域不可替代的重要意义。

（2）缓释经济系统性风险

为了熨平经济周期，政信金融配合中央政府的财政、货币、产业和土地等宏观调控政策，在地方政府管辖范围内，进行相机行事的逆周期调控，能够有效地缓释经济发展的系统性风险。

目前，经济发展的系统性风险主要在于地方政府、国有企业和房地产领域债务率和杠杆率偏高，这是防范和化解重大风险的关键领域。截至 2017 年底，中国宏观杠杆率已高达 305%，超越了美国同期 80% 的水平，接近于日本 300% 的水平。地方政府债务率中，贵州、内蒙古、辽宁、云南、青海和陕西的债务率（债务/综合财力）均超过了 100% 的警戒线；国有企业资产负债率达 65.7%；房地产领域资产负债率高达 80%。这些都是经济系统性风险的高发领域。

地方政府通过政信金融手段和工具，不仅能够直接降低和控制地方政府本身的债务率和杠杆率，而且能够显著影响国有企业、房地产领域的债务率和杠杆率，对于缓释系统性风险具有重大作用。

4. 从党的十九大报告看政信金融助力民生建设、社会主义现代化建设

在 2017 年 10 月 18 日召开中国共产党第十九次全国代表大会上，中共中央总书记习近平做报告时指出：增进民生福祉是发展的根本目的，必须多谋民生之利、多解民生之忧。报告中关于教育、医疗、脱贫、环保等民生内容，每一样都与我们的生活息息相关，而增进民生福祉也正是政信事业的发力点，政信金融在这些重要的环节中的每一步，都大有可为。

（1）优先发展教育事业

通过政信金融，可以发动全社会力量，利用重点高校和社会资本的合作，以 PPP 等模式帮助地方政府推动教育事业发展。教育是民族振兴、社会进步的重要基石，对提高人民综合素质、促进人的全面发展、

增强中华民族创新创造活力、实现中华民族伟大复兴具有决定性意义。党的十九大报告作出"优先发展教育事业"的重大部署,奠定了教育在国家战略布局的地位。建设教育强国是中华民族伟大复兴的基础工程,功在当代、利在千秋,必须把教育事业放在优先位置,加快教育现代化,办好人民满意的教育。

(2)提高就业质量和人民收入水平,坚决打赢脱贫攻坚战

在促进就业与精准扶贫方面,从中央到各地方政府都在以 PPP 等政信合作模式帮助百姓就业。目前许多国家级贫困县脱贫攻坚任务艰巨,各地政府立足当地资源禀赋和群众生产习惯,将当地产业作为富民强县产业来抓。依托和社会资本的合作,各地政府能够有效引入资金支持、产业导入和智力支持,并利用贫困地区企业上市绿色通道的优势对当地资产进行整合。

(3)着力解决突出环境问题,加大生态系统保护力度

政信金融可以介入人居环境改善工程,对地方脱贫攻坚、城镇化建设、棚户区改造、绿化提升、污水管网建设等进行支持。

党的十九大报告指出,从 2020 年到 2035 年,在全面建成小康社会的基础上,再奋斗 15 年,基本实现社会主义现代化。从 2035 年到 21 世纪中叶,在基本实现现代化的基础上,再奋斗 15 年,把我国建成富强民主文明和谐美丽的社会主义现代化强国。政信金融作为重要手段,能够参与到新城镇建设、城市新区开发、地下管廊建设、智慧城市建设等领域中,助力中国经济发展。

5. 加强政信体系建设,推进国家治理体系和治理能力现代化

党的十八届三中全会提出全面深化改革,将推进国家治理体系和治理能力现代化作为全面深化改革的总目标。政府公信力是体现国家治理能力的基础和标志,是评价治理体系和治理能力现代化重要且集中的表现,研究和建设政府公信力体系是推进国家治理体系和治理能力现代化的具体举措。

在由国投信达共建的中央财经大学政信研究院成立仪式上，原中央政策研究室副主任郑新立表示，对政府公信力进行系统研究，特别是对矛盾尖锐、群众热切关注的问题进行深入研究，对推进国家全面深化改革、提升国家治理能力具有重要作用。

（1）什么是政府信用体系

政府信用是社会公众对一个政府守约重诺的意愿、能力和行为的评价，在政治、经济、社会、文化、生态治理过程中反映了公众对政府的信任度。中央财经大学政信研究院院长安秀梅表示，政信有悠久的历史。柏拉图在《理想国》中阐述到理想国应当由哲学王来统治，而守信用则是哲学王的一个重要品德。近代荷兰以政府信用为荷兰东印度公司的股票担保，筹集了大量的资金，推动了荷兰的殖民扩张。现代股票交易所和银行也就此诞生，奠定了现代金融的基础。随着经济社会的发展，政府职能空前扩张，交替使用赤字和紧缩政策调控经济已经成为现代国家治理的特征，政府信用因此成为国家治理的基石。

20世纪中叶以来，政府职能再一次拓展，政府需要在基础设施建设和民生领域投入大量资金，用以维持经济增长和社会稳定。在此背景下，政府信用成为政府弥补资金缺口、解决经济和社会问题的重要手段。借助政府信用，市政债券、政府借贷、政府与社会资本合作（PPP）模式、政信信托等兴起，成为社会经济快速发展的强力推手。

同时，政府信用的无节制扩张也引发了一些问题，2009年12月希腊政府公布政府财政赤字，全球三大信用评级相继调低希腊主权信用评级，希腊债务危机爆发，并引发欧洲债务危机。如今欧洲、日本、美国等国家都面临债务风险，挑战着全球金融秩序。

当前我国正处于经济转型期，需要优良的国家治理体系和治理能力作为支撑，政府信用是国家走向繁荣的基础资源。合理运用政信资源、化解政信风险，需要加强理论研究和顶层设计。在这种情况下，加强对政信领域的学术研究，对健全国家治理体系、提升国家治理能力具有重要意义。

（2）政府信用体系完善将为我国带来哪些好处

政府信用以及由此衍生出来的政信信托、政府和社会资本合作（PPP）模式等，不仅是金融概念，更是关于政府与社会关系、国家治理体系和治理能力的重要标志，是国家治理能力现代化和经济运行方式现代化的基础。

在现实中，政府信用已成为现代国家治理的晴雨表，良好的政府信用能为国家有效配置资源，为社会提供良好的公共产品和服务。近些年，依托政府信用有力推动了我国基础设施、公共服务和"一带一路"倡议的发展。中国崛起的过程，也是中国政府信用建立和运用的过程。

但我国政府信用方面也面临诸多危机，2017 年 5 月 24 日国际信用评级机构穆迪将中国主权信用评级由 A3 级下调至 A1 级，引发了各界对中国经济的关切。只有通过严谨科学的研究，掌握话语权，才能有效地回应这些挑战，有利于国家的稳定繁荣发展。可见，加强政信研究是推动国家治理体系和治理能力现代化的重要诉求。

在这种情况下，国投信达与中央财经大学共建中央财经大学政信研究院，为政信研究、制度建设、国家治理体系和治理能力现代化提供智力支持，推动中国政信事业发展，为政府与社会资本合作增加了浓墨重彩的一笔。

（3）信用建设是党中央国务院的重大战略决策部署

信用建设是一个系统工程，是党中央国务院的重大战略决策部署。社会信用体系也称为国家信用管理体系或国家信用体系。社会信用体系的建立和完善是我国社会主义市场经济不断走向成熟的重要标志之一。社会信用体系是以相对完善的法律、法规体系为基础，以建立和完善信用信息共享机制为核心，以信用服务市场的培育和形成为动力，以信用服务行业主体竞争力的不断提高为支撑，以政府强有力的监管体系作保障的国家社会治理机制。2014 年，国务院印发《社会信用体系建设规划纲要（2014—2020 年)》，部署加快建设社会信用体系、构筑诚实守信的社会经济环境。这是我国首部国家级社会信用体系建设专项规划。2016 年，中央深改领导小组会议 4 次审议了信用建设的议题。国务院以及中办、国办连续出台了具有顶层设计意义的重要文件。"十三五"规划纲要专门用一章论述了社会信用建设的目标任务和路径，进一步健全了社会信用体系的顶层设计，社会信用体系建设基础工作取得突破性的进展。

政府信用是社会信用体系大厦的基础。如果政府信用出现问题，将引发经济系统性风险，因此研究政府信用具有重要作用。立足国情，推进政信学科体系完善，引发学术观点和方法的创新，正是顺应了我国政信事业发展的大潮流，也必将为国家治理体系和治理能力现代化贡献出正能量。

第三章　中国政信金融投资进入新时代

放眼世界，我们面对的是百年未有之大变局①。

世界经济全球化和政治多极化趋势扑面而来，"一超多强"在世界政治经济舞台上合纵连横，地缘政治风险、恐怖主义问题、环境污染、气候变化、债务问题和资产泡沫问题随时可能爆发，人类命运共同体和全球治理已经成为各国政府和各界人士的普遍共识。

未来15年，全球经济将保持低速增长。第四次工业革命、全球经济治理变革、大国博弈等重要因素，将深刻改变未来国际经济政治格局。这是中国作为新兴大国崛起的关键期和比较优势转换期。

作为金融业的重量级细分领域，中国政信金融投资伴随着中国经济改革开放历程和金融业快速成长步伐，也将进入一个新时代，不仅投资前景广阔和社会作用巨大，而且将体现出中国特色社会主义的道路

---

① 中国人民大学重阳金融研究院执行院长王文认为，百年未有之大变局包括五个方面：第一个变局，是500年来未有之大变局——全球文明领衔体系之变局。500年前西方崛起，整个西方开始领先全球治理、全球化。走到现在，相比过去最强盛的时候，整个西方的确在衰落。500年以后，东方、中国、印度开始领先全球化。第二个变局，是400年来未有之大变局——全球演进的技术动能之变局。从前，机械化、电气化、信息化三场产业大革命，解放了人类的五官和四肢。现在，智能化和数字化的技术革命，则解放了我们的大脑，带来了一场大变局。第三个变局，是300年来未有之大变局——各国的治理体系之变局。差不多300年前开始所谓的资产阶级革命，300年以后到现在，治理体系基本上呈现的是政治的选举化、经济的私有化，以及所谓社会治理的资本化。但是，到现在这种模式走不下去了。第四个变局，是200年来未有之大变局——学科理论范式之变局。什么是学科理论范式呢？200年前，社会学、经济学、人类学、政治学的学科分科是没有的。近200年，现代大学开始有了严格的学科划分，这套学科划分基本上没有任何单一的学科能够解释一个单一的问题。第五个变局，是100年来未有之大变局——权力结构之变局。之前权力结构的中心是西方、北大西洋，现在权力结构转到了西太平洋。这套权力结构从整体上百年的格局长度来看，目前包括国际金融、军控体系等领域的挑战，基本上都是由于权力结构发生变化。

优势和文化自信。

第一节　百年未有之世界大变局

一、世界经济全球化

一般认为，世界经济全球化兆始于第二次世界大战之后。尤其是进入20世纪90年代以来，随着第三次工业革命（信息技术革命）的到来，高新技术迅猛发展，冲破了国界，缩小了国家/地区的时间和空间距离，使世界变成一个"地球村"，国际经济越来越融为一个整体。世界经济全球化最明显的表现就是跨国公司在全球范围内选择和匹配技术、原料、人才、资金等各种生产要素。

如福特汽车，全球范围选择合作伙伴，找最优区位的基本原则是接近市场、接近资源、接近劳动力与科技的地区，从而达到降低生产成本和提高经济效益的目的。

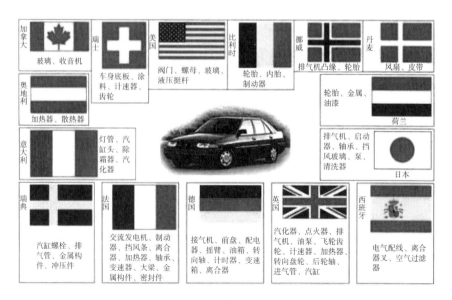

图 3-1　福特汽车的全球合作伙伴

1985 年，T. 莱维第一次提出了"经济全球化"（Economic Global-ization）的概念。经济全球化可以被看作一个过程，在这个过程中，经济、市场、技术与通讯形式都越来越具有全球特征，民族性和地方性在减少（引自经济合作与发展组织，OECD）。经济全球化主要表现在以下四个方面：贸易全球化、投资全球化、金融全球化和生产经营全球化，但同时，伴随着经济全球化的浪潮，反全球化的声音一直存在，包括来自民间和某些国家采取的贸易保护主义。

1. 贸易全球化不可逆转与贸易保护主义抬头

本轮贸易全球化起始于 20 世纪中后期，在前两次工业革命的带动下，随着海上贸易的迅猛发展，第二轮贸易全球化加速推进，货物贸易高速增长、全球商品市场价格趋同和资本跨境流动。各国利用自身的相对优势生产商品，降低成本并且通过进口和出口获得自己所需要的产品和利润。如果没有国际的分工合作，我们将很难用低廉的价格获得多元化的商品。2008 年国际金融危机之前，全球贸易在 10 多年内一直以两倍于全球 GDP 的增速扩张，这是全球化深入发展的重要标志。

中国从 1986 年首次提出恢复中国在关贸总协定中的缔约方地位，即俗称的"复关协定"，到 2001 年正式被世界贸易组织批准成为成员国，整整经历了 15 年的漫长道路。由此可见，中国坚持改革开放的国策，为参与全球化，融入世界，与国际接轨，作出了巨大的努力。实践证明，加入世界贸易组织（WTO）后，中国的 GDP 从 2001 年的 11 万亿元增加到 2018 年的 90 万亿元，增长了 7 倍。2001 年，入市当年中国外汇储备仅为 2 121 亿美元，经过 10 年的发展，到 2011 年，即突破 3 万亿美元。总体来讲，中国是贸易全球化的受益者。

随着互联网和电子商务技术的发展，国际贸易流通量和效率迅速提高。中国在第四次技术革命中积极布局，涌现出一批掌握核心技术并创造新的商业模式的龙头企业，在国际贸易中大显身手。在综合国力不断提升和消费升级过程中，中国在国际贸易中的角色正在发生变化，从原来的出口大国正在转变为进口大国。西窗科技发布的研究报告显示，2017 年中国跨境进口零售电商的交易规模达到了 1.5 万亿元人民币。

全球化提高了生产要素配置和产业增长的效率，但由于不平等的贸易体制存在和各国资源、技术和市场状况不同，贸易全球化对有些国家也是一把双刃剑。一些既得利益者在产业发展到一定阶段，往往采取贸易保护主义的政策来反对全球化。这种情况集中反映在以美国为代表的发达国家。由于产业的不断外移使其以传统制造业为代表的"旧经济部门"利益受损，国家产业体系空心化，出现了"铁锈地区"，经济脱实向虚，虚拟经济比重不断增加，金融泡沫拉大了贫富差距，由此引起底层劳动群体的反精英和反全球化的诉求。

2. 生产国际化与中国企业"走出去"战略

生产国际化是指某一产品价值链由不同国家的不同企业共同生产完成。这时，生产的国家边界被突破，生产的企业边界也被突破，企业内部的生产经营行为延伸到其他企业。在生产经营分工的基础上，企业之间的关系体现在各自从事同一产品价值链不同部分的生产。生产国际化是国际企业优化资源配置、产业结构调整的需要，是规模经济的需要，生产在全球组织，竞争也在全球展开，经济全球化的发展为企业的跨国经营创造了条件。企业在全球范围内组织生产具有如下优势：

获取资源优势，降低生产成本；

更好地接近市场，满足当地消费者的需求；

避开东道国的贸易壁垒限制，更顺利地进入国际市场；

降低物流费用，降低成本，提升产品的国际竞争力；

获取先进的技术和管理经验；

获得东道国的优惠政策。

中国企业"走出去"的模式正在逐步由产品"走出去"、企业"走出去"转向产业集群"走出去"，以降低投资风险和成本、规避贸易摩擦。

随着互联网科技的快速发展和渗透，新的商业模式不断产生，传统行业积极通过技术和管理创新转型升级，为中国注入新的增长动能。在此背景下，以购买先进技术、成熟品牌和渠道为主要目的，中国企业"走出去"意愿强烈，进一步探索发达国家市场的"价值洼地"，其中西欧和北美便成为中国企业海外并购最重要的目标地。2016 年，以万达、美的、银亿、华泰证券、山东如意等为首的企业均进行了不同规模的海外并购交易，从收购标的性质来看，涉及高端制造、半导体、数据中心运营、消费升级、科技金融及资源等。

3. 金融全球化与中国金融开放

金融市场全球化是金融业跨国发展，金融活动按全球同一规则运行，同质的金融资产价格趋于等同，巨额国际资本通过金融中心在全球范围内迅速运转，从而形成全球一体化的趋势。

金融市场的全球化始于 20 世纪 60 年代出现的欧洲货币市场，20 世纪 80 年代以后，随着西方国家纷纷放松金融管制，以及发展中国家金融深化和金融自由化的趋势日益加强，全球化趋势使金融市场开放程度越来越高，国际资本流动日益加快。

金融交易国际化是指金融交易范围和交易规则的国际化。现在金融交易活动已经突破一国限制，跨国公司活动、金融管制的放松以及通信技术的发展使金融交易能够在全世界范围内进行。国内企业可以到国外市场融资，如到美国证券市场发行 ADR（存托凭证），而国外的投资者也可以通过 QFH（合格的境外投资者）来投资中国股票市场。全球外汇市场和黄金市场已经实现了每天 24 小时不间断交易。欧洲美元市场以及国际债券市场（如美国扬基债券、日本武士债券等）的发展就是金融交易国际化的表现。同时，全球金融交易规则及以《新巴塞尔协议》和《有效银行监管的核心原则》为基础的监管规则逐步趋于统一。即所有的金融交易活动都遵循一致的交易规则并在一个统一的监管框架下进行。

金融全球化是经济全球化在金融领域的表现，也具有"双刃剑"作用，能够产生积极和消极两方面的效应。

金融全球化的积极作用主要表现在：

（1）可以通过促进国际贸易和国际投资的发展来推动世界经济增长。

（2）可以促进全球金融业自身效率的提高。促进金融机构适度竞争降低流通费用；实现全球范围内的最佳投资组合来合理配置资本，提高效率；增强金融机构的竞争能力和金融发展能力。

（3）加强了国际监管领域的国家协调与合作，从而可以适当降低并控制金融风险。

金融全球化的消极作用主要表现在：

（1）增加了金融风险。金融全球化加深了金融虚拟化程度。衍生金融工具本身是作为避险工具产生的，但过度膨胀和运用不当，滋生了过度投机、金融寻租和经济泡沫，剥离了金融市场与实体经济的血肉联系反而成为产生金融风险的原因。

（2）削弱了国家宏观经济政策的有效性。当一国采取紧缩货币政策，使国内金融市场利率提高时，国内的银行和企业可方便地从国际货币市场获得低成本的资金，紧缩货币政策的有效性就会下降。

（3）加快金融危机在全球范围内的传递，使国际金融风险防范体系更加脆弱。

金融全球化对不同国家的影响是不同的：

（1）对发达国家的影响。发达国家是金融国际化的主要受益者。发达国家拥有充裕的资金和高度发达的金融市场，在国际金融业的竞争中拥有绝对的优势，但在宏观管理的难度、税收、培养起许多竞争对手等方面有不利影响。

（2）对新兴市场国家的影响。有利的方面：可以充分利用市场比较充裕的资金和先进的技术促进经济迅速发展，即发挥后发优势；催生一批新兴的国际金融中心，从而改变了单纯依赖发达国家金融市场的局面；壮大了发展中国家在"南北对话"和"南南合作"中的力量，有利于建立国际经济新秩序。不利的方面：一旦经常项目连续出现赤字或国内经济出现问题，国际资本匆匆撤离，严重冲击新兴市场经济国家的经济发展；发达国家转移夕阳产业和过时技术，影响了新兴市场经济国家的可持续发展。

（3）对欠发达国家的影响。欠发达国家由于经济落后，对国际资本缺乏吸引力，这些国家金融市场国际化的步伐远远落后于新兴市场经济国家，有被边缘化的倾向。尽管金融全球化带来了部分资金，但许多现代经济部门却被外资牢牢控制，容易变成发达国家的组装工厂。金融国际化正在逐步加大欠发达国家与发达国家甚至新兴市场国家的贫富差距。

中国金融市场开放始于1978年的改革开放，四十多年来经历了五个阶段。1979—1993年为中国金融业对外开放的起步阶段；1994—2001年为中国金融业开放迅速发展阶段；2002—2008年为全面融入全球化的阶段；2009—2017年为中国金融业反思与防范金融风险阶段；第五个阶段就是以2018年博鳌讲话为标志，象征着中国金融业进入了扩大开放，参与全球化竞争的阶段。

二、人类命运共同体

"人类命运共同体"（A Community of Shared Future for Mankind）是中国政府反复强调的关于人类社会的新理念。命运共同体的理念不仅是中国"仁者爱人"文化和"家国天下"情怀的继承和发扬，而且是适应世界发展趋势、解决复杂问题的对策与方案。

中华文化源远流长，博大精深。中华文明历经数千载而生生不息的基因就在于"仁和文化"和"家国情怀"。"仁"是中华民族传统道德精神的象征。自古以来，中华民族就有"仁者爱人""以和为贵""兼

爱非攻""己立立人，己达达人，己所不欲，勿施于人"等和平思想和
"四海之内皆兄弟""穷则独善其身，达则兼济天下""计利当计天下
利""自强不息，厚德载物"的处世之道。新时期，中华民族致力于实
现伟大复兴的"中国梦"，追求的不仅是中华民族的福祉，更是世界各
国人民的共同福祉。

世界大势浩浩荡荡，顺之者昌，逆之者亡。人类只有一个地球，各
国共处一个世界。经济全球化让世界各国越来越开放，政治多极化让各
种力量愈加均衡，文化多样化让世界丰富多彩，社会信息化让"地球
村"越来越平。不同国家和地区已经是你中有我、我中有你，过时的
零和思维必须摒弃，只有义利平衡才能共赢。资源短缺、气候变化、人
口爆炸、环境污染、极端主义、跨国犯罪和网络安全等问题层出不穷，
构成了对人类生存环境、人身安全、国家安全以及国际秩序的严峻挑
战。所以，无论人们身处何国、信仰如何、是否愿意，实际上已经处在
一个命运共同体中。

从 2011 年《中国的和平发展》白皮书提出"命运共同体"，到
2015 年习近平总书记在亚洲博鳌论坛主旨演讲时提出"构建人类命运
共同体，推进'一带一路'建设"；再从 2017 年中国共产党第十九次
代表大会报告中提出"坚持和平发展道路，推动构建人类命运共同
体"，到 2018 年中国第十三届全国人民代表大会第一次会议通过的
《宪法修正案》提出"发展同各国的外交关系和经济、文化交流，推动
构建人类命运共同体"后，"人类命运共同体"这一概念逐渐清晰和丰
富，成为中华民族和中国政府的全球价值观。

"人类命运共同体"是一种强调和谐共生的世界价值观，包含着国
际权力观、共同利益观和可持续发展观的统一。

1. 国际权力观

"大道之行也，天下为公""和而不同""合作共赢"。全球范围的
政治、经济、科技、文化融合大同，没有压迫、剥削，平等自由，全人

类高度互助共荣。

2. 共同利益观

随着科技的进步和市场经济的发展，各国利益的高度交融使不同国家成为一个共同利益链条上的一环。任何一环出现问题，都可能导致全球利益链中断。"全人类利益高于一切"，个人利益、民族利益、国家利益等局部利益要服从人类的生存利益。

3. 可持续发展观

可持续发展是指既能满足当代人需要，又不会对后代人满足其需要的能力构成危害的发展。可持续发展要求经济发展、保护资源和保护生态环境协调一致，让子孙后代能够享受充分的资源和良好的资源环境。

三、全球治理的中国智慧

1990 年，德国社会党原主席、国际发展委员会主席勃兰特第一次提出全球治理概念，旨在对全球政治事务进行共同管理。此后，随着经济全球化、政治多极化、全球化挑战日益严峻和非西方力量的增强，全球治理面临重大转折。

第一，治理模式在重塑。

当前的国际秩序最早发端于西方，以威斯特伐利亚体系为基础，后来逐渐形成了联合国、世界银行、国际货币基金组织、世界贸易组织、二十国集团、八国集团和其他多边机构以及美国全球联盟体系。随着非西方力量的逐渐增强，原有的全球治理体系无法充分应对时代新挑战，致使"治理失灵"的现象出现。新的治理体系仍处于构建和形成中。

第二，治理内容向新领域发展。

全球治理正在从传统领域朝着非传统领域和新领域发展。当前的全球治理不仅覆盖政治、经济和安全领域，还包括气候变化、网络、外空、深海和极地等新领域。

第三，NGO（非政府组织）发挥越来越大的作用。

原有的国际秩序以国家为中心，现在包括专业团体、跨国公司、非政府组织、个人等在内的非国家行为主体发挥了越来越重要的作用，全球治理的主体日趋多元化。

全球治理，任重道远。中国作为世界第二大经济体和新兴的发展中大国，提出"人类命运共同体"和"和谐共生"的全球价值观，就是中国智慧和创造的具体体现。

中国主张应该由各国共同掌握世界命运，共同治理全球事务和共同分享发展成果。各国携手建设相互尊重、公平正义、合作共赢的新型国际关系，共同构建人类命运共同体。

1. 共商

各国深化交流、加强互信、共同协商解决国际间政治纠纷和经济矛盾。中国反对一些西方国家推行的霸权主义和强权政治，片面强调自身安全和利益，主张国家不分大小、强弱、贫富一律平等，而中国的共商机制通过共同协商达成政治共识、寻求共同利益和合作共赢。

2. 共建

各国合作共建、分享发展机遇和扩大共同利益。面对世界经济困境与挑战，任何国家都不可能独善其身，只有加强互利合作、共同面对挑战，才能实现共同发展。"一带一路"建设是促进全球各个国家和地区共同发展的中国方案，它不是中国的独奏曲，而是相关国家共同参与的协奏曲。

3. 共享

各国平等发展，共同分享发展机会和发展成果。共享就是世界各国在经济、政治和文化领域积极寻求最大利益公约数、经济合作契合点，实现互惠互利、合作共赢。例如，中国和一些发展中大国在世界银行和国际货币基金组织中股权和投票权的扩大；在经济中高端的规制权、政治安全的决策权、思想文化的话语权方面，增加代表性、提高公正性和推进民主化。

2018 年 9 月 11 日，第 71 届联合国大会通过决议，把中国提出的"共商、共建、共享"原则纳入"联合国与全球经济治理"[①] 决议中，这表明中国声音、中国方案和中国智慧正得到越来越多的国家的理解、支持和响应，正在成为国际社会共识。

第二节　中国金融投资市场进入新时代

一、中国经济面临短期下行压力

自 1978 年改革开放以来，中国获得了快速增长。1978—2017 年，年均增长率高达 9.5%。在 2012 年经济增长率跌破 8% 之前，以平均 9.8% 的速度增长了 33 年。

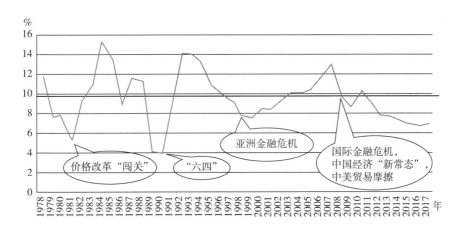

图 3—2　改革开放 40 年来中国经济增长（1978—2017 年）

---

　　① 2018 年 9 月 11 日，第 71 届联合国大会在"联合国系统在全球治理中的核心作用"议题下通过关于"联合国与全球经济治理"决议，要求各方本着"共商、共建、共享"原则改善全球经济治理，加强联合国作用，同时重申联合国应本着合作共赢精神，继续发挥核心作用，寻求应对全球性挑战的共同之策，构建人类命运共同体。

　　目前，中国经济处于新常态，仍处于转轨换挡的下行通道中，中美贸易摩擦加剧、国内信用风险频发等内外部不利因素影响加大，中国面临经济下行的巨大压力。

　　1. 2018 年"三驾马车"均面临巨大的下行压力

　　从经济增长的"三驾马车"——投资、出口和消费角度来分析，中国经济承受着短期下行的巨大压力。

　　（1）投资端

　　2018 年 1—6 月全国固定资产投资增长 6%，增速比 1—5 月回落 0.1 个百分点。其中，民间固定资产投资同比增长 8.4%，增速比 1—5 月上升 0.1 个百分点。三大类投资中，制造业投资小幅反弹，房地产维持平稳，基建投资回落较多。制造业投资增长 6.8%，前值 5.2%。房地产投资同比增长 7.7%，前值 7.7%；基础设施投资同比增长 7.3%，前值 9.4%。

图 3 - 3　固定资产投资

　　（2）出口端

　　2018 年 6 月出口数据不及预期，存在下行压力。外需疲软仍然是

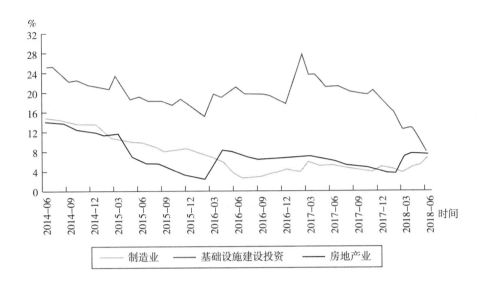

图 3 - 4　制造业、房地产业、基建投资

出口疲软的最主要因素，近期出口同比回落主要因为欧美日经济弱势，导致 6 月我国对欧盟、日本出口下降。另外，贸易摩擦对外贸形势影响开始显现。2018 年上半年，中国对美货物贸易出口增长 5.4%，增速较上年同期下降 13.9 个百分点，对美贸易顺差缩小，鉴于中美贸易摩擦仍将持续，在全球经济走弱的格局下，出口增速难以明显提高。

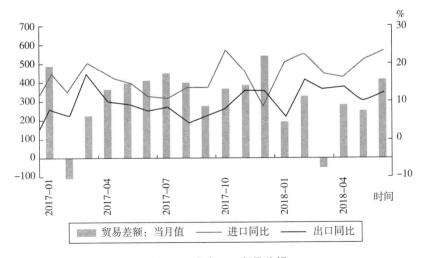

图 3 - 5　进出口、贸易差额

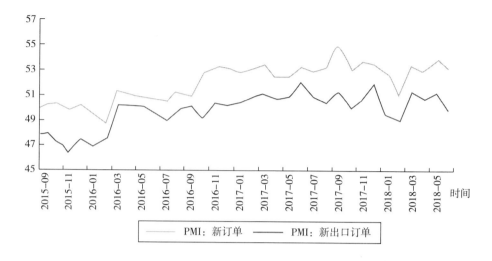

图3-6　出口景气指标

（3）消费端

2018年1—6月消费需求小幅回升，基建投资继续下滑，出口增速回落消费：6月社会消费品零售总额同比上涨9%，前值8.5%，限额以上企业消费品零售总额同比上涨6.5%，前值5.5%。消费者信心指数为122.9，与5月持平，维持历史高位。分商品的数据来看，6月除汽车购置税优惠的取消和进口关税下调尚未落地导致汽车销售进一步

图3-7　消费品零售总额

萎缩外，其他如家具家电、建筑装潢，以及日用品、服装、化妆品、珠宝首饰等商品当月同比均出现不同程度的反弹。2018 年上半年消费对经济增长贡献率达 78.5%，比 2017 年同期提高了 14.2 个百分点。总体来看，中国内需较为稳定，成为经济平稳运行的重要力量。

图 3 - 8　消费者信心指数

2018 年，国际国内形势风云变幻，在内部去杠杆和外部中美贸易摩擦持续的双重挑战下，中国经济下行压力加大，GDP 增长呈现逐季

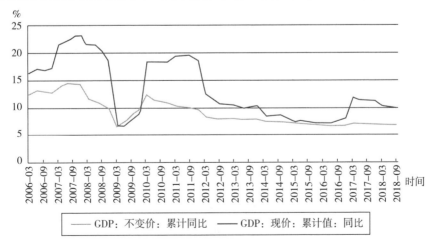

图 3 - 9　中国经济增长趋缓

放缓的特征。

2009 年第二季度近年来经济增长最快，达到 12%。2018 前三季度GDP 同比增长 6.7%，较上半年回落 0.1 个百分点；第三季度单季 GDP同比增长 6.5%，为 2009 年第二季度以来最低值。

2. 未来 5～10 年内中国经济增长将趋缓

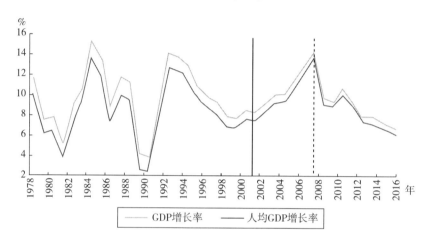

图 3 - 10　1978—2016 年 GDP 和人均 GDP 增长率

本质上，中国 40 多年来的经济增长的主要模式是政府主导、投资拉动、债务杠杆、产能过剩，由此带来 1984 年、1994 年、2004 年（2001 年中国加入世界贸易组织）和 2014 年，这几个经济增长高峰及随后的经济收缩期。这种模式带来两个重要问题，一是过于依赖债务杠杆；二是过于依赖外部市场，这一直是中国经济发展的软肋和痛点。

未来 5～10 年中国经济增长将明显趋缓，主要原因在于外部和内部的巨大压力。首先是外部因素。全球化进入调整期，经济发展和消费发展相对失衡，美元进入十年贬值期，逆全球化出现和贸易摩擦增多（如中美贸易摩擦），这些因素都会导致全球经济增长放缓。其次是内部因素。一方面是经济结构失衡，经济体系中实体经济的各个产业和虚拟经济的金融产业失衡，实体产业中的传统产业和新兴产业失衡；另一方面是风险累积，产能过剩带来的问题是债务风险积累，债务危机和流动性危机压力不断呈现。

外部因素和内部因素的共同作用，导致中国经济增长的出口受限和消费乏力；单纯依靠投资拉动，又会陷入债务率过高和降杠杆导致的流动性危机。所以，未来5～10年中国经济将进入缓慢增长期。

3. 2019年经济下行压力进一步加大

2019年中国经济下行压力或将进一步加大，供需两端均存在放缓压力，上半年经济下行幅度较大，但下半年随着"稳增长"政策效应的显现，GDP增长或将小幅企稳。

但是，内外环境的变化并未打断中国经济转型升级的进程，中国经济的韧性、弹性和增长势能依然存在。中国经济体系中第三产业对经济增长的贡献率维持在60%以上，最终消费对经济增长的贡献率接近80%，产业与需求结构持续转型；以高技术产业、战略性新兴产业等为代表的新动能增长持续快于规模以上工业，工业内部结构有所优化；民间投资回暖，新动能投资占比提高，投资结构稳步调整。

资料来源：Wind资讯，中金公司研究部。

图3-11　中国经济增长（2019—2020年）

预计2019年GDP同比增长6.4%，2020年GDP同比增长6.3%。值得注意的是，在民营企业经营基本面改善滞后的背景下，就业增长或将面临巨大压力。

二、中国金融投资市场进入转型期

金融是现代经济的核心，是国民经济的枢纽，维系着国民经济的命脉与安全。金融业是国家的核心产业、先导产业和重要竞争力所在。

四十多年来，中国金融业随着中国经济改革开放进程，金融从财政体系中出分离出来，从中国人民银行一家主管到多家金融监管机构并存和金融市场竞相发展；商业银行从中国央行（中国人民银行）中分离出来，再由商业银行主导到与保险、证券、信托和基金等机构共同发展；从为计划提供资金服务到成为市场化配置资源的主渠道，利率、汇率逐渐市场化；从无足轻重到牵一发而动全身，走过了一条不同寻常的道路。中国金融已经从改革开放之初的比较传统落后的，带有非常明显计划经济痕迹的经济，转变成初具现代金融特征的市场化的金融，中国金融开始具有大国金融的一些特征。

尤其是近十年来，中国金融业获得了快速发展，不仅自身规模快速增长，而且促进了中国经济增长和社会进步。

表 3 - 1　　　　　　　　中国金融业对经济增长的贡献

年份	GDP（万亿元）	GDP 增速	金融业增加值（万亿元）	金融业增速（％）	对经济增长的贡献率（％）	对经济增长的贡献度（％）
	A	B	C	D	E	F = E × B
2011	45.23	9.5	2.77	7.7	5.0	0.48
2012	48.79	7.9	3.03	9.4	7.3	0.58
2013	52.61	7.8	3.35	10.6	8.4	0.66
2014	56.45	7.3	3.68	9.9	8.6	0.63
2015	60.34	6.9	4.29	16.7	15.7	1.08
2016	64.38	6.7	4.48	4.5	4.8	0.32
2017	68.83	6.9	4.69	4.5	4.5	0.31

资料来源：中国国家统计局。

但是，我们也应该看到，中国金融业增加值占 GDP 的比重持续增加，2009 年为了应对由美国引发的国际金融危机，持续扩张金融体系流动性。尤其在 2015 年、2016 年上升到了 8.30%，不仅高于美国（7.50%）、英国等金融强国，而且更高于德国、法国等金融结构相似的经济体。

表 3 - 2　　　　主要国家金融业增加值占 GDP 比重（现价，%）

年份	中国	直接金融发达国家		间接金融发达国家		新兴市场国家	
		美国	英国	德国	法国	巴西	墨西哥
2010	6.2	6.7	8.2	4.6	4.5	5.8	3.3
2011	6.3	6.7	7.9	4.2	4.7	5.5	3.1
2012	6.5	7.1	7.5	4.2	4.8	5.4	3.1
2013	6.9	6.8	7.6	4.3	4.8	5.1	3.4
2014	7.2	7.2	7.5	4.2	4.7	5.5	3.4
2015	8.3	7.5	6.8	4.1	4.4	6.1	3.5
2016	8.2	7.5	6.6	3.9		7.1	3.5
2017	7.9	7.5		3.8		6.8	4.0

资料来源：CEIC、Wind 资讯、BEA。

同时，中国金融业高增长的背后存在一些隐忧。

第一，金融体系流动性超越了实体经济的实际需要。

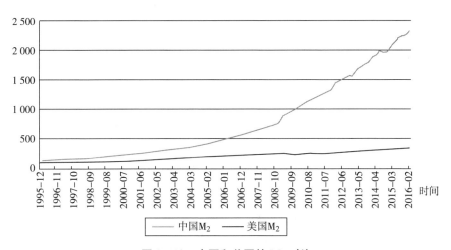

图 3 - 12　中国和美国的 M_2 对比

2016 年中国的 M_2 与 GDP 的比例达到了 200% 以上，而美国的 M_2 与 GDP 的比例为 70% 左右。2016 年中国的 M_2 总量超过了美国加欧盟的 M_2 之和，无论绝对量还是相对量，都居世界第一。这表明中国金融体系流动性扩张过快，已经远远超过了实体经济的需要。

第二，金融业超越了实体经济的实际发展。大量的金融交易处于体系内的自我循环的拆借和"空转"状态，并未进入实体经济。2016 年中国企业 500 强中，制造业企业一共有 245 家，占 49%。但这 245 家制造业企业 2016 年的利润总额只相当于两家最赚钱的银行 2016 年所创造的利润。

第三，金融业超越了监管体系发展。金融业通过复杂的模式创新、架构设计和路径复合，实现了跨领域、跨牌照、跨部门的资源整合，充分利用监管"真空"甚至违法操作，引发社会问题。如保险行业的崩坍、证券市场的"乌龙指"和 P2P 的爆雷跑路等。

因此，在全球货币收紧、国内审慎监管、金融开放提速和金融科技创新等因素共同作用下，中国金融投资市场即将进入转型期。

1. 全球货币紧缩

为了应对 2008 年的国际金融危机，世界各国，以美国、欧洲、日本为代表的成熟经济体和以中国、印度、巴西为代表的新兴经济体，纷纷推出了宽松货币政策，借助超发货币、降低资金利率来刺激经济，促进本国经济发展和维持经济体系的稳定性。

美国自 2008 年以来实行了三次量化宽松，致使美联储资产负债表从不足 1 万亿美元扩张到 4.5 万亿美元，相应地，2015 年美国经济逐步走向复苏并带动世界经济走向新一轮上升周期。截至 2017 年 12 月，美国 GDP 环比增速增长至 2.6%，欧元区 GDP 同比增长至 2.7%，世界经济回暖上行。为了熨平经济周期，美国自 2015 年以来已累计加息 4 次、共计 100 个基点，英国自 2017 年 11 月开始加息，发达国家货币政策开始从货币泛滥向货币收紧转向。

在此背景下，中国也相对作出了反应。2017 年第五次全国金融工作会议和中央经济工作会议，相继明确了"要推动经济去杠杆，坚定执行稳健的货币政策，处理好稳增长、调结构、控总量的关系"和"稳健的货币政策要保持中性，管住货币供给总闸门"政策。2017 年12 月，中国 M_2 同比增速已经下降到 8.2%。

全球货币紧缩趋势下，将对银行、证券、保险、信托、基金等金融机构提出新的要求：商业银行将加快从负债驱动模式向资产驱动模式转变，通过优化资产端的配置和结构实现转型；证券公司将重点提升资本补充能力，降低融资成本以提升核心竞争力；保险公司将回归保险主业，在获得承保利润的前提下，通过投资收益提升盈利空间；信托基金除了需要降低融资成本和扩充融资渠道，更需要重视投资能力和投后管理能力，形成良性的募投管退机制。

2. 金融审慎监管

2017 年12 月中央经济工作会议明确，按照党的十九大的要求，今后3 年要重点抓好决胜全面建成小康社会的防范化解重大风险、精准脱贫、污染防治三大攻坚战。防范化解重大风险是三大攻坚战之首，而防范化解重大风险的重点是防范金融风险。2018 年中央经济工作会议明确，坚持以供给侧结构性改革为主线，统筹推进稳增长、促改革、调结构、惠民生、防风险各项工作，大力推进改革开放，创新和完善宏观调控，推动质量变革、效率变革、动力变革，在打好防范化解重大风险、精准脱贫、污染防治的攻坚战方面取得扎实进展，引导和稳定预期，加强和改善民生，促进经济社会持续健康发展。

我国的金融风险主要来源于债务率过高、分业监管体制。为此，金融审慎监管一方面需要切实降低债务率，另一方面也需要金融监管体系进行改革。

杠杆本身没有好坏，关键看杠杆怎么用。杠杆的使用要在恰当的时机、恰当的生产部门运用才能起到预期的效果。在经济增速放缓的背景

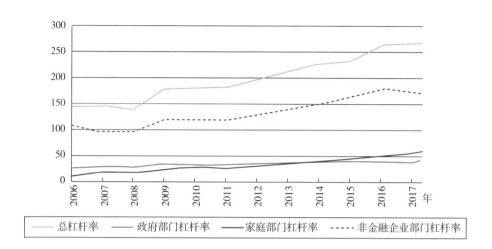

图 3-13　中国宏观经济杠杆率（2006—2017 年）

下，通过加杠杆获得的资产面临资产缩水的风险。在具有增值功能的实体经济领域加杠杆比让资金在金融市场空转风险更小，能够提高资金使用效率。2018 年 7 月 23 日国务院常务会议针对财政货币政策表示：积极的财政政策要更加积极；稳健的货币政策要松紧适度；有效保障在建项目资金需求，地方政府的在建项目不能断供。

中国债务风险的主要原因在于影子银行。巨大的银行表外资金通过影子银行，与信托、证券、基金等渠道互借通道、层层嵌套，超越了监管部门对底层资产的穿透式监管，流向地方融资平台、房地产及产能过剩行业，从而隐藏了巨大的信用风险和流动性风险。因此，金融监管将阶段性地以宏观审慎为出发点，以全面去通道、降杠杆、破刚兑为重要手段，以防范和化解系统性金融风险的发生。

另外，进行监管体制改革。1993 年之后，中国逐渐建立了"一行三会"的分业监管体系，随着各项金融政策和措施的推进，金融业快速增长，有力地促进了经济发展和社会进度。但是，在分业监管体系下，金融监管标准的不一致容易引发监管套利和监管竞争，各类金融机构的合作交界处容易形成监管空白。

为此，2017 年 7 月开始，中国对"一行三会"金融监管体制进行重大改革，形成了"一委一行两会一局"体制结构，即国务院金融稳定发展委员会（一委，2017 年 11 月），中国人民银行（一行），中国银行保险监督管理委员会（2018 年 4 月）、中国证券监督管理委员会（两会），以及国家外汇管理局（一局）。

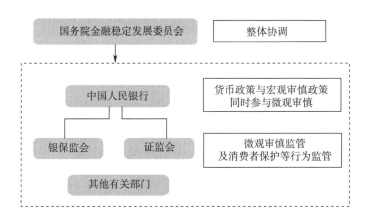

图 3 - 14　金融监管体制架构

金融监管体制的转变将对金融行业产生三大显著影响：（1）金融监管统筹性和实质性增强，金融机构全面风险管理被放在更加重要和突出的位置；（2）金融机构业务创新会相对谨慎，所谓的"创新业务"将进行规范和清理整顿；（3）金融机构将加速回归本源和专注主业，银行业清理表外资产、证券业摆脱通道业模式、保险业突出保障功能，信托基金充实投资功能，从而切实提升服务实体经济的能力。

3. 金融开放提速

金融开放是新时代我国金融市场的新特征之一。首先，从外部环境看，我国对外的"一带一路"和"人类命运共同体"建设需要开放的金融体系做支撑；其次，从内部发展看，中国金融体系已经初成体系，并具有相当规模。截至 2017 年底我国银行业总资产约 37 万亿美元（居世界首位，高于美国 17 万亿美元的水平，超过欧盟银行业的资产规模总和），保险、证券、信托和公募基金总资产过去 5 年年均复合增速均超过 20%，已经具备进一步开放的基础条件。

我国金融开放将主要集中在四大领域：一是进一步放宽外资可投资资产范围，从股票、银行间债券、交易所债券市场扩展到所有金融资产；二是外资持股金融机构的比例不断放宽；三是 QFII、RQFII 等投资额度有望进一步扩容；四是在"走出去"方面，对于境内企业境外上市可能试点备案制，对于"一带一路"沿线国家的融资及并购交易行为可能会给予相应的特殊支持。

金融开放将从三个方面影响金融业态。

首先，金融开放将进一步加剧金融行业竞争。外资控股金融机构数量逐步增加，它们在资源整合和风控能力方面的优势将会对习惯于封闭竞争的中国金融机构造成冲击。

其次，国内金融机构将加速全球网络布局。在扩大金融系统对外开放的同时，国内金融机构也将加速对外扩张。截至 2017 年底共有 22 家中资银行在海外 63 个国家和地区设立 1 353 家分支机构。

最后，金融机构将主动变革，加快跨境业务布局。通过金融开放，国内金融机构主动把握中国财富嫁接全国资产管理的重大机遇，切实推进"一带一路"倡议的实施，提高居民跨境资产配置比例，提供国际金融服务。

4. 金融科技创新

经历了近两年去伪存真的规范发展并依赖于技术上（大数据和云计算、区块链和人工智能）的重大突破，FinTech（金融科技）迈入了一个新的发展时代。金融科技能创造新的业务模式、应用、流程或产品，从而对金融市场、金融机构或金融服务的提供方式造成重大影响。

伴随着第四次工业革命的到来，人工智能、大数据、云计算、物联网、清洁能源、量子信息等颠覆性技术突飞猛进，金融科技逐步进入 3.0 阶段。FinTech 1.0 时代的显著特点是金融信息化，信息支持金融业；FinTech 2.0 时代的主要特点是互联网金融崛起，互联网技术促进了金融科技形成闭环并产生盈利；FinTech 3.0 时代的显著特点是科技对金融的变革程度更深。新金融体系可能以虚拟方式替代物理方式，逐渐渗透到支付、借贷、证券交易和发行、保险、资管、风险与征信等领域，从而驱动金融变革和重构金融生态圈。

金融科技创新将逐渐基于互联网层面构建全新的金融生态圈，以客户为核心，以大数据和清洁能源技术为基础，依托物联网和人工智能技术，精准于客户的现实需求和潜在需求，设计开发出跨时期、跨区域和跨门槛的去中心化、个性化的金融产品；并通过客户画像、智能投顾、可追溯的交易与监控等应用场景技术，打造互联网综合金融服务平台，对投融资双方的需求进行匹配，从而构筑新的互联网金融生态圈。

金融科技将从本质上改变目前的金融业态，数据将成为金融机构的核心资产，成为构筑企业核心竞争力的有效壁垒。面对未来，金融机构将不得不主动布局，拥抱变化，通过金融科技技术与客户建立多维度、多层次的联系和信任关系，寻找最佳的发展方向和市场机会。

三、金融必须服务实体经济

实体经济是国家经济之本，金融则是实体经济的血脉。金融发展必须服务实体经济，只有与实体经济相匹配，才能有效促进其发展。

实体经济迫切需要的资金往往是期限长、风险大、现金流不稳定、利润低甚至没有利润的资金，这些领域集中在基础公益产业、战略性产业、科技产业和绿色产业。而目前中国金融体系擅长操作和实际提供的资金大部分是短期资金、债务性资金，与实体经济需要的长期资金、低成本资金和股权资金之间产生了期限错配、成本错配和权益错配。

一段时间以来，中国金融体系存在脱实向虚、过度创新、自娱自乐的现象，进而出现推高融资成本、损害实体经济和累积金融风险等问题。大部分中小企业（大多为科技企业、民营企业）为了生存和发展，不惜使用短期性、高成本的债务资金，进行长期性、低回报的权益性投资，也就是业内普遍诟病的"短融长投"，甚至为了支付利息和归还本金，使用高利贷性质的过桥资金、P2P资金、"砍头息"资金等，一旦政策或市场巨大变动或者经营管理出现问题，企业管理者被迫低价变卖企业股权、跑路、跳楼等，这是金融服务实体经济的痛点和难点。

为此，金融服务实体经济需要从以下几个方面入手。

1. 找准服务实体经济的落脚点

毋庸置疑，金融业需要提升全面服务实体经济的效率和水平，但前提是找准服务实体经济的落脚点，重点关注实体经济的战略性领域：加快发展先进制造业，推动互联网、大数据、人工智能、绿色低碳、共享经济、现代供应链、人力资本服务等新增长点、形成新动能（以上内容摘自中共十九大报告），从而形成服务经济的突破口。

2. 政府扶持和引导重点领域和薄弱环节

对于金融服务的重点领域和薄弱环节——"三农"、小微企业、公共服务，具有基础地位和作用的领域，需要中央政府和地方政府利用"看得见的手"，从金融政策、配套模式上进行扶持和引导。这三个领域具有高成本、高风险、回报周期长的特点，与金融机构追求低成本、高收益、快速周转的目标存在根本矛盾，不能单纯依靠市场调节，否则会形成恶性循环的"马太效应"和市场失灵。

3. 健全多层次的金融机构体系

根据最新监管政策和机制的要求，建立适应金融服务实体经济的多层次金融机构体系。由于历史原因和现实原因，我国形成了以银行为主体的间接融资机制，但市场经济也需要直接融资机制，除银行外，更需要证券、保险、信托、基金等直接融资工具加快发展。我国的金融业，尤其是银行业，其信贷原则和风控标准多是基于抽象的金融基础理论，与我国市场经济发展水平和实体经济发展状况并不完全匹配。实践证明，我国金融业严重缺乏为中小企业、社区服务的中小金融机构。金融从业者，尤其是商业银行业从业者，只有快速补充具备较强产业、行业基础的金融专业人才，才能真正了解实体经济各企业的投融资需求、相关风险点，设计具有针对性和实效性的金融方案。

4. 大力发展资产管理业务

资产管理业务本质是"受人之托，代客理财"，通过引进信托或委托关系，设置一个资管产品，投资者风险自担，仅按约定收取管理费，是直接融资的重要工具。资产管理业务是发达国家金融机构的支柱业务和主要盈利来源之一，收入占比普遍达到 25% 以上。中国资产管理业务发展前景广阔，将成为全球增长最快的资管市场。据麦肯锡研究报告显示，未来十年，中国资产管理业务年复合增长率将不低于 25%。

资产管理业务在中国具有普遍的适用性，几乎全部金融子行业均可参与资产管理业务：信托、基金（公募、私募）及其子公司本身就是资产管理业务；证券、公司、期货公司、保险公司、商业银行也可以从事资产管理业务。此外，资产管理公司、理财公司等其他非金融机构也可以从事资产管理业务。这些资产管理产品可统称为"大资管"或者"泛资管"。

四、大资管竞合新时代

自 2012 年以来，中国资产管理行业迎来了一轮监管放松、业务创新和快速成长（年复合增长率高达 40%）的浪潮。

随着 2012 年 5 月中国证监会出台《期货公司资产管理业务试点办法》，7 月中国保监会颁布了《保险资金委托投资管理暂行办法》，8 月中国证监会明确鼓励证券公司开展资产托管、结算、代理等业务，12 月证监会修订《中华人民共和国证券投资基金法》并承认私募证券投基金的合法地位等一系列政策的出台，在扩大投资范围、降低投资门槛，以及减少相关限制等方面，均打破了各类金融机构等之间的竞争壁垒，使资产管理行业进入了进一步的竞争、创新、混业经营的大资管时代。

近年来，资产管理产品形成了包括但不限于人民币或外币形式的银行非保本理财产品、资金信托、证券公司、证券公司子公司、基金管理公司、基金管理子公司、期货公司、期货公司子公司、保险资产管理机构、金融资产投资公司发行的资产管理产品等类型丰富、功能多样的局面。

据统计，2012—2016年，中国资产管理行业复合增长率高达40%。2016年，中国资产管理行业规模达到了114万亿元人民币。

表3－3   资产管理行业规模统计（2012—2017年）

单位：万亿元人民币

类型	2012年	2013年	2014年	2015年	2016年	2017年	2012—2016年 CAGR	2016—2017年 CAGR
银行理财	4.59	10.21	15.02	23.5	29.05	29.54	58.61	1.69
信托公司	7.47	10.91	13.98	16.3	20.22	26.25	28.27	29.82
证券公司资管计划	1.89	5.2	7.85	11.89	17.58	16.88	74.64	−3.98
保险资管计划	6.85	7.69	9.33	11.18	13.39	14.92	18.24	11.43
基金子公司资管计划	0	1.44	5.88	12.6	16.89	13.74	25.03	−18.65
公募基金	2.87	3	4.54	8.4	9.16	11.6	33.66	26.64
私募基金	0.75	1.22	2.13	5.21	7.89	11.1	80.10	40.68
资产管理规模	24.42	39.67	58.83	89.08	114.18	124.03	47.05	8.63

资料来源：Wind资讯、兴业研究。

截至2017年末，不考虑交叉持有因素，中国资产管理规模已达124.03万亿元人民币。其中，银行表外理财产品资金余额为29.54万亿元，信托公司受托管理的资金信托余额为26.25万亿元，证券公司资管计划、保险资管计划、基金子公司资管计划、公募基金、私募基金余额分别为16.88万亿元、14.92万亿元、13.74万亿元、11.6万亿元、11.1万亿元。同时，互联网企业、各类投资顾问公司等非金融机构开展资管业务也十分活跃。

总体来说，资产管理业务在支持实体经济、优化社会融资结构、满足国民财富管理需求和增强金融机构盈利能力等方面发挥了积极作用。

但是，由于同类资管业务的监管部门不同、监管规则和标准不一致，金融机构通过产品多层嵌套、设置资金池、表外操作、影子银行等方式获得监管套利，不仅客观上提升了社会融资成本，抑制了实体经济发展，隐藏了巨大的流动性风险，而且干扰了产业、财政和货币等宏观调控的实施，影响了金融服务实体经济的质量和效率。

2018 年 4 月 27 日，中国人民银行、中国银行保险监督管理委员会、中国证券监督管理委员会和国家外汇管理局联合发布《关于规范金融机构资产管理业务的指导意见》（以下简称资管新规），其主要内容包括：一是统一监管标准，二是消除多层嵌套、减少监管套利，三是打破刚性兑付，四是规范资金池、降低期限错配、减少流动性风险。同年 7 月，中国人民银行发布《关于进一步明确规范金融机构资产管理业务指导意见有关事项的通知》，进一步明确过渡期的宏观审慎政策安排等重要事项；9 月，中国银保监会发布《商业银行理财业务监督管理办法》，与资管新规充分衔接，共同构成银行开展理财业务需要遵循的监管要求；10 月，中国银保监会发布《商业银行理财子公司管理办法（征求意见稿）》，其中进一步就银行理财子公司可否直接投资股票等市场极为关心的热点作出初步设想。10 月，中国证监会发布《证券期货经营机构私募资产管理业务管理办法》及其配套细则，在征求意见稿的基础上，适度放宽私募资管业务的展业条件等。

资管新规是推动中国金融行业转型发展、回归服务实体经济本源和重塑金融与经济关系的顶层设计，意义重大，影响深远。

首先，它明确资产管理的本质是"受人之托，代客理财"，结束了"保本保兑付"的债务资金性质、"通道嵌套"推高融资成本和"资金空转"减少实体经济资金供应等乱象，将推动资管行业进入"资产配置"的新时代。

其次，它建立了统一的监管思路与标准，划清了资管计划参与各方，包括投资人、资产管理人（各类金融机构）、融资人的法律与信用的边界，使资管行业回归资产管理职能，让投资者真实地承担其应有的投资风险，有力促进资管行业的有序发展。

最后，它将通过规范以影子银行（表外融资）为主体的资管业务，抑制银行的跨界发展和风险连带，一定程度上使投融资"脱媒"，使资产管理业务这种直接融资手段规范有序发展，从而推进金融业供给侧结构性改革，落实金融服务实体经济，重塑中国金融与经济关系。

未来，资管行业转型将呈现三大趋势，即从投资管理走向资产配置，落后产能出清、机构各归主业，从追求规模到共生共赢。

1. 从投资管理到资产配置

投资管理是狭义的针对证券或者资产的金融服务，资产管理人从投资人出发实现投资目标。而资产配置为广义的理财概念，资产管理人根据投资人的资金计划、承受风险、特殊要求和投资目标，把资金分配在不同种类的资产上，如股票、债券、房地产及现金等，在获取理想回报之余，把风险降至最低。投资人需要的资产管理不仅是投资管理，而且是资产配置。

从投资管理到资产配置的转变，对资产管理人提出了新要求。为此，基金公司需要逐步构建起基础资产—集合投资工具—大类资产配置的生态体系，从为投资人提供单一类别资产投资管理能力升级到全面资产配置服务。证券公司在压缩了非标业务后，需要加大投研能力和主动管理能力，通过产品设计推出更多 FOF 和 MOM 等标准化产品。

2. 专注主业，精耕细作

资管新规前的各类资产管理人，混业经营，同质竞争。尽管按照行业价值链上下中游环节，商业银行和保险公司可以划分为上游资金来源机构，主要利用客户渠道吸纳资金；基金公司和信托公司可以划分为中游投资管理机构，主要负责资金具体运作；证券公司可以看作下游通道机构主要为银行等其他机构提供交易便利。但是在"保本保兑付"的背景下，都属于影子银行的范畴。

未来国内各类资产管理人，在监管趋严的压力下，应该专注主业，精耕细作，找到自己的细分领域、业务策略和建立独特的核心竞争力。例如，对于银行理财资管来说，有能力的大型银行设立理财子公司，专营机构次之，小型银行可能转化为销售端的一环。券商资管则可能把握银行理财需求旺盛和净值型产品供给缺口，转而面向银行渠道客户，发展固收净值型产品。

3. 新型竞合、共生共赢

经验表明，成熟市场经过长期充分竞争后，资管产业链较为完整，既有涉足全产业链的"大而全"机构，也有深耕特定领域的"小而美"机构，各类机构互相协作，形成了良好的产业生态。

各类资产管理人不仅是竞争关系，也是合作关系，应该建立一种新型竞合、共生共赢的产业生态。例如，从表面上看，银行理财子公司加入资管领域，将会对公募基金形成巨大的市场竞争压力。但实质上，银行理财子公司更加擅长固收投资，而公募基金擅长领域是股票投资。所以，购买这两类产品的客户（投资人）属于风险偏好差异很大的群体，公募基金和银行理财子公司可以利用差异化优势进行产品互补和客户嫁接。对于私募基金来说，以往投资的金融资产很大一部分是银行存款储蓄和理财产品，未来可能不得不分流，由于预期收益率和非标产品的限制，与银行理财子公司进行合作也是很好的选择。

第三节　政信金融投资进入新时代

金融与信用密不可分。先有信用后有金融，金融是信用发展的结果，信用是金融发展的表现形式。经济学上的"信用"就是"借"和"贷"的关系，实际上是指在一段预定时间内获得一笔钱的预期；而金融学上的信用，本质上指的就是货币。

金融体系的基础是信用体系。按照现代社会信用运作的主体来划分，一般可以把信用形式简单分为个人信用、企业信用和政府信用三种形式。其中企业信用包含的内容比较复杂，不仅包含银行信用，而且包括非银行的商业信用。基于个人信用、企业信用和政府信用的差异，分别形成了个人消费者金融①、企业金融和政信金融。

根据信用主体的差异，其信用能力和社会对其信用要求的不同，决定了主体承担的责任的不同。下面我们分析在市场经济体系下的个人信用、企业信用和政府信用。

一、个人信用

信用就是财富，信用就是生命，这在西方国家已根深蒂固。在我国历史上，"童叟无欺，诚实信用"亦是中华民族的美德，并在小农经济、计划经济条件下都得到了维持。传统的信用文化十分重视信用的作用，如古语有云："君子，无信而不立"，"人若无信，不知其可"。

个人信用是指个人通过信用方式，向银行等金融机构获得自己当前所不具备的预期资本或消费支付能力的经济行为，它使个人不再是仅仅依靠个人资本积累才能进行生产投资或消费支出，而是可以通过信用方式向银行等金融机构获得预期资金或消费支付能力。个人信用的基本特征是利率较高，风险较大。

影响个人信用的因素在经济范畴内一般有三个。

1. 信用卡有逾期记录

根据中国人民银行个人征信制度规定，一旦产生还款逾期记录，且没有及时还款的，将会影响个人的征信评级，数额过大的无法享受到银

---

① 个人消费金融是指个人通过信用方式，向银行等金融机构获得自己当前所不具备的预期资本或消费支付能力的经济行为。消费者信用作为市场经济中的交易工具已经有很长的历史了。一般情况下，个人信用的活跃程度同一个国家、一个地区的金融服务发达状况成正比。第二次世界大战后，科技突飞猛进，生产力大幅提高。为了推销商品，商人设计出许多创新推销方式，诸如分期付款、赊购证、信用卡等。消费者信用的出现扩大了市场规模，并使消费者可以提前享受到他们所要的东西。

行的利率优惠，甚至无法贷款。

2. 个人负债过高

如之前已经有过贷款，而且贷款金额较大，占收入的 70% ~ 80%，那么征信评级就会低一些。

3. 信贷之外的数据

如欠缴物业费、水费、电费、燃气费等，都会导致信用评级降低。

二、企业（商业）信用与商业金融

1. 企业（商业）信用

企业信用，也称为商业信用，是指工商企业在商品生产、资金筹集和资本运营过程中所进行的信用活动。商业信用是信用发展史上最早的信用方式，人们通过所谓"赊账"，即债权债务关系的建立和消除实现商品的交换。商业信用在生产和流通的连接中起到了中介作用，加速了商品的生产和流通。随后信用超出了商品交易的范围，作为支付手段的货币本身也加入了交易的过程，产生了以货币为借贷对象的信用活动，资本借贷市场即货币信用发展的产物。

最常见的商业信用是商品赊销，工商企业在商品交易时，以契约（合同）作为预期的货币资金支付保证的经济行为。从表面上看，这种行为是商品赊销，其核心却是资本运作，实际上是企业间的直接信用。这是商业信用的最早形式，随后的预付货款、即期汇款支付、企业信用贷款等，都是商业信用的表现形式。

资本借贷市场乃至整个金融体系的发展，为物质资本及相应的技术开发和研究的投资提供了资本来源，将投资意愿转化成现实的生产力，促进了整个社会的生产和进步，从而突出了信用对经济的推动作用。随着资本借贷在经济发展中重要性的提高，信用已成为连接生产、交易、分配和消费诸环节的纽带，市场与以货币为核心的信用关系更为密切。信用的扩张与收缩推动着经济的扩张与收缩。

2. 银行信用与企业信用

在市场经济中，银行也是一种企业，而且是专门经营信用的企业。银行信用就是由商业银行或者其他金融机构授给企业或者消费者个人的信用。银行等金融机构不仅可以为产品赊销过程中的买方提供融资支持，从而帮助卖方扩大销售，而且可以用货币方式授予企业信用，并基于企业信用状况确定贷款额度、贷款周期和还款方式。对于不符合其信用标准的企业，商业银行还会要求提供抵押、质押或者由专业担保公司进行担保。随着市场经济的逐步发展，金融交易的数量和规模越来越大，银行信用比商业信用发展更快，在规模、范围和期限上都大大超过了商业信用，成为现代市场经济中最基本的占主导地位的信用形式。

银行信用和商业信用之间具有非常密切的联系。商业信用始终是一切信用制度的基础，只有商业信用发展到一定阶段后才出现了银行信用。银行信用是在商业信用广泛发展的基础上产生和发展的，又反过来促使商业信用进一步发展与完善。商业信用与银行信用各具特点，各有其用，不能相互替代。

商业信用是社会信用体系中最重要的一个组成部分，在市场经济中发挥着润滑生产和促进流通的作用。商业信用具有以下特点：

（1）商业信用是商品生产者之间以商品形态提供的信用，贷出的资本就是待实现的商品资本；

（2）商业信用主要是工商资本在商品买卖中相互提供的信用，其发展程度直接依存于商品生产和流通的状况；

（3）商业信用是整个社会信用体系的基础，具有很大的外在性，在一定程度上它影响着其他信用的发展。

3. 商业性金融

在商业信用的基础上，产生了商业性金融。商业性金融是指在国家财政、货币和产业等政策指导下，运用市场经济法则，引导资源合理配置和货币资金合理流动等经济行为而产生的一系列金融活动的总称。

承担商业性金融业务的金融机构是按照现代企业制度改造和组建起来的，以营利为目的的银行金融机构和非银行金融机构。

商业性金融具有以下特点：

（1）决策主体是各国有商业银行而非国家政府；

（2）充当信用中介，实行有偿借贷是其基本原则；

（3）追求利润最大化；

（4）以资金的营利性、安全性和流动性为主要经营原则。

三、政府（公共）信用与政信金融

政府信用，是政府为了弥补收支平衡、建设和发展资金不足而对外借款的一种方式。政府对公民提供各种服务，诸如国防、教育、交通、保健及社会福利，需要庞大的经费支出，但是政府税收的增加往往赶不上支出的增加。因此，政府财政可能会出现庞大的赤字。为弥补财政赤字，政府发行或出售各种信用工具。这些信用工具代表政府对持有人所作出的将来偿还借款的承诺，因此政府信用又称为公共信用。

政府信用，本质上是一种政府负债。政府信用的财务基础是政府将来偿还债务的能力，这种偿债能力源于政府所能控制和使用的财务资源，主要来源于以下几个方面：政府的税收收入、政府经营和转让国有资产（包括土地、矿产、国有企业股权等）收入、政府发行货币的专享权力等。

政府作为公共权力的代理者，必须为公众着想、为公众服务，必须体现公正、维护公平、服务公开，必须立足于公共领域基础之上反映公意、公而忘私。政府信用体现在公共事务管理当中要求抛开政府官员的自利动机，一心一意为公众服务，制定公共政策、提供公共产品、维护公共利益，因此，政府信用体现的就是一种公共意识。

在信用经济的链条中，尤其是市场经济中，政府信用是极其重要的一环。政府不仅运用信用手段筹集资金，为社会提供公共产品、服务和承担风险较大的投资项目，而且政府信用所创造的金融工具也为中央银行调节货币供应量提供了操作基础。

政府信用是社会公众对一个政府守约重诺的意愿、能力和行为的评价，是在政治委托—代理关系中产生的代理人信用，反映了公众对政府的信任度。政府信用需要政府的自觉、政府的良知与行为自主性能够提高政府能力、克服信任危机和提升政府形象。

政府信用的主体是政府，因此，就其主体本身而言，政府信用就是指政府及其部门作为公共权力机构或公共权力的代理者信守规则、遵守诺言、严谨履约。同时，就政府的客体或对象来说，政府信用是社会组织、民众对政府信誉的一种主观评价或价值判断，它是政府行政行为所产生的信誉和形象在社会组织和民众中所形成的一种心理反映。政府信用体现的是政府的德行，是政府的"言"与政府的"行"的有机统一，是政府的"自利性"屈从于"公共性"的必然要求，是政府的"主观"言行与社会的"客观"评价的和谐一致。

20世纪30年代各国放弃金本位制以来，开始发行不可兑换的信用货币，信用货币在名义上成为中央银行的债务和持有人的债权，尽管这种债权是不能兑现的。随着信用货币的发行和金融事业的深入发展，信用经济已成为现代社会生活不可分割的部分。经济学家从生产方式出发，以信用为研究对象，将信用经济看作货币经济的一种形式，其信用的含义即为资本借贷。根据马克思的分析，在发达的市场经济中，再生产过程的全部联系以信用为基础，市场经济就是信用经济，因此信用经济是现代市场经济的主要特征。

通过金融信用交易，银行筹集到社会上的闲置资金，使之转化为信贷资金，利用信用交易价格或利率杠杆，吸收更多的储蓄存款，将消费资金转化为生产资金，同时促进企业提高资金使用效益，在生产投资中发挥更大的作用。

宏观上，在货币流通量既定不变的情况下，各种信用交易可以搞活资金，为生产投资提供更多的国民储蓄资金和国外储蓄资金（引进外资），实现再生产的扩大，或者在减少扩大货币发行压力的条件下，实现更高速的经济增长。

微观上，企业可通过向银行借款、发行股票和债券等方式筹集资金，加快自身的发展。

在信用经济中最首要的条件就是遵守信用协议，否则，就会产生信用风险。一般情况下，国家信用是最可靠的，除非该国发生了巨大变动，新政府否认前政府的一切债务，但这种情况在历史上并不多见。在信用经济不发达的社会里，人们的风险意识较弱，而在信用经济高度发达的国家，一方面信用交易非常活跃，另一方面风险意识也特别强，因为金融机构在不掌握对方足够资信的情况下，决不会为对方承担一定范围内的担保义务。在信用发达的国家，风险已成为企业经营目标的构成因素。一个经营项目，一笔贷款，往往收益高，风险也大；收益低，风险也小，两者密切关联。企业往往对预期收益高的项目（或贷款）提取较多的坏账准备金。如果一个金融机构比过去被评低一个资信等级，那么在国外发行债券或取得借款时，就将支付高一个等级的利率和有关费用。

我国的社会主义市场经济同样是信用经济，每个市场主体都需要遵守社会契约。那么在这种条件下，政府应该以什么样的角色来参与市场活动，尤其是有政府隐性背书的金融活动中，如何更好地履行政府职责和树立良好的形象？

（1）转变政府职能，确保依法行政，规范行政行为。首先，政府在信用经济中应该定位为规则的制定者和监督者，而不能利用政府的权力和影响要求金融机构对政府项目融资，也不能滥用政府信誉，为企业的融资活动提供担保或变相担保；银行不良贷款大量起因于政府的干预行为和寻租行为，因此，政府必须尽早从直接管理企业和经济中解脱出来，政府定项目、安排资金必须受到严格约束，确保资金来源。

（2）作出系统性制度安排，加强沟通，规范改制，维护债权人利益。必须把规范企业改制行为放到重要位置。要严把改制方案关、清产核资和资产评估关、企业注册登记和债权追索关。在确保金融债务得到落实后，才准许进入改制轨道。同时，规范工商、税务及许可证专管部门对企业改制后重新注册登记的一整套条件和程序。对于市场上不同的主体，国有企业、民营企业和外资企业在信用建设上要一视同仁。

（3）深化企业体制改革，尽快规范信用社会中"经济人"的行为准则。信用并不决定于是否是不同的所有者，而主要取决于是否有规范的市场机制和规范的市场规则。要消除信用关系恶化的体制性根源，必须继续深化经济体制改革，使市场经济中每一个经济主体和社会主体都按照规范的市场行为准则运行。

政府信用按照主体不同，可以分为中央政府（国家）信用和地方政府信用。

1. 中央政府（国家）信用

国家信用是指由中央政府作为债务人的信用活动。国家信用的主要形式有：发行国家公债，发行国库券，发行专项债券和向国内银行、国外银行等金融机构借款，等等。国家信用既是国家为了弥补收支不平衡的一种资金筹集方式，同时也是实施财政政策和货币政策，进行宏观调控的一种措施与手段。

2. 地方政府信用

地方政府信用是指由地方政府作为债务人的信用活动。地方政府信用的主要形式有地方政府债券、专项债券、借款等。地方政府信用也是一种负债，其获得资金主要用于加快区域公共基础设施建设、保障产业发展、提升民生服务和促进社会公平，向公民提供更多的公务物品和服务，并实现区域和谐和安宁。

3. 中央政府信用和地方政府信用

关于中央政府信用和地方政府信用，各国由于政治体制不同，具有很大差异。以美国和中国为例，中央政府和地方政府信用就存在根本性的差异。

美国是联邦制国家，是多个政治实体（州、邦）的联盟。中央政府和地方政府关系由法律规定，中央政府无法强迫地方政府执行法律之外的命令。美国政府分为三级：联邦政府（中央政府）、州政府、地方政府（包括市政府与县政府）。各级政府每年要向外举债，才能应付各项庞大的开支。联邦政府的财政部主要通过国债（U. S. Treasury Securities）来筹措资金：期限为 1 年内的，称为短期国库券（Treasury Bills）；期限为 1 年到 10 年的，称为中期国库票据（Treasury Note）；期限为 10 年以上的，称为长期国库债券（Treasury Bonds）。由于联邦政府具有雄厚的经济为后盾，债信良好，美国国债除面向本土投资者外还面向全球各个国家，其往年的国债发行量平均一年是五六千亿美元①。

各州宪法大多都规定，州政府的年度预算不能有赤字，以符合州宪法所规定的财政收支平衡的要求。尽管如此，在特殊情况下，州政府还是经常无法应付预算，从而不得不发行公债来筹措财源。只是由于州政府和地方政府财力有限，信用风险较高，所发行的公债不如联邦政府公债那样容易出售。

美国地方政府如果管理不善，也可能面临破产。比较典型的有加州橘子郡（Orange County）因投资失败而于 1994 年破产；阿拉巴马 Millport 因工厂关闭销售税收入大减而于 2005 年破产；阿拉巴马州杰佛逊县政府因财政负债高达 32 亿美元而于 2008 年破产等。

橘子郡是美国的一个镇，位于加利福尼亚州南部，因盛产柑橘而得名。这里是加州最富有的地区，全县 GDP 达 1 180 亿美元，人均收入 7 万美元。1994 年 12 月 6 日，主管橘县财政税收和公共存款的司库 Robert Citron 把政府的资金投入华尔街的债券市场，结果投资失利，造

---

① 截至 2018 年 11 月，美国国债规模达 21 万亿美元（占 GDP 的 106%），其中 47% 由外国投资者持有，中国和日本分别是美国国债的第一大和第二大债权人，合计约占美国国债规模的 1/3。

成橘县财政损失 17 亿美元，超出了政府财政的承受能力，发生支付危机，虽曾努力寻求州政府和联邦政府的帮助与支援，在遭到拒绝的情况下，橘县政府只好宣布破产重组。

中国是共和制国家，基本上是中央集权制。中央政府对地方政府有绝对的控制权，在需要的情况下可以干涉地方行政。中国共产党领导的人民民主专政的政府，全国一盘棋，被认为基本等同具有无限的信用。虽然这种认识存在传统的误区，但在党的执政领导下，通过财税制度改革和严格的监控预防地方债务违约情况的发生，发生信用危机的可能性趋于零。在国发〔2014〕43 号文件和新《预算法》出台确定全口径纳入政府预算，实现"借、用、还"相统一的机制，到《地方政府性债务风险应急处置预案》（国办函〔2016〕88 号文件）的发布，确保"牢牢守住不发生系统性金融风险的底线"意识，以"分级负责、及时应对、依法处置"为原则，强化各级地方政府的风险底线意识，并给予地方政府发行债券等相关政策来化解风险。

因此，政府信用是一种特殊资源，只有政府才享有支配此种资源的特权，政府信用具有以下特点。

（1）政府信用是一种举债能力，是调节经济社会发展的重要工具；

（2）政府信用是社会信用体系的一个重要内容，政府既是政府信用的参与主体，又是政府信用的裁定主体。所以，政府也要遵守市场经济和信用法则，主要体现在两个方面。一方面，政府政策、条例不能随意撤销、变更和废除；另一方面，如果迫不得已要撤销、变更或废除，也要赔偿因此给老百姓造成的损失。

（3）政府信用应当由国家的法律予以保障，以避免政府滥用政府信用资源。

（4）政府信用也反映了公众和社会对政府的信任度，对政府守约重诺的意愿、能力和行为的评价。

（5）政府信用也会产生信用风险和信用危机。

综上所述，商业信用、银行信用和政府信用都是现代信用体系的主要形式。银行信用和政府信用都是在商业信用基础上产生和发展的。

表 3 - 4 　　　商业信用、银行信用和政府信用对比简表

类别	子类别	借款人	融资规模	功能与影响	风险	金融模式
企业信用	商业信用	企业	较大	小	大	商业金融
	银行信用	银行（发行人）	最大	大	中等	
政府信用	中央政府	中央政府	大	较大	小	主权金融（更多是财政手段）
	地方政府	地方政府	较大	较小	较小	政信金融（更多是金融工具）

不过，商业信用、银行信用和国家信用也有明显的区别：发行人不同，信用风险不同，信用规模和融资功能不同，对经济活动的影响也不同，其中银行信用规模、功能最大。

4. 政信金融

政信金融是政府为了履职践约、兑现承诺而开展的所有投融资活动。它属于金融业的细分领域，基于地方政府信用，由政信金融机构提供投资、融资、建设、管理、资产证券化退出等金融服务。长远来看，政信金融将主要以资产管理计划的形式出现。政信金融包括政府以自身信用为依据开展的投融资行为，如政府债券、政府借款等，以及以市场化方式开展的投融资行为，如 PPP、资产证券化、融资平台、政府投资基金等。

政信金融不仅是地方政府发展经济的主要投融资工具，而且是地方政府落实中央政府财政、金融、产业等宏观调控政策，进行逆周期调控的基础性金融工具，还是建设有为政府和服务实体经济，构成中国模式的核心支柱之一。

政信金融的借款人是地方政府或者平台公司，其信用基础是地方政府的财政预算支出能力，与地方政府的信用关联，与企业和机构相比，信用度更高。

政信金融和商业金融有着本质的区别。而商业金融的借款人是企业，其信用基础是企业综合实力和发展潜力，其信用背书是企业股东，信用强度相对较低。

表 3 - 5　　　　　　　　　　政信金融与商业金融的差异

金融类型	借款人/发行人	信用基础	信用背书	信用风险	适用领域	功能作用
政信金融	政府/平台公司	财政预算支出能力	中央政府	低	公共服务、"三农"、小微企业、战略新兴产业等	基础作用
商业金融	企业	综合实力和发展潜力	企业股东	高	经营性领域	放大作用

中国政信金融业务是政府投融资体制改革和财政管理体制改革的重要产物。2015 年 1 月 1 日，《中华人民共和国预算法》（2014 年修正，即所谓的"新预算法"）生效前，地方政府的直接融资职能主要是由其设立的地方政府融资平台（以下简称平台公司）来承担。所以，简单理解，政信产品就是由政府及其融资平台公司主导或参与的金融产品。

地方融资平台公司是中国特殊的财政制度和政府融资体制下的产物，实质是地方政府的投融资代理人。一方面，中国地方政府投资需求与相对不足的财政资金供给之间产生了总量性和结构性矛盾；另一方面，地方政府丰富的信用资源和相对狭窄的融资渠道之间产生了矛盾。地方政府借助于平台公司，解决了快速增长的融资需求。

我国融资平台从 20 世纪 90 年代初期开始起步，起初对外融资局限于银行信贷体系内。2001—2008 年，平台公司相对缓慢发展。2009—2012 年，为了应对由美国次贷危机引发的国际金融危机，平台公司开始迅速融资，银行贷款、城投债的规模大幅增长。2013 年以来，地方政府债务及平台公司发展过程中出现的问题导致政策调整比较频繁，由于城投债（包括企业债、中期票据、短期融资券等）、信托、资管计划等融资方式的发展，平台公司对外融资规模整体呈现增长势头，但隐藏了巨大的市场风险和政治风险。

2013 年 12 月 30 日，国家审计署发布全国政府性债务审计结果公告，公告指出，截至 2013 年 6 月底，中国各级政府负有偿还责任的债务 206 988.65 亿元，负有担保责任的债务 29 256.49 亿元，可能承担一定救助责任的债务 66 504.56 亿元。财政部测算，如果将后两类债务按近年来政府实际代偿比例折算，地方政府负有偿还责任的债务约有 12 万亿元，其中地方政府融资平台举借的政府负有偿还责任的债务超过 4 万亿元。

于是，在巨大的地方政府债务偿还压力和风险敞口下，随着《中华人民共和国预算法》《国务院关于加强地方政府性债务管理的意见》《国务院关于创新重点领域投融资机制鼓励社会投资的指导意见》《中共中央 国务院关于深化投融资体制改革的意见》《关于进一步规范地方政府举债融资行为》等法律法规和政策文件对地方政府投融资体制、预算管理体制、债务管理体制等的规范，中国政信金融的模式和路径越来越清晰。

政信金融表面上看只是地方政府的投融资手段，但实质上与国家政治体制、财政制度、金融制度及相关制度等紧密相关，在其框架内运行。尤其需要指出的是，在经济发展的不同阶段，政信金融还必将受到当时投融资政策和产业政策约束和监管。

未来，政信金融的实践形式将更加丰富，不仅包括政府债券、金融机构贷款、开发性金融，而且包括地方政府投融资平台、政府投资基金、政府与社会资本合作（PPP）、城投债信托等。

四、政信金融投资作用巨大

1. 政信金融投资市场前景广阔

截至 2017 年底，中国地方政府债务余额在 41.3 万亿元左右，其中显性债务在 25.3 万亿元，隐性债务在 16.1 万亿元。总体来看，这 40

多万亿元的地方政府债务余额就是政信金融的市场空间。

表 3-6　　　　　　　　地方政府债务分析（截至 2017 年底）

单位：万亿元人民币

	债券	非债券	余额
显性债务	1. 政府债券，包括一般债券、专项债券 2. 新增债券和置换债券	1. 融资平台公司债务中由财政负责偿还部分 2. 政府部门机构、事业单位、国有企业、公用事业单位举债	
	16.5	8.7	25.2
	直接（城投公司）	间接	
隐性债务	1. 城投债 2. 城投公司带息债务	1. 国有企业债务中需要政府担保或救助部分 2. PPP 项目中明股实债、棚改导致的负债等	
	10.9	5.2	16.1
合计			41.3

2018 年 11 月 22 日，财政部预算司公布的最新数据显示，截至 2018 年 10 月末，全国地方政府债务余额 184 043 亿元，控制在全国人大批准的限额之内。其中，一般债务 109 269 亿元，专项债务 74 774 亿元，政府债券 181 478 亿元，非政府债券形式存量政府债务 2 565 亿元。

2. 政信金融社会作用巨大

回顾过去，政信产品在中国城市化建设的高速发展过程中起到了资金供给的基础性功能，其重要的经济价值和特殊的社会价值是无可替代的。

展望未来，在金融服务实体经济和大资管竞合新时代背景下，政信金融作为地方政府发展经济和服务民生的重要工具，在应对经济短期下行压力和金融投资市场转型方面具有重要作用和广阔的市场前景。

第一，政府通过合理地开展政信金融活动，不仅能有效弥补在提供公共服务过程中面临的资金短缺问题，还能间接促进政府信用的提升。

一方面，政信金融离不开政信软环境的支撑作用，政信直接决定了政府的融资能力、融资规模、融资结构和融资成本；另一方面，政信金融为各级政府履职践约从而实现良好信用提供资金保障。

第二，政信金融将推动中国经济社会的全面进步，加速中国工业化和城镇化步伐，在公共民生服务、战略新兴产业、"三农"、小微企业等金融服务的基础领域和薄弱环节，能够发挥重要的基础性作用和支柱性作用。

第三，作为企业或者个人的财政后盾，政府信用是所有社会形态中经济信用的最后屏障。政府信用一旦遭到破坏，就会关系到经济的发展和社会的稳定。政信的核心是政信金融，没有政信金融，政信会空心化。政信金融的基础是政府信用，政府信用的稳定性决定了政信金融的稳定性。

总之，中国政信金融行业经历了逐步摸索、创新及规范，迄今形成了规模达 40 万亿元的巨大市场。放眼未来，高质量发展、规范化发展将成为政信行业的主旋律。

3. 政信金融与政府信用制度的建立

政信金融市场的良性运行依赖于政府信用制度的健全、完善和执行。政府信用制度是国家信用体系的根基。只有政府率先执行，整个国家的信用制度才能建立起来。

政府信用具有公共意识、规则意识、责任意识、示范意识，这些意识反映了政府信用具有公共性、规则性、责任性和示范性的特点。

政府作为公共规则的制定者和维护者，首先必须身体力行，遵守法律规则和道德规则，恪守规则的愿望和意志，因为规则对于所有的社会成员都一视同仁。政府信用要求公共行为规则制定明确，特别是合乎规则的行为与违背规则的行为之间的界限必须明确，同时也必须明确外在的道德制裁机制，使诚信之德产生约束力，因此，政府信用意识就是一种规则意识。

政府作为公共权力机构，要勇于承担责任、善于维护责任，一个不负责任的政府是懦弱的政府、是无所作为的政府。政府信用要求有能力、有责任为公众谋求福祉，兑现承诺，敢于对公共决策失误负责，因此，政府信用意识就是一种责任意识。

政府作为社会公众观念与行为的指导者，作为国家管理的实体存在，其言行对于全社会来说有着重要的指导意义，"上梁不正下梁歪"，政府守信程度影响公众的守信程度，政府信用是社会信用的主要量标，因此，政府信用意识就是一种示范意识。

国务院办公厅《关于社会信用体系建设的若干意见》（国办发〔2007〕17 号）指出：市场经济是信用经济。社会信用体系是市场经济体制中的重要制度安排。2007 年召开的全国金融工作会议进一步提出，以信贷征信体系建设为重点，全面推进社会信用体系建设，加快建立与我国经济社会发展水平相适应的社会信用体系基本框架和运行机制。

中国人民银行征信中心即动产融资统一登记公示系统，包括对应收账款质押、应收账款转让、存货/仓单质押、保证金质押、租赁、所有权保留、动产信托、留置权八项动产进行公示。动产融资统一登记系统拥有全国集中、统一的数据库，以电子登记方式为公众提供高效、便捷、准确的登记与查询服务。通过公示可以将物上权属状况公之于众，明确权利归属与优先顺位，并在发生物权冲突时为裁判机构提供独立、有公信力的证据。具有法人地位的地方融资平台，通过社会融资形成的债权债务关系及债务状况均被纳入中国人民银行政信中心，形成其在中国人民银行的征信记录，作为其融资贷款的有效质押物，是出借方考察其资信的条件之一。

五、"与国共赢"政信文化的中国自信

1. 中华文明的文化自信

2016 年 7 月 1 日，习近平总书记在中国共产党建党九十五周年的

讲话上指出："我们要坚持道路自信、理论自信、制度自信，最根本的还有一个文化自信。要从弘扬优秀传统文化中寻找精气神。"

2017年10月18日，习近平总书记在中国共产党第十九次全国代表大会报告中指出："文化自信是一个国家、一个民族发展中更基本、更深沉、更持久的力量。文化是一个国家，一个民族的灵魂，文化兴国运兴，文化强民族强。坚定文化自信，事关更好推动人的全面发展、社会全面进步，对完成社会主义现代化和中华民族伟大复兴的总任务有着重要作用。要坚定走中国道路，构筑中国精神、中国价值、中国力量，为人民提供精神指引。"

中国的文化自信，源于中华文明是世界上唯一一个没有断流的文明。5 000年前，四大文明古国萌发于大河之畔：两河流域的苏美尔和古巴比伦文明，尼罗河流域的古埃及文明，印度河流域的古印度文明和黄河流域的华夏文明。绵延了数千年的华夏文明跌宕起伏，虽曾面临生死存亡但在岁月洗礼后仍迸发出勃勃生机，而另外三个文明则随历史的车轮走向衰落甚至荡然无存。

源远流长的中华民族有着深厚的文化传统，形成了富有特色的思想体系，体现了中国人几千年来积累的知识智慧和理性思辨。中国天下为公的大同理想一脉相传，仁义忠信礼义廉耻的文化基因世代相传，为中华儿女注入了深厚的家国情怀，赋予中华民族强大的内聚力和百折不挠的意志品格，为中华民族的团结统一奠定了人心根基，为中国文化包容创新提供了学习动力，为世界文明的和谐并存贡献了中国方案。

中国的文化自信，不仅体现在对自己传统文化的继承创新、更新转化能力，而且体现在适应全球大势、进行最佳选择和为我所用、对外来文化的吸收消化能力。

中国的经济发展和政信金融也是这样，有其自身特点，不是对西方模式的模仿和照搬。中国政信蓬勃发展，其背后蕴含着独特的政信文化，是中国文化自信的一个重要体现。

2. 中国政信文化源自"富民强国"的中华传统文化

"富民强国思想"是我国古代治国理政的核心，也是中国政信文化的渊源。

《尚书》中有"裕民""惠民"的观点，《周易·益》有"损上益下，民说无疆"的卦象，都把重视人民的利益视为统治者的德政。以春秋时期的齐国为例，齐国山多，矿藏丰富，对于开矿，管仲在强调国家主权基础上，鼓励组织民间力量去开采经营，并提出了官民三七分利的具体办法。他认为，如果由国家强迫罪犯去开采，会带来管理上的一系列困难，罪犯们还可能会利用深山的地理环境逃亡，给社会带来动乱。假若以征发劳役的办法去让百姓开采，也会招来百姓们的不满和怨恨。要是那样，恐怕是"未见山铁之利而内败矣"。因此，管仲既强调矿权国有，不容许私人染指，又提倡在政府的有效监督下，由民间去开采经营。他的具体做法是："量其重，计其赢，民得其七，君得其三。"总之，就是要尽量调动群众开采矿藏的积极性。

古代赈灾也采取官民合作，其中有政府主导的自上而下的"官赈"，也有民间乡绅志士自下而上的"义赈"。赈灾方式有粮食赈济、钱币赈济、土地赈济、医疗赈济、房屋赈济、减免徭役赋税、以工代赈等。粮食赈济是赈济灾民的最重要方式，赈济粮来源于常平仓、义仓、社仓三类仓储。常平仓是设立最早的仓储系统，可以追溯到西汉宣帝时期。义仓归州或县管理，有"富贫相恤"的民间互助意义。社仓属于乡仓，由民间自营，地方官若挪用社仓中的粮食，就会以扰乱国政、贻误民生治罪。

因为政信投资多数投向大型基础设施、市政工程、棚户区改造、生态环保以及战略产业等领域，属于地方政府主导的公共服务和关键民生工程等项目，是我国经济发展的基石。

3. 中国政信文化是政企民与国共赢的文化

作为国内最早涉足政信金融业务的深化服务专家，国投信达政信金融服务集团认为中国政信文化既是富民强国的家国文化，也是政企民与国共赢的政商文化。

（1）政信的升级版：PPP模式合理界定政企关系，达到共赢

随着2014年PPP模式被首次提出，越来越多的领域向社会资本开放，除了涉及军事和国家安全等领域都可以成为社会资本进军的目标。这是国家在顶层设计上的一次重大突破，允许社会资本参与国家重大基础设施建设和公共服务领域的建设，一方面有利于发挥社会资本运营、管理、盈利的优势；另一方面是让利于社会资本，允许社会资本参与到之前政府垄断的行业。对于社会资本来说，PPP模式的最大优点就是以国家政策的稳定性来确保参与方的利益，这在一定程度上也是在社会利益分配上的一次改革。

PPP模式是政府与社会资本合作，形成利益共享、风险共担、全程合作的共同体关系，提供包括基础设施在内的公共产品或服务。PPP模式不仅是一个新融资模式，还是管理模式和治理机制的创新，已成为推进治理体系和治理能力现代化的重要助推器。

在与政府合作的社会资本方中，多数是央企和实力雄厚的大型上市企业，这些企业以资金优势、技术优势和资源整合能力参与了众多重大基础设施建设和市政公共服务建设，对实体经济起到了很好的拉动作用。

政府推动供给侧结构性改革、城镇化建设、"京津冀一体化"发展战略和"一带一路"倡议，一方面是扫除经济发展的障碍，另一方面则是培育新的经济增长动力。这一系列战略的实现和问题的解决单纯依靠政府的力量实现难度大、期限长，政府和社会资本合作投资的模式成为长江三角洲、粤港澳、京津冀、长江经济带四大国家区域战略和"一带一路"实现的重要方式。

（2）国家鼓励社会资本融入政府项目，让利于民

市场上各类政信类理财产品以省级、地市级及区县级的城投公司

为发行方，多数是为政府项目发行的融资工具，因此在投资人眼中，这些项目的安全性较之非政府类项目更高，同时，这些产品还有增信措施，因此既具有信用保证又有各种动产和不动产的抵（质）押保障，相当于具备双保险，是地方政府以政府项目部分收益让利于普通投资人。

六、"PPP＋产城融合"模式的中国道路

1. 中国现代化发展模式的道路自信

中国的民族复兴之路，本质上是国家现代化发展之路。2013年9月30日，习近平总书记在十八届中央政治局第九次集体学习时的讲话中指出："我国现代化同西方发达国家有很大不同。西方发达国家是一个'串联式'的发展过程，工业化、城镇化、农业现代化、信息化顺序发展，发展到目前水平用了二百多年时间。我们要后来居上，把'失去的二百年'找回来，决定了我国发展必然是一个'并联式'的过程，工业化、信息化、城镇化、农业现代化是叠加发展的。"

2017年10月18日，习近平总书记在中国共产党第十九次全国代表大会报告中指出："要坚持走中国特色新型工业化、信息化、城镇化、农业现代化道路，推动信息化和工业化高度融合、工业化和城镇化良性互动、城镇化和农业现代化相互协调，促进工业化、信息化、城镇化、农业现代化同步发展。总体而言，中国的现代化发展道路是中国特色新型工业化、信息化、城镇化和农业现代化，四化协同的发展道路。中国现代化发展道路中，工业化和城镇化居于核心地位。"

纵览西方国家的现代化之路，工业化和城镇化既是现代化的内生动力，又是现代化的重要标志。而工业化和城镇化相结合的产城融合，作为一种思路和模式，在经济转型升级、新旧动能转换的背景下，不仅是新型城镇化的必然选择，而且是中国经济发展的重要抓手。中国产城融合模式，以产促城，以城兴产，能够使产业发展与城市功能提升，相

互协调，既增强产业聚集效应，又推进城市提质扩容。

独具特色的中国新型城镇化模式——产城融合，是中国现代化道路的重要途径和战略支点，充分展现了中国的道路自信。

2. 产城融合是中国现代化道路的重要途径

改革开放以来，我国工业化和城市化成绩斐然，然而对产城关系的处理存在诸多不合理，导致产城分离现象严重，降低了工业化与城镇化中的资源配置效率。

产业园区建设存在各类生产活动，同时承载的功能日益多元化。随着经济的发展，我国产业园区转型升级迫在眉睫，集生产与生活于一体的新型园区成为未来经济发展的新诉求。产业是城镇的支撑，没有产业的城镇化是无源之水，缺乏生命力。城镇作为经济、产业、人口的主要载体，将成为中国新时期经济增长的动力源之一。

"产城融合"是指产业与城市融合发展，以城市为基础，承载产业空间和发展产业经济，以产业为保障，驱动城市更新和完善服务配套，进一步提升土地价值，以达到产业、城市、人之间有活力、持续向上发展的模式。产城融合的核心是产业而非地产。这种模式要求产业发展与城市功能提升相互协调，实现"以产促城、以城兴产"。产业是城镇建设的基础，城镇是产业发展的载体。

2015年7月6日，国家发展和改革委员会印发的《关于开展产城融合示范区建设有关工作的通知》（发改办地区〔2015〕1710号）指出：根据《国家新型城镇化规划（2014—2020年）》有关要求，进一步完善城镇化健康发展体制机制，推动产业和城镇融合发展，加快培育一批新的经济增长点或增长极，形成功能各异、相互协调补充的区域发展格局，开展产城融合示范区建设工作。2016年10月30日，国家发展改革委印发了《关于支持各地开展产城融合示范区建设的通知》（发改办地区〔2016〕2076号），明确提出了包括北京市丰台区、天津市北辰区、河北省邢台市邢东新区在内的58个产城融合示范区建设，是主动适应经济发展新常态、推动经济结构调整、促进区域协同协调发展的重要举措。产城融合示范区建设具有五项任务：优化空间发展布局，推进产城融合发展；促进产业集聚发展，构建现代产业体系；加强基础设施建设，提升公共服务水平；注重生态环境保护建设，促进绿色低碳循环发展；完善城镇化体制机制，推进城乡发展一体化。总体目标是到2020年，产城融合示范区经济社会发展水平显著提升，经济增长速度快于所在地区总体水平，常住人口城镇化率明显快于所在地区平均水平，现代产业体系加快形成，城镇综合服务功能不断完善，生态环境进一步优化，居民生活质量明显提高，将示范区建设成为经济社会全面发展、产业和城市深度融合、城乡环境优美、居民生活更加殷实安康的新型城区。

2017年2月，国务院办公厅下发的《关于促进开发区改革和创新发展的若干意见》（国办发〔2017〕7号）要求：开发区已成为推动我国工业化、城镇化快速发展和对外开放的重要平台，面对新形势，必须进一步发挥开发区作为改革开放排头兵的作用。推进开发区建设和运营模式创新，引导社会资本参与开发区建设，探索多元化的开发区运营模式。支持以各种所有制企业为主体，按照国家有关规定投资建设、运营开发区，或者托管现有的开发区，享受开发区相关政策。鼓励以政府和社会资本合作（PPP）模式进行开发区公共服务、基础设施类项目建设，鼓励社会资本在现有的开发区中投资建设、运营特色产业园，积极探索合作办园区的发展模式。

实质上，产城融合的目的在于构筑产业、空间和社会相互支撑的可持续发展机制，打造具有可持续发展能力的新型城镇。在我国经济转型升级的背景下，产城融合是大势所趋，是目前新型城镇化建设的必然选择。

总体来说，产城融合是在经济转型发展大背景下，发展出来的一种新型模式。产城融合是指城市与产业的结合，以城市为基础来承载产业空间与发展产业经济，以产业为保障进而驱动城市更新，进一步提升城市的价值，达到产业、城市、人口之间互为依托、相互融合、高效发展模式。

3. 产城融合的政企合作模式是中国现代化道路的战略支点

当前，我国产业结构正面临重构和调整，"产城融合"是我国城镇化布局的新战略，承担着打造城市发展新格局的重要使命。推进产城融合有利于产业转型重构和城镇价值再造。

产业是新型城镇化发展的基础，城市是产业的载体，产城融合解决的就是产业、城市、人口之间的关系。但是在推进新型城镇化建设中，地方政府常常遇到"空城"和"空转"的难题。而借助 PPP 模式发力新型城镇化建设，被视为实现产城融合、解决"空城、空转"等难点的重要举措。

产城融合的投融资模式主要包括传统的公建公营模式、完全私有化方式和 PPP 模式。公建公营模式，由政府主导投融资所产生的政府主导模式具有短期内资金缺口大、公益性强、现金流有限、需要筹建工程管理团队及专业运营团队等特性，使项目具有资金缺口、运营能力差等诸多不足。完全私有化模式，由企业来运作的产城融合项目，对于很小的项目或开发可以做到，但针对稍大一点的产城融合项目而言，如果没有政府的支持则很难做到。相较于前两者，PPP 模式无疑能有效解决地方政府在产城融合建设当中遇到的难题，提升项目落地速度和质量。

首先，产城融合和 PPP 全生命周期相融合，通过系统性规划设计和全过程咨询，PPP 模式的长期性可保障产城融合战略落地，运营性可保障产城融合建设效果，规模大可保障产城融合一张蓝图绘到底。

其次，PPP 模式有资源整合功能，有助于克服政府在产城融合项目建设、运营全过程中条块分割和"九龙治水"的弊端。产城融合项目要有产业、城镇、生态的功能，为了完成三大类功能，涉及各个行业部门，在此过程当中难以出现条块结合，各个部门建设步伐肯定是不一样的。但是，PPP 模式是由社会资本全权负责，所以在资源整合方面，社会资本自己会考虑产业、城镇功能和生态功能应该怎样做，这三大功能在社会资本方的眼中要齐步走。

再次，PPP 模式有融智功能，有助于弥补政府在城镇或社区功能定位、生态建设特别是产业选择、招商引资等方面的短板。社会资本方来投资，社会资本后面会跟上各类资源，包括产业资源、企业资源及人才资源等，虽然是一个主体来做，但是后面有很多的资源。在 PPP 模式下，社会资本方，尤其是社会资本联合体，可能带来很多资源，而这些资源可以移植到产城融合的项目里。

最后，PPP 模式有融资功能，有助于弥补政府的建设资金缺口。产城融合建设需要基础设施的建设与完善，需要大量的资金投入。为了克服传统投融资模式的限制，与社会资本合作成为地方政府进行城镇综合开发类项目的重要选择。城镇综合开发类项目具有公共产品的属性，且具有周期长、投资大的特点，这也与社会资本的平等合作与长期运营能够较好契合。

总体来看，社会资本的进入补足了政府主导模式下资金匮乏、管理和运营机制不健全的短板，但由于相关模式在国内起步时间较晚，仍有许多需要规范的地方。因此，在城镇综合开发领域积极应用政府和社会资本合作的同时，要规范和规避其中的弊端，以达到推动绩效最大化的最终目的。

第四章 地方融资平台

新的历史时期，如何理解和判断地方政府融资平台的现实功能和发展方向相当重要。只有厘清地方政府融资平台的功能定位、现状问题和发展方向，才能使地方政府融资平台成为中国政信金融良性成长的主体依托和重要工具。

地方融资平台对于政信金融，其重要性不仅在于理论研究，而且更在于实务操作。所以，本书单独成章，对地方融资平台转型进行深入分析和细致阐述。

第一节 地方融资平台的前世今生

一、地方政府融资平台的内涵

在中国，地方政府融资平台公司是一个特定的概念，有其清晰和明确的界定。具体对地方政府融资平台进行定义的主要是国发 19 号文、财预 412 号文和银监办发 191 号文三部政策文件。

1. 国发 19 号文

2010 年 6 月，国务院下发《关于加强地方政府融资平台公司管理有关问题的通知》（国发〔2010〕19 号），将地方政府平台定义为：由地方政府及其部门和机构等通过财政拨款或注入土地、股权等资产设立，承担政府投资项目融资功能，并拥有独立法人资格的经济实体。这也是首次对政府融资平台明确定义的官方文件，明确了地方融资平台的资本来源、平台功能和企业法人属性。

2. 财预412号文

随后，在2010年7月，财政部、国家发展改革委、中国人民银行、银监会四部委联合发文《关于贯彻国务院关于加强地方政府融资平台公司管理有关问题的通知相关事项的通知》（财预〔2010〕412号），进一步明确指出：地方政府融资平台是由地方政府及其部门和机构、所属事业单位等通过财政拨款或注入土地、股权等资产设立，具有政府公益性项目投融资功能，并拥有独立企业法人资格的经济实体，包括各类综合性投资公司，如建设投资公司、建设开发公司、投资开发公司、投资控股公司、投资发展公司、投资集团公司、国有资产运营公司、国有资本经营管理中心等，以及行业性投资公司，如交通投资公司等。此文件对资本来源、公益性功能、企业法人属性、存在形式做了更加详细的规定。

3. 银监办191号文

2011年6月，中国银行业监督管理委员会（以下简称银监会）在廊坊召开的地方政府融资平台贷款监管工作会议上研究确立《关于地方政府融资平台贷款监管有关问题的说明》（银监办发〔2011〕191号），明确银监口径对地方政府融资平台的定义：由地方政府出资设立并承担连带还款责任的机关、事业、企业三类法人。监管部门和各银行业金融机构按包含退出类和仍按平台贷款处理两大类的全口径统计平台贷款。退出平台整改为一般公司类贷款的，银行可按照商业化原则自主放贷，自担风险责任；仍按平台管理的，如符合条件可以新增贷款。银监会对地方融资平台明确规定了承担连带还款责任，并对转型平台的贷款条件做了区分。该文件实际上加强了作为平台公司的还款责任。

二、地方政府融资平台的演变过程

根据银监会的统计，截至2017年末，全国有地方政府融资平台

11 734家。其中，监测类平台（已退出平台、纳入一般公司类贷款管理）2 549 家，占地方政府融资平台总数的21.7%；监管类平台（仍按平台贷款管理）9 185 家，占地方政府融资平台总数的78.3%。地方政府融资平台的发展大致可以分为以下几个阶段。

1. 萌芽起步期（1986—1993 年）

1986 年 8 月 5 日，国务院出台《国务院关于上海市扩大利用外资规模的批复》（国函〔1986〕94 号），批准上海市政府通过"自借自还"，扩大利用外资，以加强城市基础设施建设，加快工业技术改造，增强出口创汇能力，发展第三产业和旅游业。第一批利用外资规模扩大了 32 亿美元，其中 14 亿美元用于城市基础设施建设，13 亿美元用于工业技术改造，5 亿美元用于第三产业和旅游业，此项政策称为"94专项"。1987 年 12 月 30 日，在这项政策支持下，上海成立了第一家地方政府融资平台公司"久事公司"。上海久事公司通过对外融资有效缓解了财政支出资金压力。

1992 年，上海城市建设投资开发总公司（以下简称上海城投公司）作为上海第一家也是全国第一家专业从事城市基础设施投资建设的投资公司问世，主要从事城市基础设施投资、建设和运营。据不完全统计，自成立到现在，上海市财政部门总共向上海城投公司拨款 950 亿元，城投公司便用这 950 亿元采用市场化的运作方式筹措了 2 500 亿元的社会资金，主要用于路桥、水务、环境、置业四大板块的建设。

上海地方政府投融资平台的成立，是城市基础设施建设投融资体制改革的一个创新。其他地方政府纷纷效仿上海经验，推动地方融资平台的建立，融资平台逐渐发展起来。后来，为扩大城市建设和发展经济，地方政府也不断尝试运用新的融资模式，如利用 BOT、TOT 等模式进行融资。

2. 发展壮大期（1994—2000 年）

众所周知，改革开放之前，中国实行计划经济体制，财政上统收统支，所有收入统一上缴中央，中央再统一划拨和使用资金，不涉及中央和地方在财政上的分配。自从 1978 年改革开放之后，中国财政体制改革。1978—1993 年实行财政包干制度，地方政府的职能从提供服务转变到为服务筹措资金，地方政府上缴收入数目固定，中央政府财政收入严重依赖地方政府。1988—1993 年，中央政府财政收入在全国总财政收入的比重由 32.9% 降低到 22%，中央政府经济调节功能大大弱化，"国家能力"严重削弱。

为了提高两个比重，即中央财政收入占总财政收入比重和财政收入占 GDP 比重，中央政府决定重新集权。1993 年 11 月，中共十四届三中全会通过了《关于建立社会主义市场经济若干问题的决定》，决定推行分税制改革。1993 年 12 月，国务院颁布《关于实行分税制财政管理体制的决定》（国发〔1993〕85 号），1994 年，在划分中央和地方事权的基础上，将税种划分为中央税、地方税和共享税，中央和地方政府分税体制就此建立。分税制改革的直接结果是中央政府重新集中财权，中央财政占总财政收入的比重由 1993 年的 22% 提高到 1994 年的 55.7%，之后一直到 2000 年这一比例一直维持在 50% 左右。地方政府财政一直处于入不敷出的状态，财政支出一直大于财政收入，并且二者差额有扩大趋势。

在财权和事权不匹配的情况下，地方政府为了完成城市基础设施建设和经济发展任务，具有强烈的动机进行融资。但是受限于《中华人民共和国预算法》（1995 年施行）第二十八条规定：除法律和国务院文件另有规定外，地方政府不得发行地方政府债券，地方政府也不具备向商业银行借贷的权利，地方政府纷纷建立融资平台，以绕过法律规制进行融资。再者，根据《贷款通则》规定："借款人应当是工商行政管理机关（或主管机关）核准登记的企（事）业法人、其他经济组织、个体工商户或具有中华人民共和国国籍的具有完全民事行为能力的自然人。"因此，地方政府不能作为借款人，不能直接向银行借贷。地方政府为了避开这些政策限制和体制障碍，成立了集融资和建设于一体的融资平台，代替地方政府实现以市场形式进行融资。地方政府逐渐适应和熟练掌握了通过地方融资平台"经营城市"的模式，即"征地—土地收入—银行贷款—城市建设—征地"的滚动开发循环中。

1997 年亚洲金融危机爆发，中国政府为了应对亚洲金融危机对经济下滑的不利影响，推行扩张性财政政策。地方政府进行城市基础设施建设时，在获得中央政府转移支付的同时必须提供配套资金，承担着巨大的财政支出压力。为了缓解财政压力和解决资金缺口，地方政府通过融资平台，借助地方政府信用介入，向银行等金融机构间接融资，在扩张性财政政策的支持下得到了第一波迅速发展。

3. 缓慢发展期（2001—2008 年）

这一阶段，各地开始普遍成立融资平台，其中一些主要城市融资平台开始经济转型和调整。2001 年，以我国加入世贸组织（WTO）为契机，我国全面参与国际经济，地方政府以更加开放的姿态吸引外资参与。与此同时，为了更好地满足城市建设的需要，改善城市软硬环境，地方政府不断加大对公共产品和服务的投资。2001 年以来，各地融资平台逐渐发展起来，受制于金融服务发展水平、政策限制较大，以及地方政府为融资平台隐性担保等原因，融资平台的主要融资渠道是通过银行借款。

4. 快速发展期（2009—2012 年）

受国际金融危机影响，国务院提出巨额经济刺激计划。在这种背景下，配套国家经济刺激计划，地方政府积极筹建地方投融资平台，融资平台的作用迅速凸显。

2008 年美国次贷危机爆发，并连锁引起了国际金融危机。当时全球经济进入下行通道，为了应对国际金融危机对出口和经济增长的冲击，中央政府以极快的决策效率推出了 4 万亿元人民币的投资计划，地方政府迅速进行响应，推出了 8 万亿元左右的投资计划。这些投资大部分进入了城市基础设施建设领域，在此政策带动下，大量的县区级融资平台纷纷建立，迎来了第二波快速发展期。

2010 年 6 月，国务院下发《关于加强地方政府融资平台公司管理有关问题的通知》（国发〔2010〕19 号），对地方融资平台进行准确界定并加强管理。8 月，监管层特意通知清查地方融资平台，城投债发行逐步得到规范。2011 年 6 月，中国银监会下发《关于地方政府融资平台贷款监管有关问题的说明》（银监办发〔2011〕191 号），建立了银监会融资平台名单，不得向银行"名单制"管理系统以外的融资平台发放贷款，并且要求银行对城投平台贷款只能减少不能增加。再加上 2011 年接连爆发的城投债信用事件[①]为城投债的发行蒙上了一层阴影，提出了地方融资平台进一步发展的诸多防范风险的规避性措施。

5. 规范调整期（2013 年至 2016 年 3 月）

为应对融资平台公司在运作过程中带来的风险，政府频繁出台相关政策进行指导调整。各地方政府也纷纷出台促进融资平台转型调整、创新发展的指导意见，促使平台公司向市场化方向规范运行。

2014 年是地方融资体制改革的重要一年，地方政府的融资方式逐渐向规范化迈进。随着地方融资平台业务的突飞猛进和地方债务规模的逐步扩大，2014 年政府部门杠杆率已经上升至 57.8%，国家开始对地方政府融资进行规范。

2014 年 5 月 20 日，国务院出台《关于 2014 年深化经济体制改革重点任务意见的通知》（国发〔2014〕18 号），规范政府举债融资制度，指出要建立以政府债券为主体的地方政府举债融资机制，剥离融资平台公司政府融资职能。2014 年 5 月 21 日，财政部印发《2014 年地方政

---

① 2011 年中国人民银行六次上调存款准备金率与三次加息，城投利差大幅走阔。2011 年 4 月，云南路投被爆料向债权银行发函声称，"即日起，只付息不还本"。6 月，上海申虹称由于公司将大量的短期流动资金贷款用于项目建设，故本月起停止向银行偿还流动贷款，并向银行要求延长还款期，以及把该笔款项转换成以资产抵押的固定贷款。这两个消息及相关信息被业内称为城投债信用事件。

府债券自发自还试点办法》，中国版市政债雏形显现。

2014年9月21日，国务院发布的《关于加强地方政府性债务管理的意见》（国发〔2014〕43号）（以下简称43号文）中明确规定：剥离融资平台公司政府融资职能，融资平台公司不得新增政府债务。地方政府新发生或有债务，要严格限定在依法担保的范围内，并根据担保合同，依法承担相关责任。43号文旨在防范风险和强化约束，牢牢守住不发生区域性和系统性风险的底线，同时硬化预算约束，剥离平台的政府信用，抑制成本不敏感的融资，引导信贷流向，从而降低社会融资成本。43号文的推出，使城投公司进入了转型发展的新阶段。这一阶段，在地方政府形成债务及融资平台发展的过程中产生了诸多问题，致使政策频繁调整，融资平台的经营运作模式也受到了相应的限制。虽然城投公司通过银行信贷体系进行融资受到了严格监管，但与此同时，城投债、信托等其他融资方式的发展，拓展了城投公司的融资渠道，融资平台对外融资规模整体增长的趋势并未发生改变。

2014年10月8日，国务院《关于深化预算管理制度改革的决定》（国发45号文）及《预算法》的修订，明确赋予地方政府发债的权利，地方融资体制进入自行发债阶段，地方政府发债额度限制在国务院的限额之内。同时，中央政府不再为地方政府发债信用背书，地方政府将按照"借、用、还"相统一的原则进行发债。2015年财政部发布地方政府一般债券与专项债券管理办法。

我国地方政府债务分为显性债务和隐性债务。显性债务是指由财政资金偿还、政府负有直接偿债责任的债务，包括外国政府与国际金融组织的贷款、国债转贷资金、农业综合开发借款、解决地方金融风险专项借款、拖欠工资、国有粮食企业亏损新老挂账、拖欠企业离退休人员基本养老金等。隐性债务是指在法律上明确不由政府承担债务，但是政府出于公共利益或者道义等，将来可能形成的债务，主要包括地方政府担保债务、担保的外债、地方金融机构的呆坏账、社会保障资金缺口等。地方隐性债务主要来自地方融资平台因承担公益性项目举借的债务、通过不合规操作（如担保、出具承诺函）发生的或有债务等变相举债而产生的债务。

但是，2015 年以后中国经济下行压力加大，稳增长任务更为迫切，城投公司转型的经济和政治任务暂时搁置。2015 年 5 月 11 日，国务院发布《关于妥善解决地方政府融资平台公司在建项目后续融资问题意见的通知》（国办发〔2015〕40 号），地方政府融资再度受到监管重视，城投债发行限制有所放松，净融资额逐渐恢复。

6. 转型收缩期（2016 年 3 月至今）

2016 年第二季度以后，地方债务持续增长，因违规举债带来的隐性债务问题突出，中央出台一系列监管政策，旨在规范地方政府的融资担保，严格把控变相融资增加政府债务负担。

随着 2016 年以后经济的企稳，财政部频繁强调地方政府债务界限，严控地方政府隐性债增量，颁布多项"开正门，堵偏门"的具体政策，重申地方政府担保的违规属性，城投公司和地方政府关系得以逐步明晰。这一系列政策包括：

2017 年 4 月 26 日，财政部颁发的《关于进一步规范地方政府举债融资行为的通知》（财预〔2017〕50 号）；2017 年 5 月 28 日，财政部颁发的《关于坚决制止地方以政府购买服务名义违法违规融资的通知》（财预〔2017〕87 号）；2017 年 11 月 10 日，财政部颁发的《关于规范政府和社会资本合作（PPP）综合信息平台项目库管理的通知》（财办金〔2017〕92 号）；2018 年 2 月 8 日，国家发展改革委和财政部联合颁发的《关于进一步增强企业债券服务实体经济能力严格防范地方债务风险的通知》（发改办财金〔2018〕194 号）；2018 年 3 月 28 日，财政部颁发的《关于规范金融企业对地方政府和国有企业投融资行为有关问题的通知》（财金〔2018〕23 号），以及 2018 年 9 月 13 日中央办公厅、国务院办公厅颁发《关于加强国有企业资产负债约束的指导意见》

指出："对严重资不抵债的政府融资平台公司,依法实施破产重组或清算。"这些政策对地方融资平台进行了一系列的限制和规范。

三、地方政府融资平台的作用重大

虽然社会各界对城投类国企的评论褒贬不一,但是,我们必须认识到,在提高我国城市化率、改善生态环境、促进经济增长和营造社会和谐等方面,城投类国企功不可没。

1. 破解地方政府融资"瓶颈",扩张地方政府信用

分税制改革后,地方政府的资金来源大幅缩减,但公共基础设施的建设仍需大量投资,从而产生了"供给不足,需求增大"的矛盾。受制度限制,地方政府不能直接向社会融资,而融资平台打破了地方政府的融资"瓶颈"。地方政府可通过融资平台从市场直接融资取得建设资金。地方融资平台在借贷时得到地方政府的隐形担保会使其向银行借款变得相对容易,且信用额度也会得到提升。相对于市场上其他公司借款,银行认为融资平台的借款风险相对较小,因此,在融资平台也可以直接通过发债进行融资,还能通过信托公司、保险公司、基金公司等进行融资,地方政府的信用也得到了一定的扩张。

2. 加快了城镇化进程,增强了政府资源配置效率

新型城镇化是国家现代化的重要标志。城镇化伴随着地方基础设施建设、房地产开发和公共服务提供等方面的需求。融资平台的主要职能是为地方政府筹集资金并将所筹集的资金投入地方基础设施的建设、房地产开发以及公共服务上。

正是因为融资平台为地方政府筹集了大量资金,中国的城镇化才得以迅速推进,城市面貌日新月异。城镇化的大发展,不仅为地方经济发展提供了长期坚实的基础,创造了工业化的需求源泉,而且为农村人口向城镇转移提供了拓展空间。

地方政府通过融资平台进行筹资投资活动,有力地推动了城镇化

进程。同时，地方政府通过融资平台的投融资，以公司运行机制运作政府资源使资源发挥更大的作用，增强了政府的资源配置效率。

3. 加快了基础设施建设，为经济发展提供基础性资源

改革开放四十多年以来，中国经济高速发展，随着经济效率的提升，社会各界对生产要素的流通效率和运转效益提出了更高要求，这就促使中央政府和地方政府不断加大对"铁公机"（铁路、公路、机场）等基础设施建设的投入。然而，在2014年新预算法实施之前，地方政府按照量入为出、收支平衡的原则编制预算，并明确在一般情况下不得发行地方政府债券，这使得地方政府可用于城市建设的资金相当紧缺。

在这种背景下，地方政府通过设立城投类国企作为融资平台，并且以综合财力予以信用介入和还款保障，这种模式有效解决了地方政府加快发展城市基础设施的资金短缺的法理障碍和现实操作问题。投融资平台公司所筹集的资金，大部分用于经济发展中必不可少的公共基础设施建设。

4. 满足了人民群众对于生态环境、社会保障等民生改善需求

改革开放四十多年来，一方面带来了经济快速发展和社会进步，另一方面也带来了经济发展的副产品和不利影响，即生态环境破坏、贫富分化和民生保障不够充分。例如，很多地方的河流、湖泊污染严重，部分贫困人民的居住环境极度恶劣，医疗教育资源缺乏和不公平等。中国社会现阶段的主要矛盾，正在由人民日益增长的物质文化需要同落后的社会生产之间的矛盾转变为人民日益增长的美好生活需要和不平衡不充分的发展之间的矛盾。但是，我们知道环境建设和民生工程通常建设周期较长，资金需求较大，且开工较为迫切，仅仅依靠财政预算安排难以为继。因此，地方政府通过城投类国企开展环境保护整治和民生工程建设，既能够满足人民群众的迫切需求，又能够维护社会稳定。

地方政府通过融资平台公司筹集的资金，有相当大一部分投入了

保障性住房（包括经济适用房、廉租房、公租房、限价房、共有产权房、棚户区改造等）、民生设施（公立医院设施、教育基础设施、文化体育基础设施）、环保设施（污水处理厂及管网、垃圾焚烧厂/填埋场、水环境治理工程建设）等项目，这些项目的建设和投入使用，有效改善了民生，增强了政府威信，受到广大人民群众的普遍欢迎。

5. 促进了产业结构的调整和经济均衡发展

产业结构调整和区域经济均衡发展是经济发展和社会进步的经济基础与必然要求。各地的产业集聚和经济结构调整转型升级主要依靠国家级、省市级、区县级的各类园区，包括高新技术产业开发区、经济技术开发区、保税区等。

大多数地方政府投融资平台，尤其是园区开发企业，承担着园区建设和经济发展的重任。这些城投类国企一方面投资建设区域基础设施；另一方面开展招商运营工作，依据当地战略发展规划及产业结构布局，定向进行招商引资。特别是近年来，传统的依靠税收奖励、廉价供地和项目补贴等招商方式的效果越来越差，而金融投资在重大项目招商中的作用越来越大。各类园区的城投类国企充分发挥自身的融资优势和资金优势，在产业孵化基金、股权投资中扮演了重要角色，为入园企业解决了中小企业融资难、担保难的问题，不仅降低了当地政府的财政支出压力，而且应用市场化的金融工具促进了产业纵向成链、横向成群的集聚和优化。

同时，地方融资平台在东部、中部、西部产业转移和经济均衡发展方面也发挥了重要作用。地方政府利用其融资平台，一方面提高了政府资源的整合和利用效率，推动了东部地区的产业升级和先进产业向中、西部地区的转移；另一方面也以其信用为担保，通过市场化手段获得金融机构的债权和股权融资，以融资平台为工具，将巨量资金投入到当地区域交通、城市建设领域，进而发挥后发优势和部分产业的弯道超车，加快了中西部地区的经济发展，有力地促进了整体国民经济的均衡发展。

6. 缓解了当前经济社会发展中一些急迫的难点和痛点问题

新起点、新要求，砥砺奋进再出发，满足人民对美好生活的向往成为社会发展的新目标。

在一二线城市，住房贵、租房难、出行不便、物价上涨等问题已经被城市居民长期诟病。地方政府融资平台公司开发建设类企业贯彻国有企业、偏公益性属性，集中使用大量资金建设了大量的廉租房、保障房，合理地解决了一部分居民的居住需求；市政类公司长年将自来水费、排水费、垃圾处理费等公共服务费用控制在较低水平，保障了广大人民群众的基本生活水准；公交、地铁和交通类公司也遵循承担社会责任的原则，不以营利为目的，开通一些经济回报低、回收期长的运营线路。地方政府融资类平台的这些举措都有力地缓解了社会矛盾，为人民的美好生活需要作出了重要贡献。

另外，地方政府融资平台公司是国有企业，具有独立法人资格，通过发行信托计划、公司债券、联合投资等方式，在降低政府债务、吸引社会资本进入城市基础设施和民生工程领域，有力地贯彻和支撑了中央政府和地方政府的产业、财政和货币调控政策。

四、地方政府融资平台的问题不容忽视

任何事物都具有两面性，凡事有利必有弊。我们在承认地方政府融资平台作用重大的同时，也不能忽视近年来地方政府融资平台在发展过程中累积的风险和问题。

1. 国家投资政策转变，融资渠道面临监管制约

中国共产党十八大、十九大以来，中央政府大力推动经济结构转型升级、采用 PPP 模式扩大社会资本进入城市基础设施和民生工程领域。地方政府融资平台作为政策依托受到重视，尤其是国家审计署对地方政府债务规模进行审计后，社会各界对地方政府通过融资平台进行的

隐性、潜在举债问题高度关注。财政部、中国人民银行、原银监会等部委陆续出台了各类规范和限制融资平台公司违法违规举债融资的系统政策文件，融资平台的融资渠道不断收窄。

由于城市基础设施及其公益项目的建设周期长，工程所需资金量大，资金来源主要依靠银行贷款，形成了平台公司与多家银行间的信贷往来关系，再加上贷款利息率的差异，给工程建设带来了巨大的流动性风险。在严控地方政府债务规模的情况下，平台公司必须转变筹资理念，寻求多元化的融资途径。

2. 存量债务规模较大，历史遗留包袱较重

在快速的经济增长和高速的城镇化进程中，地方政府进行了规模巨大的融资，这些融资都是由融资平台公司承担和背负的。全国范围内的地方政府融资平台公司为此承担着巨量的债务。2013 年国家审计署公布的数据显示，地方政府融资平台公司承担的属于政府直接及或有债务规模约为 6.97 万亿元，截至 2017 年底，按照地方政府承担的隐性债务估计，在城投公司各类型债务中，仅城投债 2017 年末的存量就高达 7.1 万亿元。如果将银行贷款、信托融资都考虑进去，城投公司的债务规模要达到 20 万亿元以上。

所以，地方融资平台公司背负着沉重的历史遗留包袱，良性发展的难度较大。

3. 资产结构不太合理，经营性现金流不强

地方融资平台公司在近四十年的发展过程中，作为地方政府的"钱袋子"、投资平台和融资工具，一方面，为了巨量融资，往往以扩大资产规模为第一要务，被装进了大量的管网、办公用房等偏公益性资产，经营性资产缺乏；另一方面，主要承担基础设施和民生工程建设任务，不以营利为目的，缺少能够带来现金流的经营性业务。在这种情况下，地方融资平台公司转型发展在业务层面、资金层面、人才层面的难度相当大。

4. 企业经营管理制度不健全

地方融资平台多属于行政垄断企业，长期以来在政府强大的保护之下，既缺乏外部竞争力，内部改革拓展动力也不足。在粗放式的管理和经营模式下，企业难以实现高效运转，没有有效的激励机制，创新意识缺失，技术创新能力较弱，业务操作不规范，缺少合理的制度约束机制。

5. 转型定位不明确

随着国家对平台类公司的进一步调控，剥离其政府性融资职能也逐渐落到实处。由于我国经济体系区域化差异明显，平台公司发展水平也各不相同。部分经济发达地区城市大建设时期基本结束，其平台公司多转变为城市服务运营商；部分发展中地区则存在更大的空间和机遇，其平台公司多转变为市场化投资公司，并具有一定的市场竞争力，也有平台公司能集城市投资建设、运营服务等功能于一体。但对更多的发展较差、转型较晚的平台公司而言，除政府融资职能外，如何找准契合自身功能的发展方向，如何合理控制资产负债率、优化财务结构，如何应对新时期转型升级的使命成了各大平台公司的痛点和难点。

6. 国企混改难推进

企业规模小，资产证券化率低。区县所属国有企业产业层次处于产业链的低位，部分国有企业的业务范围和投资领域相近，运作效率偏低，难以形成产业规模。与此同时，国企上市进程偏慢，资产证券化率低下。公益功能强，收益能力差。随着金融监管日益趋严，融资环境愈加严峻，区县所属国企原有的银行贷款融资难以为继，而相对大部分功能类、公益类的区县所属国企而言，在没有合理的补偿机制下资金困境愈加突出，企业的盈利水平弱，现金流较少，导致其难以上市融资，无法发展壮大。国资监管覆盖面低，企业考核机制有待完善。区县所属经营性国资监管工作较为分散，国资监管覆盖率低仍是需要重点关注的方向，而对于国企的考核机制，企业类型不同，考核指标不同，考核内容与绩效比例的准确科学需要进一步完善。

五、地方政府融资平台面临的风险

基于地方政府融资平台公司存在的诸多问题，经历近二十年的发展，地方政府融资平台公司为政府提供了市政建设和发展经济的便利，但是在经济下行压力下，由其本身存在的问题而带来的经营风险正在积累，主要表现在以下几方面。

第一，出资风险。这些公司实收资本主要是财政直接拨款、划转股权债权、划拨土地等资产形式组成。成立初期普遍存在设立手续不完善、出资不实的情况，甚至有融资平台公司存在公司设立时以搭桥贷款作为资本金，债务融资后再以各种名义抽回的情况。

第二，行政干预风险。融资平台公司行政化色彩严重，缺乏良好的法人治理结构。政府直接或间接管理融资平台公司人、财、物，政府对基础设施建设资金进行决策和计划筹集、管理、使用，公司只是担当出纳角色，没有形成真正意义上符合风险收益一体化要求的投融资主体。在管理中很多公司存在资产状况不实、亏损全资子公司未纳入合并报表、多计收益、少提折旧、少提费用等问题。

第三，内部管理风险。融资平台公司没有实行完善的法人治理结构，容易形成政企不分。受行政干预影响较大，内部管理普遍存在重融资轻管理现象，由此引发资金监管工作不规范、责任主体不明晰、缺乏严格的内部控制制度的问题。部分项目重建设轻管理的现象，导致建设项目存在缺乏绩效评估、违规担保等问题。

第四，收入来源制约风险。融资平台债务融入资金主要用于政府无收入来源的公益基础性设施建设，而用于偿还债务的来源主要是土地出让金收入。土地财政需要地价和房价支撑，在目前"房住不炒"的政策调控下，对于三四线城市，如果房价下行，存在资产缩水的可能，政府作为资本的不动产投资资产有缩水风险。

第五，到期偿债风险。据 Wind 资讯统计，截至 2017 年 8 月底，全国共约 8 741 只平台债，余额 8.63 万亿元。从到期总体情况来看，2018 年及以后到期的债券数量约 8 306 只、余额 8.24 万亿元。分区域看，东部地区平台债 3 882 只、余额 3.82 万亿元；中部地区平台债 1 876 只、1.94 万亿元；西部地区 2 112 只、余额 2.04 万亿元；东北地区 436 只、余额 4 426 亿元。分行政级别看，省级平台债 3 130 只、余额 3.71 万亿元；地级市平台债 3 640 只、余额 3.2 万亿元；县及县级市平台债 1 536 只、1.33 万亿元。从到期期限看，2018—2020 年到期的平台债 4 011只、余额 3.56 万亿元，占 2018 年及以后全部到期余额的 43%；预计 2021—2025 年到期的平台债 4 110 只、余额 4.42 万亿元，占 2018 年及以后全部到期余额的 54%；预计 2026—2038 年到期的债券余额仅为 2 527.9 亿元。

第二节　地方融资平台何去何从

从学术研究和业务操作角度看，中国地方融资平台确实存在助推地方债务、发展盲目性和操作不规范等诸多问题。但是，这些问题的背后又与中国经济发展的形势复杂性、道路独特性和地方融资平台定位多重性紧密相关。所以，只有从多重角度分析地方融资平台问题成因和属性，才能从本质上厘清地方融资平台的发展方向和发展路径。

一、地方融资平台问题及成因

1. 体制原因——财政体制改革和融资压力

财政体制改革和地方政府的融资压力是地方融资平台产生的体制原因和根本原因。

从 1978 年的"财政包干"到 1994 年的"分税制"，再到 2000 年的快速城镇化进程和 2008 年的国际金融危机，地方政府肩负着城市建设、经济发展和服务民生等多重任务，本身就需要各种财政性和后来出现的金融性渠道和途径，去筹集相关资金。一方面受制于《预算法》和《贷款通则》等政策地方政府不能直接向银行贷款，而另一方面随着中国经济总体规模的不断增大、社会服务内容的逐渐丰富和人民群众美好生活需求的日益增长，地方政府财力不足与所需资金之间的矛盾越来越严重。

于是，地方政府建立了城投公司、市政公司、交通公司等各类城投公司，也就是融资平台公司，本意是通过市场化融资来筹集资金和缓解财力不足的问题。地方融资平台采用银行贷款、企业债券和特定项目信托理财等产品，为地方政府解决了大量资金，同时自身也得到了发展壮大。

以国内第一家融资平台公司上海久事集团有限公司为例。久事集团自 1987 年成立 30 多年来，积极筹措城市建设与产业发展资金，不断提高城市公共服务和保障能力，为上海经济社会发展和城市有序运行作出了贡献，在改革创新中发展壮大，成为市属大型公共服务类国有企业集团，核心产业主要分布于城市交通、体育产业、地产置业和资本经营四大板块。截至 2017 年底，久事集团注册资本 600 亿元，合并资产总额 4 610 亿元，资产负债率 39%，资信等级 AAA 级。拥有直属企业 10 家，员工 7 万余人。

2. 自身原因——企业生存和扩张的动力

地方融资平台公司本质上也是现代企业，一方面作为依据现代企业制度设立的国有企业，同样具有以完善的企业法人制度为基础，以有限责任制度为保证，以公司企业为主要形式，符合"产权清晰、权责明确、政企分开、管理科学"的十六字要求；另一方面也是进行自主经营，自负盈亏，独立核算，独立的享有民事权利和承担民事责任的企业法人，承担着资产保值增值、增强核心竞争力和持续发展成长的自身使命。

所以，地方融资平台公司具有生存、扩张的动力和压力，在中国经济发展和市场竞争的大潮中，充分利用财政体制改革和金融业快速扩张的政策机会与市场空间，从采用商业贷款、开发性贷款、资产证券化，到城投债、商业保理和融资租赁，再到产业投资基金、PPP、ABS、定向融资计划等，不断进行融资工具创新、商业模式创新，为地方政府完成城市建设、经济发展和服务民生等任务筹集各类资金，进而实现了企业资产扩张、业务成长和利润积累，本身无可厚非。

3. 外部原因——国际金融危机后国家发展经济的需求

无论是1997年的亚洲金融危机，还是2008年的国际金融危机，为了使中国经济能够在阴霾中回升，中国政府都实施了扩张性的财政政策和货币政策。尤其是2008年国际金融危机后，中央政府适时推出4万亿的经济"输血"投资计划，主要投向城市基础建设领域。地方政府在向中央政府争取投资的同时，也准备了相应配套需要的资金。在此过程中，地方政府融资平台配合中央政府的"输血"计划，通过各种融资手段筹集资金，主导或者参与到当地城市基础设施建设工程、园区建设和战略性产业投资中，从而获得了蓬勃发展，资产规模、利润积累、人才队伍等迅速壮大。

二、地方融资平台的三重属性

存在的未必一定合理，但一定是有道理的。毫无疑问，中国地方政府融资平台是一种特殊的企业。首先，它是地方政府信用与市场经济原理有机结合的产物；其次，它是中国城镇化、工业化和现代化过程中的阶段性金融工具；最后，它具有政策性和经营性融合的二元属性。因此，地方政府融资平台具有三重属性的定位：政府投资主体、国有资本经营主体和国企改革创新主体。

1. 政府投资主体

我们必须承认，过去二十多年来，融资平台公司是地方政府融资的核心渠道之一，核心价值是替地方政府举债融资。地方政府融资平台在地方政府财力不足的情况下极大地促进了区域经济发展、城镇化建设，但是规模庞大的地方债务和缺乏持续偿债能力的机制又隐藏着潜在的、巨大的金融风险、经济风险和政治风险。所以，地方政府融资平台公司转型发展客观压力巨大。地方政府融资平台做大做强是形势所迫。

地方债务管理压力巨大。根据金融时报数据显示，截至2017年末，我国宏观杠杆率（总负债与GDP的比值）已达256%，企业部门杠杆率高达163%，实体经济负债总额近190万亿元。实体经济负债中国有企业占了近60%。即使按照8%的利率成本推算，每年偿还利息的金额就达9万亿元，已经接近甚至超过了地方经济的增量。为了进行政府债务管理，除了规范约束地方政府的借债行为，加强金融监管和完善融资结构之外，地方融资平台的转型也是重要依托。

2. 国有资本经营主体

在国发〔2014〕43号文件及经济新常态和新旧动能转换的影响下，融资平台公司的进一步发展面临越来越多的"瓶颈"，不仅传统的业务模式不能建立完整的价值闭环，无法承担政府融资、城乡发展和民生改善的任务，而且融资创新空间丧失，自身陷入高债务、高风险、低效率和低收益的困境。转型才能生存，创新才能发展，成为良性的国有资本经营主体，已经成为地方政府融资平台公司的战略诉求。

3. 国企改革创新主体

地方国企作为国有企业改革的重要推动者和试点阵地，肩负着国有企业改革的重大历史使命和标杆范本作用。而从现实发展来看，地方政府投融资平台资产已非常庞大，占地方国有企业资产的比重总体过半，个别省市甚至达到80%以上。如四川省和湖北省近80%的省属国资分别集中在2家和6家投融资平台企业，武汉市、天津市、北京市分别有近80%、51%和45%的市属国资集中在投融资平台企业。

地方融资平台作为地方国有企业的主要组成部分，是壮大国家综合实力、保障人民共同利益的重要力量。国企改革一直是中国经济体制改革的中心环节。深化国企改革，构建符合新时代要求的国有资产管理体制、现代企业制度和市场化经营机制，是促进经济发展的必然要求。

改革开放四十多年来，国企改革沿着市场化的方向，先后经历了放权让利、现代企业制度和国有资产监管等阶段，已进入崭新的时代。中国共产党的十九大报告中明确指出，要推动国有资本做强做优做大，深化国有企业改革，发展混合所有制，培育一批具有全球竞争力的世界一流企业。混合所有制改革作为国有企业改革的重要突破口，必将为此奠定坚实的基础。

三、地方融资平台转型的路径

地方政府融资平台公司转型发展需要分类处理，区别性地发展成为资源配置平台、产业经营平台和资本运营平台。

1. 资源配置平台

对于基建类地方政府融资平台，其优势在于具有较强的基础设施和公共服务项目建设能力、工程管理能力、服务运营能力和行业品牌效应，完全可以利用 PPP 模式，作为地方政府出资人和社会资本进行紧密合作，实现城市基础设施、公共服务的高效率、高效益运行与维护。

2. 产业经营平台

对于产业类地方政府融资平台，其优势在于拥有较强的行业理解能力、产业创新能力和资源整合能力，可以把握机遇，与地方政府、银行、重要企业共同成立产业引导基金，参与创业扶持、产业引导和投资管理，充分发挥政府资金的引导和放大效应，通过股权投资方式优化产业生态和创新路径，帮助小微企业快速成长进而推动地区创业创新、新旧动能转换和产业转型升级。

例如，重庆高等级公路建设投资有限公司，最初负责重庆市高等级公路的建设运维。2006 年 9 月，重庆市 7 000 多千米的二级公路不再收费，重庆高等级公路建设投资有限公司合并了长江三峡、乌江画廊、山水都市等重庆市国有旅游资源，成立重庆市交通旅游投资集团有限公司，转型成为专注旅游产业投资开发的市属投融资集团。

3. 资本运营平台

对于金融类地方政府融资平台，其优势在于具有较强的投资研判能力、项目孵化能力和金融资源整合能力，可以由政府牵头，将业务相同或者互补的类似平台公司合并，或者由大平台公司将小平台公司兼并重组，并引入社会资本方进行国企混改，组建新的综合性控股集团，专业负责城市建设和民生服务项目的投融资，这样才能充分发挥规模效应，以强带弱，实现共同发展。例如，上海张江（集团）有限公司就走出了一条资本运营的转型路径。

上海张江（集团）有限公司（以下简称张江集团）是上海市浦东新区国资委所属企业，前身为上海市张江高科技园区开发公司。尽管张江集团最初与其他地方投融资平台在担负职能上基本一致，但是随着其发展，张江集团并不满足于单纯的土地整理和房地产开发业务收入，努力开展多元化经营，依托园区经营，积极投资于物业管理、人力资源中介、广告传媒、酒店经营、金融服务（小额贷款、担保、外币兑换）等领域，并按照行业设立子公司，对部分公司进行混合所有制改造，逐渐变身为投资控股集团。同时，还利用园区管理便利条件，参与对园区高新技术企业的股权投资，成为十多家上市公司的重要股东，在资本市场上实现了溢价收益。

第三节　政信金融的"城投信仰"

一、"城投信仰"命题

1. "城投信仰"的内涵

在被金融业广泛使用的行业数据库 Wind 中，对于债券的评价一般会有一个很有用的标签："是否是城投债？"通过 Wind 数据库对"城投债"搜索结果显示，在统计到的 5 000 家债券市场发行人中，城投企业竟达到了 1 800 家。换句话说，每三家企业发债，就有一家是城投。

"城投信仰"指的就是金融市场，包括债券市场、股票市场、理财市场等，对城投公司（地方政府融资平台公司）的充分信任，基本默认城投公司或者城投债不会发生信用违约。也就是说，城投公司的金融产品包括城投债，是最可靠、可以优先选择的金融产品。

2."城投信仰"的实例

2018 年 8 月 13 日，债券 17 兵团六师 SCP001 未能按期足额偿付，构成实质性违约。而该债券发行主体新疆生产建设兵团第六师国有资产经营有限公司（以下简称六师国资）则是新疆建设兵团第六师的主要融资机构。因而此次违约被认为是城投债首例违约，受到市场广泛关注。

但是，2018 年 8 月 15 日，兵团六师 SCP001 完成延期兑付，债券市场上城投信仰依然坚挺。

二、"城投信仰"的来源

1. 地方政府发展资金不足

我国财政体制是决定城投信仰的根本原因。一方面，在我国的财政体制中，事权大量集中于地方政府。2017 年地方财政支出占我国财政总支出的 85.3%，这个比例远高于 OECD（由 36 个市场经济国家组成的政府间经济组织）国家平均 32.5% 的水平，而与政府结构较为庞大的大国相比，这个比例同样高于美国 44.7% 和日本 31.8% 的水平，这充分显示我国地方政府承担了过多的事权。

另一方面，在我国财政体制中，财权主要集中于中央政府。2017年地方政府财政收入占财政总收入的比例仅为 53.0%。中央弥补地方政府事权与财权缺口的办法时，进行大量的转移支付，但这并不能有效解决地方政府资金不足的问题。首先，通过转移支付所获得的资金地方缺乏自主性，2017年中央对地方转移支付5.7万亿元，其中指定资金用途的专项转移支付2.2万亿元，占中央对地方转移支付的38.60%，必须定向使用。其次，我国地方政府承担了很大的资本性支出责任，例如2016年地方政府支出中，交通运输、节能环保、城乡社区及农林水事务等支出占比34.8%，这些项目投资规模显著大于财政资金投放规模，往往是财政资金做资本金，利用市场化方式获得相应的配套资金。截至2017年底，中国地方政府约41.3万亿元左右的债务中，相当一部分需要通过市场化方式筹集资金来实现以往债务置换和满足未来发展需要。

为此，地方政府发展资金不足不仅是一个现实问题，而且在未来较长一段时间内也是一个实际问题。

2. 政府融资对融资平台有依赖性

虽然财政体制改革在通过"开正门、堵偏门"的方式控制地方政府隐性债务，但考虑到"正门"开的幅度不够大，资金使用存在限制，因而政府融资依然对融资平台有依赖性。在实际运作中，地方政府更为依赖外部融资，包括城投平台融资、政府基金收入等。

针对地方政府融资不规范的情况，近3年国家财政部和相关部委正在大力推行以"开正门、堵偏门"为方向的财政体制改革，即扩大预算内地方政府债发行规模，将地方政府融资纳入规范范围内的"开正门"；同时，严格控制地方政府债务，特别是通过融资平台等进行的隐性债务的"堵偏门"。但从目前来看，融资平台的功能依然难以完全退出。例如，2018年新增专项地方债规模1.35万亿元，仅占基建投资的7%~8%，难以弥补地方政府融资缺口，同时，专项地方债规定资金用途，地方政府缺乏自主性，特别是对具体事务，在中央与地方信息不对称的情况下，地方政府最需要融资的项目需求可能依然难以被满足。因而，融资平台功能难以完全退出，城投债对地方政府的系统重要性依然存在。

3. 融资平台公司对经济稳定具有系统重要性

经过多年的发展，城投类国企已经成为国有经济中重要的组成部分。

截至 2013 年 6 月底，按财政部公布的 2013 年地方国资 63.14% 的平均负债率计算，地方投融资平台总资产约为 28.33 万亿元，占同期 55.5 万亿元地方国资总额的比重为 51.0%。所以，在国有资产高度集中在城投公司的情况下，城投公司的投资、决策、管理是经营性国有资产配置的主要内容。未来合理界定政府、国资监管机构和城投公司在国有资本投资活动中的权力和职责边界，是深化国有资产管理体制改革的核心。

中国城投网和中国现代集团现代研究院组织 2018 年中国城投公司 100 强排名数据显示，截至 2017 年底，299 家城投公司总资产共计 16.29 万亿元，平均资产规模为 544.96 亿元，其中资产在平均资产规模之上的公司共计 84 家，占比 28.09%。前三名公司的总资产规模为 17 739.6 亿元，占全国城投企业总资产的 10.89%。

天津城市基础设施建设投资集团有限公司以 7 434.26 亿元的资产总额居于榜首，上海城投（集团）有限公司以 5 475.83 亿元的资产总额屈居第二位，排名第三位的是北京市基础设施投资有限公司，资产总额为 4 829.51 亿元。

表 4 – 1　　　　　2018 年全国城投公司资产总额 TOP20　　　单位：亿元

排名	省份	单位名称	资产总额
1	天津市	天津市基础设施建设投资集团有限公司	7 434.26
2	上海市	上海城投（集团）有限公司	5 475.83
3	北京市	北京市基础设施投资有限公司	4 829.51
4	安徽省	合肥市建设投资控股（集团）有限公司	3 919.87
5	湖北省	武汉市城市建设投资集团有限公司	2 760.38

排名	省份	单位名称	资产总额
6	云南省	云南省城市建设投资集团有限公司	2 625.10
7	黑龙江省	哈尔滨市城市建设投资集团有限公司	2 332.99
8	吉林省	长春市城市发展投资控股集团有限公司	2 128.09
9	四川省	宜宾市国有资产经营有限公司	2 023.33
10	江苏省	淮安市水利控股集团有限公司	1 883.40
11	山东省	青岛城市建设投资（集团）有限责任公司	1 741.21
12	河北省	石家庄国控投资集团有限责任公司	1 721.48
13	新疆维吾尔自治区	乌鲁木齐城市建设投资（集团）有限公司	1 666.45
14	辽宁省	沈阳市城市建设投资集团有限公司	1 599.04
15	重庆市	重庆市城市建设投资（集团）有限公司	1 547.55
16	江苏省	镇江城市建设产业集团有限公司	1 464.43
17	陕西省	西安城市基础设施建设投资集团有限公司	1 445.37
18	广西壮族自治区	广西柳州市城市建设投资发展集团有限公司	1 407.66
19	湖南省	长沙市城市建设投资开发集团有限公司	1 349.2
20	山东省	济南城市投资集团有限公司	1 241.11

这 299 家主要城投类国企，分布在东部、中部、西部各个省份，在城市基础设施建设、产业发展、拉动固定资产投资和稳定经济方面起着举足轻重的作用。

三、"城投信仰"能否持续

1. 发展路径分析

城投信仰完全打破，需要财政体制的深度改革配合。地方融资平台的存在是在地方政府融资渠道受限的环境下，应对事权与财权不匹配的结果，因而消除融资平台对地方政府的融资功能，需要做好以下工作。

第一，扩大地方政府正规融资的规模，即扩大地方债发行规模，特别是一般地方债的发行规模。

第二，减少地方政府的事权，中央政府需要更多地承担具有全局协调性以及较大外部性的事权，如养老、教育等。

第三，减少地方政府资本性支出，更多地将其交给民营部门，以此降低地方政府在基建等资本性支出方面的事权。

只有地方政府拓宽正规融资渠道、降低事权和减少资本性支出，才能从根本上解决地方政府债务问题。而这三方面的工作在未来较长一段时间内，都是无法解决的。所以，短期来看"城投信仰"难以打破。

2. 实际业务分析

从实际业务层面来看，城投平台相关政策具有一定的逆经济周期性，当经济下行压力加大时，基建成为重要的对冲手段，城投作为基建投融资建设的主要承担主体，相关政策将趋于放松。在加强监管的同时，放宽政策提高流动性。存量债置换和市场化募资并举，强化地方政府及平台公司风险控制意识。

2017年7月17日，全国金融工作会议召开后的首个工作日，《人民日报》在头版刊发评论员文章《有效防范金融风险》，文中提道：防范化解金融风险，需要增强忧患意识。既防"黑天鹅"，也防"灰犀牛"，对各类风险苗头既不能掉以轻心，也不能置若罔闻。这是《人民日报》首次提到"灰犀牛"概念。

目前，世界正面临百年未有之大变局，在经济下行压力加大的情况下，稳增长是主旋律。因此，2018年10月31日，国务院办公厅发布《关于保持基础设施领域补短板力度的指导意见》（国发101号文）。在2018年7月国务院常务会议及8月银保监办《关于进一步做好信贷工作提升服务实体经济质效的通知》（银监办发76号文）的基础上对基建补短板的基本原则、具体领域和配套措施都进行了详细说明。尤其是在合理保障融资平台公司正常融资需求方面：要求金融机构不得盲目抽贷、压贷或停贷，防范存量隐性债务资金链断裂风险；在严格依法解除违法违规担保关系的基础上，对必要的在建项目，允许融资平台协商继续融资，避免工程烂尾；按照一般企业标准对退出类融资平台公司审核放贷；在不增加地方政府隐性债务规模的前提下，对存量隐性债务难以偿还的，允许融资平台协商展期、债务重组等方式维持资金周转；支持转型中的融资平台和转型后市场化运作的国有企业，依法合规承接政府公益性项目。

以时间换空间，通过置换存量债化解违约风险。财政部在甄别存量债务后，把原来在融资平台上代表政府的期限较短、利率较高的债务、银行贷款或理财产品置换成了成本低、期限长的债务。政府短期的、高利息的直接债务变成了长期的、低成本的政府直接债务。

存量债务需要要明确偿债责任，经过甄别确需政府偿还的债务，需要报全国人大审核批准，具有法律效力，没有获得批准时不能擅自改变原有债权的关系，也不能将偿债责任转嫁给他人。其中，通过地方政府和需要国家经济补助的事业单位举借的债务、融资平台因公益项目需要依靠财政资金偿还的举债和融资平台参与公益项目建设，能产生现金流的项目通过经营收益偿还的债务，融资平台承担一些竞争性的项目建设而举借的债务。2015 年 3 月 12 日，财政部发文确认置换 1 万亿元地方债，置换债券由地方政府自发自还，并且必须用于本年到期的债务。财政部有关负责人表示，1 万亿元的总债券额度占 2015 年到期政府债务的 53.8%。

存量债置换可以延长债务期限，降低存量债务成本，缓释系统性金融风险。地方融资平台融资渠道主要依赖贷款和非标，收益率为 7% ~ 8%，负债久期 2~3 年。但高利率、短久期负债对接的却是低收益公益性和长久期资产，系统性风险不断累积。置换债具有更长的负债久期和较低的收益率，按当时 10 年期国债 3.4% 的收益率测算，考虑到发行利率上限为同期限国债 30%，10 年期置换债收益率上限为 4.4%，以此负债成本对接公益类资产可缓释系统性金融风险。

存量债置换可破解经济转型难题。政府基建项目投资周期长和部分城投呈现"僵尸化"特征，二者均需要信贷不断展期才能得以生存。

但这却吞噬了原本可以投入新兴企业和部门的信贷资源，导致效率部门融资难、融资贵，经济转型举步维艰。

债务置换后，一方面是再融资需求下降，流动性风险显著降低；另一方面是实体经济这种具有隐性担保的高收益资产供给将迅速减少。

强化地方政府属地风险处置责任，要求地方政府提高偿债能力，强化还款意愿。《地方政府性债务风险应急处于预案》（国办函〔2016〕88号文）再次强调"牢牢守住不发生区域性系统性风险的底线，切实翻番和化解财政金融风险"。该文件是中央对于地方政府债务风险防范的具体部署和应急指南，明确了三大原则：（1）分级负责：中央不负责、省级副总则、省以下各负其责。（2）及时应对：预防为主、严格监控、机制保障。要求地方各级政府坚持预防为主、预防和应急处置相结合。加强监控，及时排查风险隐患，妥善处置风险事件。县级以上地方各级政府设计政府性债务管理领导小组，负责组织、协调、指挥风险事件应对工作。（3）依法处置：处置应该依法合规，尊重市场化原则，充分考虑并维护好各方合法权益。

文件给出风险事件响应机制和分类处置方法，明确地方政府偿债责任，实现债权人、债务人依法分担债务风险。如对地方政府债券，地方政府依法承担全部偿还责任；非政府债券形式的存量政府债务处置可根据债权人意愿将高利润债券转换为低利润政府债券；存量或有债务，此类债务不属于政府债务，地方政府及其部门不承担偿债责任。新增违法违规担保债务，根据《预算法》规定，不属于政府债务，不承担偿债责任。

文件表示建立责任追究机制。地方政府对相关责任人员进行行政问责，将地方政府债务风险处置纳入政绩考核范围。

中央政府通过财政重整计划应对地方政府债务风险，提出了具体可操作的风险解决流程。主要包括拓宽财源渠道、优化支出结构、处置政府资产、申请省级救助、加强预算审查、改进财政管理六项。

通过国办函〔2016〕88 号文我们可以看出，中央对地方政府债务的高度重视和强化地方责任意识的要求，打破中央兜底的幻想，使地方各级政府切实履行责任。只有这样，才会彻底打消"城投违约、中央兜底"的幻想。

3. 制度保障分析

2016 年 11 月 27 日，《中共中央　国务院关于完善产权保护制度依法保护产权的意见》第七条规定完善政府守信践诺机制。要求地方各级政府及有关部门要严格兑现向社会及行政相对人依法作出的政策承诺，认真履行在招商引资、政府与社会资本合作等活动中与投资主体依法签订的各类合同，不得以政府换届、领导人员更替等理由违约毁约，因违约、毁约侵犯合法权益的，要承担法律和经济责任。因国家利益、公共利益或者其他法定事由需要改变政府承诺和合同约定的，要严格依照法定权限和程序进行，并对企业和投资人因此而受到的财产损失依法予以补偿。对因政府违约等导致企业和公民财产权受到损害等情形，进一步完善赔偿、投诉和救济机制，畅通投诉和救济渠道。将政务履约和守诺服务纳入政府绩效评价体系，建立政务失信记录，建立健全政府失信责任追究制度及责任倒查机制，加大对政务失信行为的惩戒力度。

在 2019 年全国人民代表大会和全国政协会议审议通过的《政府工作报告》中对 2019 年工作安排指出："有效发挥地方政府债券作用。合理扩大专项债券使用范围。继续发行一定数量的地方政府置换债券，减轻地方利息负担。鼓励采取市场化方式，妥善解决融资平台到期债务问题，不能搞'半拉子'工程。创新项目融资方式，适当降低基础设施等项目资本金比例，用好开发性金融工具，吸引更多民间资本参与重点领域项目建设。落实民间投资支持政策，有序推进政府和社会资本合作。"

目前，一个阶段的防范和化解金融风险任务，主要在于化解地方融资平台债务风险的流动性风险。以市场化融资方式推进基础设施项目建设，只有强化信仰，才能撬动更多民间资本进入实体经济，实现经济的良性循环。

第四节　地方融资平台风险控制

一、地方融资平台存在的风险

地方融资平台通常以政府划拨的土地、股权作为资产，在融资的过程中常见依靠政府财政进行担保，而平台的大部分资金又都用在收益不高的基础设施和其他公共建设项目上，因此在通过举债推动地方基础建设的同时，必然也存在偿债的风险。这种以融资为主要目的建立起来的缺少盈利能力的公司，其本身并没有充足的固定资产，长此以往，地方融资平台的高负债对我国金融的整体情况带来一定程度上的负面影响，加之相关法律法规的进一步出台与地方财政土地收入的下滑等因素，都使平台公司的偿债能力面临不小的压力。

融资平台存在的风险主要表现在以下几个方面：

1. 系统性风险

由于地方政府融资平台的资金需求量非常大，结合我国国情，资金的获得主要采用向银行借贷的方式，我国政权的稳定又确保了银行一般不会倒闭，所以一旦出现一定规模的坏账，就会在一定程度上引发系统性风险。

2. 偿付风险

地方政府的财政收入是平台公司向银行机构贷款的担保，这导致不管是出于微观还是宏观的原因，一旦出现在一段时间内地方政府财政收入下滑，都会直接影响到平台公司的偿付能力，形成银行不良资产，进而造成偿付风险。

3. 信息不对称风险

由于以政府财政收入为主要担保，银行在对地方融资平台公司进行信用评估的时候，往往评估的是本级地方政府的财政偿还能力，而非平台公司本身。但一般情况下，政府是不会向银行提供非常详细的财政收支情况的，这种错配导致银行只能根据现有的资料作出推断，存在信息不对称风险。

4. 政府信用风险

一旦地方政府的还债能力或者意愿不足，导致债务无法在规定的期限内偿还，就会给地方政府信用带来风险。这种不信任的影响较为深远，如果处理不好，很可能会影响地方进一步的融资与发展。

二、地方融资平台的风险控制

就目前来看，地方融资平台存在的风险仍然处于可以控制的范围之内。

在符合我国国情的政策下，要对融资过程中可能出现的各个方面规范管理。对于不规范融资平台进行调整，运用正确的手段化解风险。在政府性平台上进行严格监督，完成目标后，政府要及时退出。平台公司在进行资金融合后，资金性质属于公共资金，在使用过程中，要接受广大人民群众以及社会各界的监督，透明化、公开化是非常必要的。

为保障地方债不出现系统性风险，从 2013 年底开始，国家出台了一系列的政策以保驾护航。例如，国办函〔2016〕88 号文规定：地方政府或有债务的债务人预计无法按期足额支付或有债务本息的，应当提前 1 个月以上向本级主管部门和财政部门报告，经财政部门会同主管部门确认无力履行法定代偿责任或必要救助责任后，由本级政府向上级或省级政府报告，并抄送上级或省级财政部门。遇突发或重大事件，县级政府可以直接向省级政府报告，并抄送省级财政部门。省级财政部门接报后应当立即将相关情况通报债务应急领导小组各成员单位，并抄送财政部驻本地区财政监察专员办事处。2018 年，财政部下发《关于做好 2018 年地方政府债券发行工作的意见》（财库〔2018〕61 号文），以确保地方债的安全兑付。2017 年 5 月，财政部、发展改革委、司法部、中国人民银行、银监会、证监会印发《关于进一步规范地方政府举债融资行为的通知》（财预〔2017〕50 号以下简称《通知》），在具体措施上，对融资平台公司、PPP 模式等作了进一步规范，严格剥离融资平台的政府性融资职能，规定不得借道 PPP 模式变相举债。《通知》依据现行法律法规和政策规定，允许地方政府以单独出资或与社会资本共同出资方式设立各类投资基金，依法实行规范的市场化运作，按照利益共享、风险共担的原则，引导社会资本投资经济社会发展的重点领域和薄弱环节，政府可适当让利。地方政府不得以借贷资金出资设立各类投资基金，严禁地方政府利用 PPP、政府出资的各类投资基金等方式违法违规变相举债，除国务院另有规定外，地方政府及其所属部门参与 PPP 项目、设立政府出资的各类投资基金时，不得以任何方式承诺回购社会资本方的投资本金，不得以任何方式承担社会资本方的投资本金损失，不得以任何方式向社会资本方承诺最低收益，不得对有限合伙制基金等任何股权投资方式额外附加条款变相举债。这一系列及时到位的政策跟进，对地方融资平台的风险控制取得了明显效果。

三、总结

金融的流动性风险管理是一个需要长期关注的话题，在我国特殊的国情背景下，在现阶段发展的过程中，聚焦到各省、各县，地方融资平台的风险控制显得尤为重要和急迫。在财税体制改革完成和宏观经济企稳之前，城投平台依然是地方政府融资的主要手段，城投平台的融资功能仍要维持。因此，地方融资平台所承载的意义、价值和它所面临的风险，都需要更加客观、理性地看待，才可能使其在为我国经济发展的过程中发挥最大助力，并及时合理地转型。

第五章　常见的政信金融投资工具

第一节　产业投资基金

一、产业投资基金简介

产业投资基金，又称为产业基金，是指一种利益共享、风险共担的集合投资模式，是与证券投资基金相对应的基金管理模式。产业基金一般投向具有高增长潜力的未上市企业进行股权或准股权投资，并参与被投资企业的经营管理，以期待公司上市或者成长之后，通过股权转让实现资本增值，现在已成为政府融资平台融资创新模式之一。

国内产业基金的发展，最初是境外产业投资基金在国内设立的中外合资、合作型的基金，1998 年 1 月 16 日，国内第一只中外合资产业基金中瑞合作基金在北京成立，主要为中瑞中小企业间合资项目和其他形式的合作提供融资支持。2003 年 5 月，中国—东盟中小企业投资基金由国家开发银行作为发起人之一，代表中国政府参与发起成立。2004 年 11 月 18 日，中国—比利时直接股权投资基金在北京注册成立，作为该基金的基金管理人，也是我国第一家经发展改革委、商务部等国家主管部门批准设立的产业基金管理公司，海富产业投资基金管理有限公司在上海注册成立。紧接着，2006 年 12 月 30 日，国内第一家全中资背景的产业投资基金——渤海产业投资基金正式挂牌成立，渤海产业投资基金规模 200 亿元，投资方向为渤海新区金融商贸业，以及空港物流、海洋及循环经济、海港物流、化学工业和休闲旅游等产业。渤海产业投资基金不仅是我国第一只契约型产业投资基金，也是第一只中资产业投资基金和第一只大型产业投资基金。之后，产业投资基金的试点不断展开，先后批准设立了中新高科产业投资基金、山西能源基金、广东核电及新能源产业投资基金、上海金融产业投资基金、重庆基础设施产业投资基金、中国国防产业基金、绵阳科技城产业投资基金、天津船舶产业投资基金。目前，随着国家政策全力推进产业升级创新和供给侧结构性改革，同时在基础设施领域与公共服务领域大力推进政府和社会资本合作模式，产业基金已经进入快速发展模式。在地方政府的层面上，越来越多带有区域性的产业发展基金正在筹划之中，各地都在筹划符合本地经济发展的区域性或行业性的产业投资基金，显现出"产业投资基金热"的趋向。

PPP 产业基金的发展得到政府的大力支持。国务院颁发的《关于创新重点领域投融资机制鼓励社会投资的指导意见》及国务院颁发的《国家发展改革委关于开展政府和社会资本合作的指导意见》等，要求"进一步鼓励社会投资特别是民间投资，盘活存量、用好增量，调结构、补短板，服务国家生产力布局，促进重点领域建设，增加公共产品有效供给""鼓励发展支持重点领域建设的投资基金""大力发展股权投资基金和创业投资基金，鼓励民间资本采取私募等方式发起设立主要投资于公共服务、生态环保、基础设施、区域开发、战略性新兴产业、先进制造业等领域的产业投资基金""鼓励项目公司或合作伙伴通过成立私募基金、引入战略投资者、发行债券等多种方式拓宽融资渠道"。

2017 年中国股权投资基金募集总基金数量达到 3 574 只，已募集完成基金规模达到 1 788.72 亿元人民币，同比增长分别达到 30.5%、46.6%。截至 2017 年底，中国股权投资市场资本管理量接近 8.7 万亿人民币。2018 年上半年中国股权投资市场共新募集 1 318 只基金；已募集完成基金规模共计 3 800.23 亿元人民币。

产业投资基金以私募的方式进行募集，算是私募基金的一种，但其发起人、规模、资金投向、流程等多方面都与传统的私募基金概念有较大区别，并且被不成文地规定与私募基金相区分。相对于传统认知的私募基金，产业投资基金设立的标准非常高，主要表现在产业投资基金一般是由政府牵头，融资规模较大，一般是百亿元到千亿元的规模，专门用来投向政策鼓励支持的行业、企业、项目，可以看作是政府牵头设立的，具有特定投向的私募股权基金。在资金来源方面，双方也有较明显的区分。一般情况下，产业投资基金仅面向金融机构、社保基金、国企以及其他以国家财政拨款为主要资金来源的企事业单位等"特定机构投资者"进行筹集，并且每个投资者的认缴金额也有一定门槛。私募基金并没有限定在机构投资者，认缴门槛也与产业投资基金不同。

二、产业投资基金的投资模式

产业投资基金本质上是一种融资媒介，政府通过成立基金，吸引社会资本以股权形式介入项目公司，参与基建类项目的建设和运营，可以解决地方政府问题。产业投资基金具有投资期限长（一般为3~7年），参与公司运营，投资非上市公司并在适当时间退出公司运营的特点，产业投资基金的这些特点使之成为适合地方政府融资的工具之一。

根据产业投资基金的法律实体的不同，产业投资基金的组织形式可分为公司型、契约型和有限合伙型。因契约型基金不是法人，必须委托基金管理公司运作基金资产，而产业基金往往规模较大，除投资外，更加关注产业基金的项目管理、运营等，所以实体中，往往设立公司型产业投资基金或有限合伙型产业投资基金，二者在法律实体中有所不同，但投资模式大同小异。

上述为一个产业投资基金的基本结构，产业基金投资实施过程中的具体落地则需要根据地方实际情况去设计结构，如从产业发展需求、

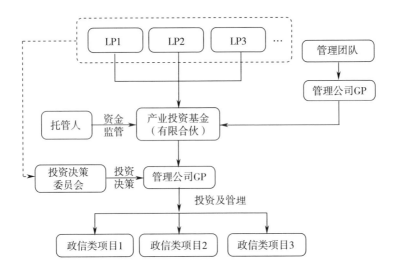

图 5 - 1　有限合伙型产业投资基金

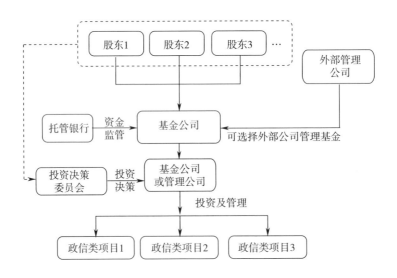

图 5 - 2　公司型产业投资基金

产业基金的主导方、产业的运行特点、主要资金来源、产业政策等方面考虑。产业基金一般存在三种发起模式：政府发起的引导型基金、金融机构与地方政府联合发起的产业投资基金以及实业资本发起的产业投资基金。

实业资本发起的产业投资基金，一般会由有建设运营能力的实业资本发起成立产业投资基金，该实业资本一般都具有建设运营的资质和能力，在与政府达成框架协议后，通过联合银行等金融机构成立有限合伙基金来对接项目。该实业资本主导政信类项目的建设与管理，政府与银行等金融机构作为投资方。

政府发起的引导型基金，如果是当地政府想要进行产业规划及招商引资，则是另外一种情况，一般由省级政府层面出资成立引导基金，再以此吸引金融机构资金，合作成立产业基金母基金。各地申报的项目，经过金融机构审核后，由地方财政做劣后级，母基金做优先级，杠杆比例大多为1:4。地方政府做劣后，承担主要风险，项目需要通过省政府审核。在这种模式下一般政府对金融机构还是有隐性的担保，其在河南、山东等地运用得比较广泛。

在实际操作过程中，每个地方的基本情况千差万别，每个项目也不尽相同，不同的产业模式也相差较大，往往需要充分考虑当地基本情况、产业基础、金融政策再去实施，但产业基金的基本设立模式不外乎上述几种。

投资者投资产业投资基金相关理财产品，首先，要考虑产业投资基金的收益，通常产业投资基金的收益包括基金本身的收益和项目相关的收益。基金本身的收益是指通过所投资的项目公司或子基金每年股权分红及项目公司的清算、股权转让、资本市场上市等获得基金股权投资本金和收益的回流。项目相关的收益指政府授予特定区域内的各种经营特许权的经营收益，包括城市区域综合开发所得收益、基础设施运营以及特色产业发展领域等。

其次，要考虑投资风险，对于具体项目要从项目可行性、现金流测算、投入产出情况等方面考虑，充分考虑当地的经济社会发展水平、人口数量、项目的稀缺性和必需性，对于涉及政府补贴或投入的，需要分析政府的财政收入和可承受能力，优选符合国家鼓励方向和当地重点工程类项目，并在合同中列明项目风险的分担方式的理财产品。建议挑选经济发展水平较好、市场化程度较高区域的产业基金来进行投资。

三、产业投资基金的风险及优势

产业投资基金是地方融资方式的创新，有利于缓解政府财政支出压力，同时为社会资本找到投资标的；有利于提高效率，加快地方 PPP 项目落地；有利于降低 PPP 项目的融资成本；有利于为 PPP 项目融资提供增信；可以为工程资本代持股份，解决工程资本不能控股项目公司的困境；可以与工程资本同股同权，为工程资本分担风险。产业基金最主要的特色在于其杠杆放大效应，在这种模式下，地方财政可以以较小比例的股权加入投融资项目，对项目的特许经营和收益附带权益，有助于解决地方基建融资问题，提高财政资金的使用效益。

在产业投资基金模式下，一般来说，由政府牵头的产业基金杠杆率一般在 1:4 左右，但在现实情况中，如果一个地方政府对应多家银行，实际杠杆率会更大。在此模式下，也会增加潜在债务负担。一是直接债务，二是或有债务，三是由隐形担保导致的资金需求，这些都有可能增加政府财政负担。除此之外，产业基金的风险与金融机构的风险分类类似，主要分为信用风险、市场风险和操作风险。风险的控制措施包括加强核心主体增信、社会资本的还款能力和还款意愿、提高基金管理人的专业水平和管理能力、在签订相关合同时提前加入附条件的增信措施等方式。

四、产业基金案例解读

产业基金往往根据地方政府的大型城镇化、产业园区、新区建设、整体扶贫基础设施建设等超大规模的项目集群投资发展需求，进行设立。本节以 C 市产业引导股权基金为例进行简单解读（见图 5–3）。

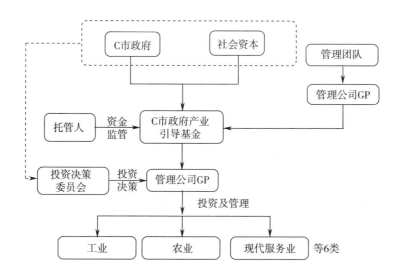

图 5 - 3　C 市产业引导股权基金示例

为推进 C 市经济结构调整和产业升级，聚焦培育 C 市六大行业重点发展领域的企业，设立产业引导股权投资基金。2014 年 5 月 13 日，经 C 市政府批准设立 C 市产业引导股权投资基金，通过市场化合作机制，引入国内、国外优秀基金管理人和优质社会资本，引导和促进社会资本投入工业、农业、现代服务业、科技、文化、旅游六大产业。

该产业基金资金来源由 C 市政府财政拨款与社会募集资本两方面吸引社会资金，主要包括金融系资金、全国性资产管理机构资金、央企资金、跨境人民币资金等。

产业引导基金总体上以市场化"母基金"方式运作，通过公开招募优秀基金管理公司合作组建专项基金进行项目投资，产业引导基金原则上不直接投资具体项目，由专项基金进行项目投资。在基金管理中，C 市政府只负责"两端"把控，即前端负责审定引导基金的总体投资方案，后端负责把控各专项基金的投资方向。政府不干预产业引导基金的运行管理。

第二节　政信类私募基金

一、政信类私募基金简介

私募基金是指以非公开方式向特定投资者募集资金并以特定目标为投资对象的证券投资基金，相关主体包括融资方、管理人、托管人、投资人。政信类私募基金即指基于地方政府信用，以地方政府平台公司作为相关主体发行的私募基金。

现阶段，对于中国基金业的监管主要由"中国证券投资基金业协会"负责。1985 年中共中央发布的《关于科学技术改革的决定》中提到了关于支持创业风险投资的问题，随后国家科委和财政部等部委联合筹建了"中国新技术创业投资公司"，这是中国第一家风险投资机构。20 世纪 90 年代后，随着中国经济的发展以及改革开放的不断深入，大量的海外私募股权投资基金开始进入中国，从此在中国这个新兴经济体中掀起了私募股权投资的热浪。2000 年初出台的《关于建立我国风险投资机制的若干意见》，是中国第一个有关风险投资发展的战略性、纲领性文件，为风险投资机制建立了相关的原则。同时，中国政府也积极筹备在深圳开设创业板，一系列政策措施极大地推动了中国私募股权投资的发展。2012 年 12 月全国人大通过新修订的《证券投资基金法》，增加"非公开募集基金"章节，对私募基金作出相关规定，意味着私募基金的法律地位得以确立。自 2013 年 6 月起，《中华人民共和国证券投资基金法》将私募基金正式纳入监管范畴。此后，2014 年 1 月中国证券投资基金业协会发布《私募投资基金管理人登记和基金备案办法（试行）》，开启私募基金备案制度，赋予了私募合法身份，同时私募作为管理人可以独立自主地发行产品。2014 年 6 月 30 日证监会审议通过《私募投资基金监督管理暂行办法》，在备案制的基础上，进一步对包括阳光私募在内的私募基金监管作出全面规定。2016 年 2 月至今基金业协会陆续发布《私募投资基金管理人内部控制指引》《私募投资基金信息披露管理办法》《私募投资基金募集行为管理办法》等私募行业自律规则，同时发布《关于进一步规范私募基金管理人登记若干事项的公告》，2018 年 1 月 12 日，中国证券投资基金业协会在"资产管理业务综合报送平台"发布更新的《私募投资基金备案须知》（以下简称《备案须知》），列示了包括民间借贷、委托贷款、信托贷款等在内的不属于私募基金范围的经营活动。随着备案标准的提升，目前政信私募基金产品主要以收（受）益权类的产品为主，如应收账款收（受）益权、租赁收（受）益权等，其管理人主要为其他类私募基金管理人。

截至 2018 年 12 月 31 日，中国的私募基金管理人为 24 432 家，有备案私募基金 103 147 只，中国的私募基金实缴规模为 12.79 万亿元；按照基金类型进行统计，截至 2018 年 12 月 31 日备案的私募基金中，证券投资基金总共为 47 708 只，占比为 46.25%；股权投资基金共 30 854 只产品，占比为 29.91%；创业投资基金共 6 924 只，占比为 6.71%，其他投资基金数量为 9 780 只，占比为 9.48%。所以从长期来看，这也意味着中国的私募基金发展空间还是比较大的。

二、私募基金的投资模式

私募基金管理人须为在基金业协会进行备案登记的公司或者合伙企业，且需与具备各类相关资质机构保持良好的合作关系，包括券商、托管、银行等。并且在产品筹备期，这些涉及的机构都会对私募管理人进行尽职调查，如公司概况、投资流程和风控制度、投资理念、投资策略、历史业绩、交易记录等，审核管理人管理能力及资质。即在产品发行前，管理人的管理能力及资质等已经通过产品涉及的各相关机构的风控审核。

　　针对具体私募产品的设立，管理人会对具体项目情况、融资方、担保方（如有）、抵（质）押资产等进行详细的尽职调查，核查内容包括对相关主体的合法性存续、企业资质、资产和负债、对外担保、重大合同、关联关系、纳税、环保、劳动关系等一系列法律问题的调查；抵（质）押资产的真实性、是否存在各类债权及担保关系、资产价值评估等；具体标的项目的基本情况、批复文件、测算分析、相关政策及项目可行性研究报告等。管理人针对项目的具体情况出具尽调报告并分析私募基金产品可行性等出具可行性研究报告，根据管理人内部项目立项、投决及风控审核等内部审核情况，确认项目投资及设立相关的风控措施。

　　在基本确认投资标的后，管理人根据项目特点对产品进行结构化设计并选择适当的发行通道。在结构化产品中，产品份额分为不同的类型，每一类份额都有不同的权利和义务。最常见的结构化产品分为优先级和劣后级（又称 B 级、风险级、普通级）两类份额，由劣后级资金为优先级资金承担所有损失或者由劣后级资金来确保优先级的固定收益。通过结构化的设计，优先级资金一般享有优先分配产品利润的权利和本金安全的保障，而劣后级资金在承担产品的大部分或全部风险的同时有可能获得较高的收益。在管理型（非结构化）产品中，所有份额均享有相同的权利，承担相同的风险。比起结构化产品，更多的投顾还是更青睐管理型产品，因为管理型产品没有为优先级保本保收益的压力，压力更小，操作更自如。目前，私募发行的通道主要有信托通道、公募专户通道、私募备案自主发行、有限合伙、伞形子信托等。

　　管理人在完成产品准备阶段的相关工作后，进行私募基金的募集及成立。根据《私募投资基金监督管理暂行办法》《私募投资基金管理人登记和基金备案办法（试行）》的规定，私募基金管理人应当在私募及基金募集完毕后 20 个工作日内，通过私募基金登记备案系统进行备案，并根据私募基金的主要投资方向注明基金类别，填报基金名称、资本规模、投资者、基金合同等信息。私募基金备案材料完备且符合要求的基金业协会应当自收齐备案材料之日起 20 个工作日内，通过网站公示私募基金的基本情况。

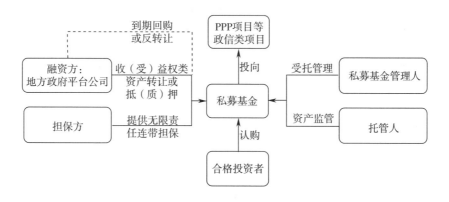

图 5 - 4　私募基金投资模式

根据现有政信私募基金产品的可操作模式，收（受）益权类私募基金主要操作路径为：首先，以地方政府平台公司作为融资方，由融资方提供有效的且符合风控标准的收（受）益权类资产进行转让或抵（质）押，并由融资方对转让或抵（质）押的资产进行到期反转让或回购，同时融资方协调具备担保能力的企业或地方政府平台公司为私募基金产品的发行提供担保；其次，私募基金管理人进行资产管理及发行，并由具备托管资质的托管人对资金进行监管，经完成向合格投资者的资金募集后，投向 PPP 项目等政信类项目。通过管理人在投资运作过程中的积极监督与管理，提高政信类私募基金的投资收益，在收（受）益权的资产变现及担保方的担保下，保障投资人的合理退出及收益。

三、私募基金的风险及优势

私募基金的优势在于：由于私募基金是向少数特定对象募集的，因此其投资目标更具针对性，更有可能为客户度身定做投资服务产品，组合的风险收益特性能满足客户特殊的投资要求；由于私募基金的进入门槛较高，主要面对的合格投资者专业性更高且更有理性，使基金管理层较少受到开放式基金那样的随时赎回困扰，运作相对灵活，较易于获取长期稳定的超额利润。相对而言，私募基金的劣势在于：私募基金对于融资方的准入门槛较低，流动性较差，且信息披露内容较少。政信类私募基金产品相对其他私募基金产品而言，因其具备一定的政府信用保障，安全性显著提高，虽然其投资收益不会非常高，但相比其他类政信产品，私募基金产品的投资回报又相对较好。

四、政信类私募基金案例解读

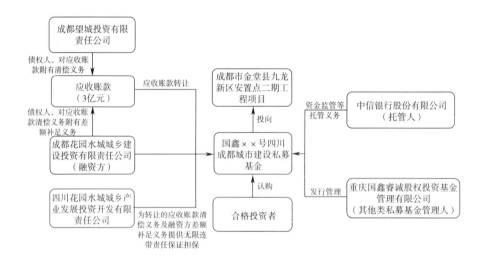

图 5 - 5　政信类私募基金案例投资模式

本节引入重庆国鑫睿诚股权投资基金管理有限公司作为管理人（其他类私募基金管理人）、中信银行股份有限公司作为托管人于 2018 年 10 月 24 日完成备案的国鑫××号四川成都城市建设私募基金（以下简称该私募基金），用于对政信类私募基金进行案例分享。该私募基金为其他类私募投资基金，采用契约型基金的模式，募集的资金用于受让债务人为成都望城投资有限责任公司的 3 亿元应收账款，资金最终用于成都市金堂县九龙新区安置点二期工程项目。

该私募基金的相关主体包括：（1）融资方为成都花园水城城乡建设投资有限责任公司，是金堂县国有资产管理委员会办公室的全资子公司，具备债券发行经验，主体信用评级为 AA 级，截至 2017 年 12 月 31 日，融资人公司总资产约为 144.39 亿元，总负债约为 74.03 亿元，资产负债率约为 51.27%，资产负债率适中，公司货币资金数额相对于融资额数额较大，拥有雄厚的资产实力，为该私募基金的偿付提供有效保障；（2）担保方为四川花园水城城乡产业发展投资开发有限责任公司，同为金堂县国有资产管理委员会办公室的全资子公司，具备债券发行经验，主体信用评级为 AA 级，截至 2016 年 12 月 31 日，四川花园城产投公司总资产约 146.78 亿元，总负债约为 49.28 亿元，资产负债率约为 33.57%，营业收入为 4.3 亿元，净利润约为 1.76 亿元，公司货币资金数额相对于融资额数额较大，为该私募基金的到期还本付息提供担保；（3）应收账款债务人为成都望城投资有限责任公司，为成都金建东蓉投资集团有限公司（国有独资）全资子公司，具备国企背景，对应收账款的偿付具有较强的履行能力。

该私募基金的风控措施包括：（1）成都望城投资有限责任公司作为该私募基金受让的 3 亿元人民币应收账款的债务人对该 3 亿元应收账款附有清偿义务；（2）融资方成都花园水城城乡建设投资有限责任公司对成都望城投资有限责任公司的清偿义务附有差额补足义务；（3）四川花园水城城乡产业发展投资开发有限责任公司为成都望城投资有限责任公司的清偿义务及融资方差额补足义务提供无限连带责任保证担保。对应的还款来源为：（1）成都望城投资有限责任公司对 3 亿元应收账款的到期清偿；（2）成都花园水城城乡建设投资有限责任公司对标的应收账款偿还的差额补足；（3）担保方四川花园水城城乡产业发展投资开发有限责任公司对担保义务的执行。

该私募基金投资标的项目符合国家城镇化建设政策与规划，随着金堂县经济社会的发展，城市建设的加快和城市范围的扩大，农村住房将被拆迁，因此需要对农村居民进行妥善安置。为安置金堂县淮口镇五星村片区由于城市建设而拆迁的住户，2016 年 9 月，成都花园水城城乡建设投资有限责任公司投资 52 000 万元，在金堂县淮口镇五星村开展九龙新区安置点一期工程，该工程位于金乐路北侧，共占地41 612.14 平方米，总建筑面积 142 392.09 平方米，安置户数 1 200 户，共 3 500 人，目前已完成建设。由于一期工程尚无法对五星村片区拆迁住户完全安置，故成都花园水城城乡建设投资有限责任公司拟投资约127 000 万元在金堂县淮口镇五星村实施九龙新区安置点二期工程，项目净用地面积 106 303.06 平方米，地上建筑面积 390 000 平方米，地下建筑面积 70 792 平方米，地上建筑 18 层均为住宅，地下建筑 1 层，主要包括设备用房、地下车库及物管用房等，项目总安置户数 3 500 户。"第二批国家新型城镇化综合试点工作方案要点"明确指出，将金堂纳入成都市大力发展的区域中心城，提高其辐射带动能力。

第三节　信托计划产品

一、信托计划产品简介

信托计划，是指由信托公司担任受托人，按照委托人意愿，为受益人的利益，将两个以上（含两个）委托人交付的资金进行集中管理、运用或处分的资金信托业务活动。政信类信托计划指信托公司与地方政府平台公司就地方基础设施、民生工程、PPP 项目等领域作为投资标的展开的信托业务。按照项目端进行分类，信托可分为债权型、股权型及收（受）益权型，鉴于地方政府平台公司性质，政信类信托计划产品主要为债权型和收益权型。

中国的信托业始于 20 世纪初的上海。1921 年 8 月，在上海成立了第一家专业信托投资机构——中国通商信托公司，1935 年在上海成立了中央信托总局。到 1936 年，实有信托公司 11 家，还有银行兼营信托公司 42 家。当时这些信托机构的主要经营业务有信托存款、信托投资、有价证券信托、商务管理信托、保管信托、特约信托、遗产信托、房地产信托、代理信托等。新中国成立至 1979 年以前，金融信托处于高度集中的计划经济管理体制下，中共中央十一届三中全会后，随着国民经济的调整和实行改革措施，我国出现了多种经济并存、多层次的经济结构和多种流通渠道，财政分权，企业扩权，国民收入的分配比例发生了变化，这对资金的运作方式和供求关系产生了重大影响。经济体制的变革呼吁多样性的信用体制的形成，金融信托作为一种重要的信用形式开始发展。1979 年 10 月，中国国际信托投资公司在北京成立，揭开了信托业发展的序幕。自 1982 年至 2001 年，由于信托业的不规范经营，国家对信托投资公司先后进行了五次清理整顿。其中 1999 年的第五次整顿，重点是回归信托本源业务：实现信托业与银行业、证券业的严格分业经营、分业管理，保留少量规模较大、效益好、管理严格、真正从事受托理财业务的信托投资公司。2001 年是中国信托业发展史上重要的一年，1 月 10 日中国人民银行发布的《信托投资公司管理办法》颁布施行；4 月 28 日，第九届全国人大常委会第二十一次会议通过《信托法》；同年 10 月 1 日，《信托法》正式实施，第一次在中国确立了信托制度的法律地位。2002 年 7 月 18 日《信托投资公司资金信托管理暂行办法》的施行，规范了信托投资公司资金信托业务的经营行为。2007 年 1 月 23 日中国银行业监督管理委员会以 2007 年第 2 号主席令颁布了全面修订后的《信托公司管理办法》和《集合资金信托计划管理办法》（以下简称新办法）。新办法自 2007 年 3 月 1 日起施行，原《信托投资公司管理办法》和《信托投资公司资金信托业务管理暂行办法》（以下简称老办法）不再适用。这一时期，我国信托公司重新登记标志信托行业的重新出发，信托业发展方向得以明确、经营模式得以确立、经营机制得以转换、产品结构得以升级、人的思想得到彻底解放，短短三年中管理信托资产突破 2 万亿元，新增信托资产规模超过历史总额，因此我们称这一时期为"新办法"框架下的高速扩张阶段。2008 年下半年美国金融危机对世界经济产生巨大影响。国务院出台了一系列政策稳定经济，特别是 4 万亿元刺激经济新政让市场嗅觉一贯敏锐的信托公司感受到了巨大的潜在市场机遇，"政信"合作业务立刻如火如荼地发展起来。《信托公司净资本管理办法》（草案）（以下简称《办法》）在征求意见之后，已于 2010 年 7 月 12 日中国银行业监督管理委员会第 99 次主席会议通过，并正式下发。《办法》与 2010 年下发的一系列行政法规中均传达出一个相同的声音——"抑制被动管理型信托业务，鼓励主动管理型信托业的发展"。但此后随着 2014 年《中国银监会办公厅关于信托公司风险监管的指导意见》（银监办发〔2014〕99 号）的下发，通道与非通道业务的特征区分明显，事务管理类的责任明晰，为规避银信融资类 30% 额度限制而进行的转移再次受到压制。2013 年 3 月 27 日，中国银监会发布《关于规范商业银行理财业务投资运作有关问题的通知》（2013 年 8 号文），要求理财投资非标的比例作出不能超过理财产品余额的 35% 与商业银行上一年度审计报告披露总资产的 4% 之间更低的一方，从总量上对银信在融资类业务上的合作规模进行管控。2014 年 5 月 16 日《关于规范金融机构同业业务的通知》明确要求买入返售项的资产必须为有公允价值且具有流动性的资产，作为非标形式的信托受益权不符合此项要求。随着 43 号文和 50 号文的出台，监管层对地方融资平台债务规模的收紧、规范和加大相关处罚，债权型的信托计划发行要求也越发严格。

　　该类产品的操作路径主要为信托公司作为受托人与融资方（地方政府平台公司）就基础建设、PPP 项目等政信类项目展开信托业务，发行信托计划向合格投资人（该信托计划的委托人）募集资金，由融资方、担保方或其他第三方提供土地等抵（质）押物，并由担保方为信托计划发行提供无限责任连带担保，为信托计划产品的发行提供风控保障。信托计划的还款来源主要为融资方的营业收入、政信类项目的运营收益，若标的项目为政府付费或回购项目，则为信托计划产品的顺利退出提供更有利的保障。

二、信托计划产品的投资模式

1. 债权型

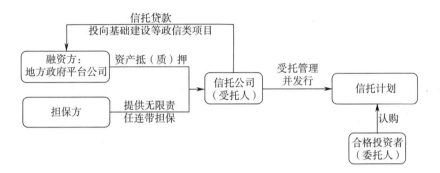

图 5-6　信托计划产品债权型投资模式

对于向地方政府平台公司提供信托融资的交易结构，最简单的是债权型的信托贷款模式，这种模式结构简单、法律关系简单且政信记录查询方便。但是信托贷款的合规要求也相对较多，对地方政府平台公司的资产负债率、项目资本金、贷款投向等均有较高的要求。

2. 收（受）益权型

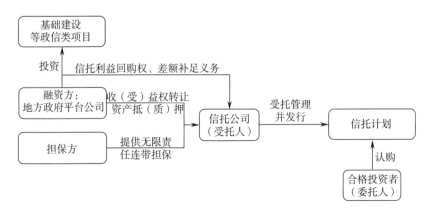

图 5-7　信托计划产品收（受）益权型投资模式

一些无法满足贷款合规要求的地方政府平台公司可以通过收（受）益权类的信托计划产品进行融资，该类模式主要采用投资附加回购，标的一般是应收账款或各类收（受）益权等，但是这类交易模式在实际操作中，通常面临无法办理抵（质）押登记的问题。该类产品的操作路径主要为委托人将其合法拥有的资金委托给受托人来设立信托计划，受托人通过受让融资方（地方政府平台公司）相关特定资产的收（受）益权，投资于特定的政信类项目，通常由融资方对转让的收（受）益权进行到期回购或提供差额补足，并由担保方为信托计划发行提供无限责任连带担保，保障信托计划产品的顺利退出。信托计划的还款来源除融资方的营业收入、政信类项目的运营收益外，若标的项目为政府付费或回购项目，则为信托计划产品的顺利退出提供有效保障。

三、信托计划产品的风险及优势

政信类信托计划是当前城市基础设施项目吸纳社会资金最为直接和便捷的渠道，融资成本较低，包含一定的隐性政府信用，其操作模式较为灵活。地方政府引入信托机制可以为区域经济发展引入市场机制，降低门槛，开放市场，打破地方保护主义，推动生产要素的流动和公平竞争，促进资源整合与固化的资产资本化、货币化。另外，信托计划资金的使用具有多样性的特点，将基金以股本金的形式受让项目公司的股权并进行增资，可以发挥信托资金引导放大项目公司融资规模的功能。

但相对来说，地方政府融资平台涉及的法律法规较多，监管机构对其融资主体、借款用途等有着各类限制及要求。地方政府融资平台的行政级别与地位，在很大程度上决定着其能调用资源的多寡，当地的区域财政及经济实力、企业自身经营状况、财务状况等亦是影响其信托产品信用风险的重要因素。此外，政策风险及流动性风险等也是政信类信托计划需要重点关注的风险之一。

四、政信类信托计划案例解读

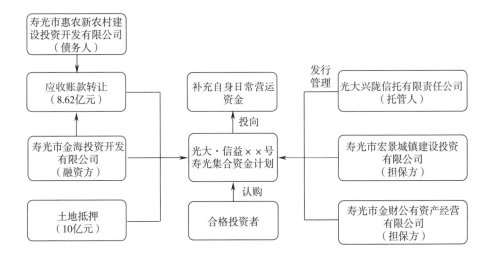

图 5 - 8 政信类信托计划案例投资模式

本节引入光大兴陇信托有限责任公司发行的光大·信益××号寿光集合资金计划（以下简称该信托计划），用于对政信类信托计划进行案例分享。该信托计划为收益权型投资模式，期限为 2 年，融资方为寿光市金海投资开发有限公司通过该信托计划募资的资金用于补充自身日常营运资金。

融资方所在地位于山东省寿光市，该市地处山东半岛中北部，渤海莱州湾南畔，海岸线长 30 千米，总面积 2 072 平方千米，辖 14 处镇街道、1 处双王城生态经济园区，人口 113.94 万人。寿光市先后荣获"全国文明城市""国家卫生城市""国家环保模范城市""中国金融生态城市""国家生态园林城市"等荣誉称号，被中央确定为改革开放 30 周年全国 18 个重大典型之一。全年完成地区生产总值 920 亿元以上，固定资产投资 546.6 亿元；实现财政总收入 133.5 亿元，其中一般公共预算收入 90.3 亿元；金融机构存贷款余额分别达到 925 亿元、734

亿元。

该信托计划的担保方之一为寿光市宏景城镇建设投资有限公司，该公司成立于2009年7月，注册资本3亿元，由寿光市国有资产监督管理办公室及寿光市滨海远景城镇建设开发有限公司共同出资成立。该公司是寿光市基础设施投资建设主体之一，业务涉及羊口镇城镇基础设施建设、供热及盐田出租等。截至2018年6月末，该公司总资产72.55亿元，公司总负债41.09亿元，净资产31.46亿元。截至2017年末，该公司营业收入为4.63亿元，利润总额1.28亿元，净利润为1.28亿元。该公司于2018年发行期限为7年的10亿元公司债，确定该公司的主体长期信用等级为AA级，评级展望维持稳定，为该信托计划的到期还本付息提供担保。

该信托计划的另一家担保方为寿光市金财公有资产经营有限公司，该公司成立于2003年8月，注册资本6亿元，由寿光市国有资产监督管理办公室、寿光市惠农新农村建设投资开发有限公司及寿光市城市建设投资开发有限公司出资成立，是寿光市城市基础设施建设和国有资产运营主体。在城市基础设施建设方面，该公司是寿光市城市基础设施的投资与建设主体，负责为寿光市城乡基础设施的建设项目进行融资。截至2018年6月末，该公司总资产185.87亿元，总负债84.3亿元，净资产18.59亿元。截至2017年末，该公司营业收入为21.43亿元，利润总额1.22亿元。2018年大公国际资信评估有限公司对保证人主体信用等级维持AA级，债券信用等级维持AA级，为该信托计划的到期还本付息提供担保。

该信托计划的应收账款债务人为寿光市惠农新农村建设投资开发有限公司，该公司成立于2010年12月，注册资本16.73亿元，由寿光市国有资产监督管理办公室、潍坊高端产业投资有限公司及潍坊市保障性住房建设投资有限公司出资成立，实际控制人为寿光市国资办。该公司主营业务为以自有资金对城乡基础设施、新农村、小城镇建设项目进行投资；房屋租赁。截至 2018 年 9 月末，该公司总资产 253.41 亿元，公司总负债 139.45 亿元，净资产 113.95 亿元。截至 2017 年末，该公司营业收入为 34.34 亿元，利润总额 3.58 亿元，净利润为 3.12 亿元，公司主体长期信用等级为 AA＋级，对应收账款的偿付具有较强的履行能力。

该信托计划由融资方提供其合法所有的价值 10.035 亿元的土地抵押，对债务人按期还款及融资人一次性回购标的应收账款债权承担连带责任担保。根据山东恒正土地房地产资产评估有限公司于 2018 年 12 月 19 日出具的《土地估价报告》显示，经土地估价师实地勘察，在估价期日 2018 年 12 月 14 日，上述土地实际开发程度为宗地红线外"四通"（通路、通电、供水、通讯）和宗地红线内"场地平整"，证载面积合计 1 006 495 平方米，总评估价值 100 347.56 万元，单位地价 997 元/平方米。

该信托计划的风控措施包括：（1）融资方提供其与寿光市惠农新农村建设投资开发有限公司的 8.62 亿元应收账款进行转让，保障该信托计划到期正常退出；（2）融资方提供其合法所有的价值 10.035 亿元的土地抵押，保证信托计划到期本息的偿付；（3）寿光市宏景城镇建设投资有限公司（AA 级）及寿光市金财公有资产经营有限公司（AA 级）为该信托计划的本息偿付提供无限连带责任保证担保。对应的还款来源为：（1）寿光市惠农新农村建设投资开发有限公司对 3 亿元应收账款的到期清偿；（2）融资方寿光市金海投资开发有限公司对应收账款偿还的到期回购及公司营业收入；（3）处置融资方寿光市金海投资开发有限公司提供的价值 10.035 亿元的土地抵押；（4）担保方寿光市宏景城镇建设投资有限公司及寿光市金财公有资产经营有限公司对担保义务的执行。

第四节　资产证券化产品

一、资产证券化产品简介

资产证券化是以特定资产组合或特定现金流为支持，通过结构化设计进行信用增级，发行可交易证券的一种融资方式。传统的证券发行是以企业为基础，而资产证券化产品则是以特定的资产池为基础发行证券。

资产证券化（Asset – Backed Securities，ABS）是指将缺乏流动性的资产转换为在金融市场上可以自由买卖的证券的行为，使其具有流动性。广义的资产证券化是指某一资产或资产组合采取证券资产这一价值形态的资产运营方式；狭义的资产证券化是指信贷资产证券化。

资产证券化是国际资本市场上流行的一种融资方式，已在许多国家的大型项目中采用。它包括实体资产证券化、信贷资产证券化、证券资产证券化、现金资产证券化四类。自 1970 年美国的政府国民抵押协会首次发行以抵押贷款组合为基础资产的抵押支持证券（房贷转付证券），完成首笔资产证券化交易以来，资产证券化逐渐成为一种被广泛采用的金融创新工具，进而得到迅猛发展。

2016 年 12 月 26 日，国家发展改革委、中国证监会联合向各级发改委，各地证监局、沪深交易所及证券业协会、基金业协会下发《关于推进传统基础设施领域政府和社会资本合作（PPP）项目资产证券化相关工作的通知》（发改投资〔2016〕2698 号），希望通过两部委联手合作，推动 PPP 在项目融资方式上的创新，提高 PPP 项目对社会资本的吸引力。这可以看成 PPP 项目融资的一个整体转向，原本 PPP 项目主要通过"点对点"对接民间投资，没有充分利用资本市场；在政策出台后，未来的项目融资将完全与资本市场对接，充分吸引社会资金。

目前，我国的基础设施建设主要是依靠政府财政、银行贷款、企业自筹等方式。但如果仅仅依靠这些传统方式就必然出现基础设施建设资金需求方面的庞大缺口，因此，面对基础设施建设的资金需求，要求不断开拓新的融资渠道。而创新的核心是要将社会资金引入基础设施建设，并将市场机制运用到建设、运营、管理的各个环节。

我国的基础设施资产证券化在今后的很长时间里还有较大的发展空间。据国务院发展研究中心研究员岳颂东透露："我国基础设施债券融资只占基础设施投资额的1.5%。而在一些经济发达国家的基础设施投资额中，基础设施债券融资占1/3左右。"例如，1989年美国州和地方的资本支出中只有20%依靠当年税收，大部分（55%）资金来自借贷（Cranford，1992）。目前，由于受我国各种市场环境和条件的限制，基础设施资产证券化的业务发展尚处于研究、试点阶段，但随着基础设施的不断发展，其资金的客观需求促使基础设施资产证券化将会作为解决我国基础设施建设资金短缺的新方式，被大力地推行和发展起来。

二、资产证券化产品的投资模式

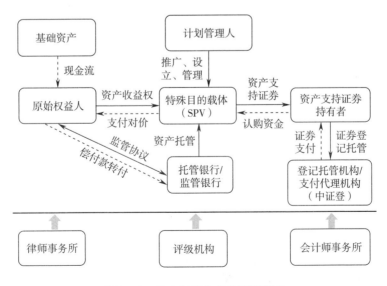

图5-9 资产证券化产品投资模式

一般来说，一个完整的资产证券化融资过程的主要参与者包括发起人、投资者、特设信托机构、承销商、投资银行、信用增级机构或担保机构、资信评级机构、托管人及律师等。通常资产证券化的基本运作程序主要有以下几个步骤：重组现金流，构造证券化资产，交易结构设计，证券的发行，以及发行后的管理等环节，具体流程包括组建资产池、设立特殊目的载体（SPV）、构架和信用增级、信用评级、证券发售、后期管理等步骤。

SPV 作为发起人与投资者之间的中介，是证券化交易结构的核心。从资产证券化运作的流程来看，资产证券化构造出的资产证券之所以能吸引投资者，其主要原因在于由"破产隔离"而产生的信用级别的增级，它是资产证券化运行机制的核心所在，其给予了交易安全最大限度地保障。与一般的资产证券化相比，PPP 项目资产证券化的操作模式并无本质差异，但考虑到 PPP 模式本身的特点，PPP 项目资产证券化也有一定的独特之处。

第一，政策约束性强。自党的十八届三中全会提出以来，PPP 模式便备受关注。从国务院到各部委纷纷发文，指导规范 PPP 模式的运作实施。而且 PPP 立法工作正在紧锣密鼓地进行着，PPP 顶层设计势必越发完善，法律保障力度加大，政策约束性更强。

第二，基础资产广。PPP 项目资产证券化可供选择的基础资产较为广泛，对应到 PPP 项目的三种回报机制，可分为使用者付费模式下的收费收益权、政府付费模式下的财政补贴、可行性缺口补助模式下的收费收益权和财政补贴。

第三，保障力度大。从资产证券化的上述三类基础资产可以看出，PPP 项目资产证券化的保障力度较大。使用者付费的 PPP 项目一般现金流稳定、收益更有保障，政府付费的 PPP 项目已经明确提前纳入财政预算，有政府的人大决议保障，可行性缺口补助的 PPP 项目则介入两者之间。由此可见，PPP 项目通常有政府参与，在有政府信用担保的背景下，风险相对可控。

三、资产证券化产品的风险及优势

资产证券化自 2012 年重启以来，因国家重视信贷资产流动性，使资产证券化发展得到政治支持。总体来说，资产证券化支持供给侧结构性改革，政策支持利用资产证券化降低投融资成本。2016 年 2 月，中国人民银行、国家发展改革委、财政部、银监会等八部委联合印发《关于金融支持工业稳增长调结构增效益的若干意见》，提出要稳步推进资产证券化发展。10 月 10 日，国务院印发《关于积极稳妥降低企业杠杆率的意见》，提出将有序开展企业资产证券化作为盘活企业存量资产、降低企业杠杆率的主要途径之一。

PPP 项目资产证券化是以 PPP 项目未来所产生的现金流为基础资产，其作为一种新型的类固收产品，可能形成低风险、高回报的特点。从收益来看，固定收益结构化，一部分类固收，另一部分类股权；从风险来看，属于较为安全的资产；从期限来看，为匹配 PPP 项目期限，可长达 10 ~ 30 年。与一般资产证券化的区别在于，政策约束性强、基础资产广、保障力度大。优势在于，拓宽融资渠道、降低融资成本、优化财务状况、丰富退出方式。

考虑到经营性 PPP 项目建成后的运营收益是资产证券化重要的基础资产，而项目运营收益大多为收费收益权，未来 PPP 项目资产证券化极有可能按照企业资产证券化的方式运作。我国的收费收益权近年来发展迅速，目前已发行的收费收益权资产证券化产品共计 137 个，发行规模 1 409.28 亿元。交通运输、电力等市政基础设施建设是最广泛的应用领域。产品平均利率为 5.66%，利率存在下降趋势，与企业债之间的利差不断缩小，并且产品的数量随着规模的增加逐渐减少。

发展改革委和证监会主导的 PPP 项目资产证券化是针对能源、交通运输、水利、环境保护、农业、林业以及重大市政工程等传统基础设施领域，稳定投资收益和良好社会效益的优质 PPP 项目是资产证券化的首选，环保、交通运输、市政工程可能是未来 PPP 项目资产证券化的主要方向。

基础设施资产证券化面临违约风险，基础设施收费通常比较稳定，但与贷款、应收账款等资产支持证券不同的是它的现金流只是未来收入，而不像贷款等作为债权有合同规定，有法律保障，因此未来现金流的不稳定有可能影响其本息的支付，导致违约风险。基础设施建设工程往往涉及大量的征地拆迁工作、地下管线处理等，因此在工程建设费用及建设质量方面会存在工程建设风险。基础设施投入使用后，包括收费和成本控制在内的运营与维护管理工作较为复杂，所以由于经营管理不善导致项目效益低下的经营风险也值得关注。

四、政信类资产证券化产品案例解读

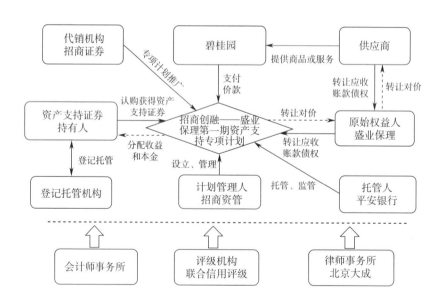

图 5 – 10　资产证券化产品案例投资模式

本节引入由招商证券资产管理有限公司作为管理人、平安银行股份有限公司广州分行作为托管人，用于对保理类资产证券化进行案例

分享。认购人通过与管理人签订《认购协议》，将认购资金委托给管理人管理，管理人根据与原始权益人签订的《基础资产买卖协议》将募集的资金用于向原始权益人购买基础资产，即由原始权益人转让专项计划的标的应收账款债权，其债务人签署了基础交易合同并接受了基础交易合同项下的产品或服务的碧桂园控股、碧桂园地产及其下属公司。

该资产支持专项计划的相关主体包括：（1）原始权益人为盛业商业保理有限公司，母公司为盛业国际金融有限公司，注册资本 10 000 万美元，资产规模 144 138.39 万元，负债总额 73 021.22 万元，所有者权益 71 117.17 万元，资产负债率 50.66%。已建立完善的风险管理及内部监控程序以应对与业务有关的各种风险。（2）代理销售机构为招商证券股份有限公司。（3）计划管理人为招商证券资产管理有限公司，为招商证券股份有限公司经证监会批准设立的全资资产管理子公司，招商资管自成立以来不存在因重大违法违规行为受到行政处罚。（4）托管银行为平安银行股份有限公司广州分行，跟进大公国际资信评估有限公司 2016 年 4 月 25 日出具的评级结果，平安银行的主体信用评级为 AAA 级，评级展望为稳定。共同债务人包括碧桂园地产集团有限公司、碧桂园控股有限公司。

专项计划安排了优先级/次级产品结构分层等方式为本专项计划提供增信保障。目标募集总规模为 61 174.22 万元，其中优先级资产支持证券的目标募集规模为 60 500.00 万元，次级资产支持证券的目标募集规模为 674.22 万元。优先级资产支持证券本金全部偿付完毕后，剩余资金及其他专项计划剩余资产将按其原状分配给次级资产支持证券持有人。评级机构考虑了专项计划基础资产的情况、交易结构的安排等因素，评估了有关风险，给予优先级资产支持证券 AAA 级评级，次级资产支持证券不评级。

该专项计划的计划管理人是国内 AA 级证券公司的资产管理子公

司，按照相关规定形成了一套具有符合证券业规范运作要求的、系统的制度化管理体系。资产支持证券持有人大会对专项计划有关机构进行外部监管。计划管理人委托中证登深圳分公司办理资产支持证券的登记托管业务，保护资产支持证券持有人的合法权益。

第五节　地方政府债券

一、地方政府债券简介

地方政府债券指国家有财政收入的地方政府、地方公共机构发行的债券，一般也是以当地政府的税收能力作为还本付息的担保。我国地方政府债券按照偿债资金划分为一般债券和专项债券，地方政府一般债券（以下简称一般债券）是指省、自治区、直辖市政府（含经省级政府批准自办债券发行的计划单列市政府）为没有收益的公益性项目发行的、约定一定期限内主要以一般公共预算收入还本付息的政府债券；地方政府专项债券（以下简称专项债券）是指省、自治区、直辖市政府（含经省级政府批准自办债券发行的计划单列市政府）为有一定收益的公益性项目发行的、约定一定期限内以公益性项目对应的政府性基金或专项收入还本付息的政府债券。

关于地方政府债券的最早文件可追溯至 1994 年颁布的《预算法》，其中第二十八条明确规定："地方各级预算按照量入为出、收支平衡的原则编制，不列赤字。除法律和国务院另有规定外，地方政府不得发行地方政府债券，"以此为起点可以将地方政府债券政策划分为三个发展阶段。第一阶段（1995—2009 年）：在《预算法》发债禁令放开之前，地方政府主要采用以下两种融资模式：一是建立地方政府融资平台，通过融资平台发债和非标债权来满足其融资需求，特别是 2008 年国际金融危机后，融资平台爆发式涌现；二是中央政府通过发行专项国债再转贷给地方政府。第二阶段（2009—2014 年）：在相继颁布了《2009 年地方政府债券预算管理办法》《2011 年地方政府自行发债试点办法》及《2014 年地方政府债券自发自还试点办法》后，地方政府债券完成了从"代发代还"到"自发代还"再到"自发自还"模式的演变。第三阶段（2015 年至今）：2014 年新《预算法》和 43 号文框架出台，地方政府债进入规范的法制化发展阶段。2015 年 1 月 1 日，新《预算法》正式实施，地方政府债务的规范管理进入了新的阶段。此后，为了促进地方政府债规范发展，相关部门陆续颁布实施了一系列的针对性政策法规：一是关于地方政府债券限额管理和风险防范处置的政策法规，2015 年 3 月 12 日和 4 月 7 日，财政部分别发布了《地方政府一般债券发行管理暂行办法》和《地方政府专项债券发行管理暂行办法》，对两种债券给出了明确的定义，明确募集资金用途和偿债资金来源。二是关于地方政府债券发行管理和预算管理的政策法规，财政部在 2016 年先后颁布了《地方政府一般债务预算管理办法》（财预〔2016〕154 号）和《地方政府专项债务预算管理办法》（财预〔2016〕155 号），对地方政府债务预算管理提出具体规范要求。三是关于做好地方政府债券发行工作的政策法规，《关于进一步规范地方政府举债融资行为的通知》（财预〔2017〕50 号）、《关于坚决制止地方以政府购买服务名义违法违规融资的通知》（财预〔2017〕87 号）以及《地方政府土地储备专项债券管理办法（试行）》等政策的相继出台，亦开始为地方债划出一个清晰的边界。2018 年 2 月 24 日，财政部印发《关于做好 2018 年地方政府债务管理工作的通知》（财预〔2018〕34 号），部署各地做好 2018 年地方政府债务管理工作。2018 年 5 月 8 日，财政部发布《关于做好 2018 年地方政府债券发行工作的意见》（财库〔2018〕61 号），一方面意在规范地方政府债券发行，使管理工作不断趋于精细化；另一方面针对当前我国地方政府债券运行中存在的问题进行查漏补缺。

随着融资平台政府性融资职能的剥离和市场化转型，地方政府隐性债务将显性化，未来地方政府债将成为地方发展所需资金的主要来源，地方债务的透明化有利于提高市场对地方政府的信心，越来越多的投资主体将参与到地方债的投资中，目前主要以商业银行为投资主体的局面将得到改善，二级市场的活跃度也有望提升。

目前，我国地方政府债券可发行期限有 1 年、2 年、3 年、5 年、7 年、10 年、15 年及 20 年；专项债券是为有一定收益的公益性项目发行的、约定一定期限内以公益性项目对应的政府性基金或专项收入还本付息的政府债券，专项债券资金纳入政府性基金预算管理，可发行期限有 1 年、2 年、3 年、5 年、7 年和 10 年。此外，地方政府专项债可细分为项目收益专项债和普通专项债，公开发行的普通专项债券增加 15 年、20 年期限，公开发行的项目收益专项债券合理确定债券期限。

我国地方政府债券按资金用途划分，地方政府债券可以分为新增债券、置换债券和再融资债券，新增地方政府一般债务限额、新增地方政府专项债务限额分别按照一般公共预算、政府性基金预算单独测算；置换债券是指置换旧的债务，并没有改变债务额度，只是改变了债务存在的方式，将非政府债券形式的债务转换为债券形式债务，有效解决了地方政府债务的期限错配和融资成本高企问题；再融资债券是指用于偿还部分到期地方政府债券本金，有效缓解地方政府的偿债压力。

地方债发行需由各级政府财政部门会同行业主管部门上报下一年的地方政府债券额度需求，由省级财政部门汇总上报财政部，经国务院报全国人大批准全年债务新增限额，在全国人大批准的限额内根据债务风险、财力状况等因素提出分地区债务总限额及当年新增债务限额方案，报国务院批准后下发至省级财政部门，省级财政部门在财政部下达的本地区债务限额内，提出省本级及**所辖各市县**当年债务限额方案，报省级人大批准后下达市县级财政部门。**市县级财政部门聘请专门机**

构进行方案制定、材料撰写，上报省级财政部门进行审核，省级财政部门报财政部审核通过后，向国库司申请组织发行，通过债券市场完成发行后由省级财政部门转贷给市县。

二、地方政府债券的投资模式

地方政府债券的发行市场包括银行间债券市场与交易所债券市场，其发行方式包括公开发行（公开招标和公开承销）和定向承销发行，其中公开发行单一期次发行额在5亿元以上的须通过招标方式发行。定向承销类仅在银行间市场进行发行，目前暂不可交易。根据相关规定，地方政府债券应当在中债登办理总登记托管，在交易所办理分登记托管。

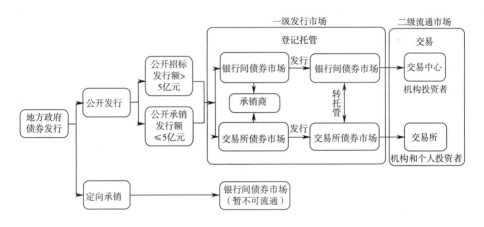

图5-11 地方政府债券投资模式

三、地方政府债券的风险及优势

由于目前我国地方政府债券未能覆盖所有市场的投资者，使投资者群体比较单一，存在流动性不高及发行承销的市场化程度不足等问题。随着地方政府平台公司政府性融资职能的剥离和市场化转型，未来地方政府债将成为地方发展所需资金的主要来源，目前的投资主体结构将得到改善，且二级市场活跃度也有望提升。同时，政府债务管理不断深化，债务风险总体可控，地方政府债券作为纳入地方政府预算管理、合法合规发行的地方政府债券，虽然收益率仅略高于国债等，但风险等级却基本与国债持平。此外，2013 年在财政部、国家税务总局《关于地方政府债券利息免征所得税问题的通知》（财税〔2013〕5 号）中指明："对企业和个人取得的 2012 年及以后年度发行的地方政府债券利息收入，免征企业所得税和个人所得税。"至此，地方政府债券与国债一样，对任何单位和个人取得的利息收入，均免征增值税。

四、地方政府债券案例解读

本节以 2019 年重庆市区县级土地储备专项债券（一期）—2019 年重庆市政府专项债券（二期）（以下简称该期债券）为例，解读地方政府债券。该期债券计划发行额 78 亿元，通过招标方式发行，品种为记账式固定利率附息债券，全部为新增债券志本期债券，涉及 6 个区县，期限为 5 年期。本期债券利息全部按年支付，发行后可按规定在全国银行间债券市场和证券交易所债券市场上流通，到期后一次性偿还本金。该期债券资金纳入政府性基金预算管理，用于重庆市 6 个区县的土地储备项目。该期债券相关的土地储备专项债券偿债来源全部为对应地块的国有土地使用权出让收入。该期债券的相关公开信息均可在中央国债登记结算有限责任公司的中国债券信息网进行查询，目前该期债券已纳入政府性基金预算，对应地块的国有土地使用权出让收入能够保障本期债券的本息偿还，债券的违约风险极低，因此评定本期土地储备专项债券的信用等级为 AAA 级。

从宏观经济与政策环境方面分析，当前中国经济运行稳中有变、变中有忧，经济面临下行压力，供给侧结构性改革将持续推进；全国财政收入增速仍将延续中低速增长，土地出让收入增速或持续回落，地区分化加剧；政府债务管理改革不断深化，整体债务风险可控。

从地区经济实力方面分析，重庆市基础设施建设不断完善，经济规模仍较大，经济增速放缓，但重庆市经济结构不断优化，经济发展的质效不断提升；未来，重庆市将持续推进供给侧结构性改革和重点领域改革，推动制造业高质量发展，持续扩大有效需求，持续实施内陆开放高地建设行动计划，其区域经济将保持持续健康发展。

从地方政府财政实力方面分析，尽管重庆市一般公共预算收入增速放缓，但重庆市政府性基金收入仍维持较大规模，且获得中央转移支付支持力度仍较大，重庆市财政收入增长的稳定性较强；重庆市政府债务控制情况较好，政府债务余额较年末有所增长，政府债务率低于国际警戒线，处于合理范围内。地区综合财力稳中有升，财力结构持续优化。2015—2017年重庆市分别实现综合财力6 139.80亿元、5 976.60亿元和7 007.61亿元，财政实力不断增强。2017年在全国房地产市场整体快速回暖及一线城市外溢需求带动下，加上市政府通过增加住房用地供应来确保房地产市场总体平稳健康发展，区域政府性基金收入大幅增长，2017年全市实现政府性基金收入2 251.11亿元（其中土地出让收入2 165.08亿元），2018年全市实现政府性基金收入2 316亿元，仍保持较大规模。从转移性收入来看，重庆市作为西部省市，加之受益于"一带一路"倡议、长江经济带建设等优惠政策，近年来得到了中央财政的持续支持，2016—2018年全市转移性收入分别为2 754.1亿元、2 959.2亿元和2 957亿元，转移性收入始终保持较大规模，对重庆市综合财力的贡献较大。从政府性债务规模来看，截至2017年底，重庆市政府性债务余额为5 081.20亿元；截至2018年底，重庆市政府债务余额为4 690.60亿元。从全市债务率来看，2018年重庆市政府债务率为67%，债务负担较上年有所上升，但仍明显低于国际警戒线（90%~150%），也低于财政部确定的警戒线；从逾期债务率来看，截至2015年底，已完成对存量逾期政府债务的清偿，且2016—2018年无新增逾期政府债务。此外，重庆市国有及国有控股企业资产规模超 2 万亿元，整体经营状况良好；17 家重庆市政府（含市本级和区县政府）作为实际控制人的上市公司总市值超 2 000 亿元，大规模国有资产和上市公司股权，可为其政府债务偿还和周转提供流动性支持。

从政府治理水平分析，重庆市经济、财政和政府性债务信息透明度较高，信息披露及时性较好；政府的法治水平不断完善，建立了基本的财政管理制度，债务管理办法和债务预警机制较为完善；发展战略与国家战略相契合，明确可行。

从债券偿还能力分析，该期债券募集资金全部用于专项土地储备开发，2019 年重庆市区县级土地储备专项债券（一期）募集资金分别用于巴南区、沙坪坝区、两江新区、梁平区、垫江县、云阳县的 9 个项目，偿债资金全部为对应地块的国有土地使用权出让收入，对应地块的预期出让收入可保障本期债券本息的偿还。国有土地使用权出让收入主要取决于区域土地和房地产市场成交量和成交价格，重庆市作为西部地区唯一的直辖市，房地产行业发展较为健康，近年来房价控制较为合理，对周边地区人口仍具有较大吸引力，2019 年重庆市将加强房地产市场调控，以稳地价、稳房价、稳预期为目标，完善住房市场体系和住房保障体系，促进房地产市场平稳健康发展；未来重庆土地供应充足，但核心优质地块稀缺，大规模地块供应将减少，预计中长期内全市国有土地使用权出让收入将有所波动，但仍将保持较大规模。2019 年重庆市区县级土地储备专项债券（一期）土储专项债对应地块未来规划用途主要为住、商用地，总面积 14 775.96 亩，预计总投资 174.16 亿元，根据土地预期出让价格测算，上述全部土地出让后预计可获得收入 208.06 亿元，出让收入对各项目总投资覆盖倍数在 1.07 ~ 2.72 倍，本期债券募投项目合计预期土地出让收入对债券本息的覆盖倍数为 3.16 倍，预期收入可覆盖债券本息的偿还。

第六节 境外债券

一、境外债券简介

根据国家发展和改革委员会于 2015 年 9 月 14 日发布的《关于推进企业发行外债备案登记制管理改革的通知》（发改外资〔2015〕2044号）（以下简称 2044 号文），将境外债券定义为：“境内企业及其控制的境外企业或分支机构向境外举借的、以本币或外币计价、按约定还本付息的 1 年期以上债务工具。”

目前，境外债券分为直接发行和间接发行两种模式，直接发行是指境内企业直接去境外发债，发债的主体是中国境内企业；间接发行是指境内企业的境外子公司或分支机构（通常是设立的 SPV，即专为发债而设立的特殊目的公司）在境外发债。政信类境外债券是指发行人除地方政府平台公司外，同样需要全球协调人、账簿管理人、牵头经办行、信托、承销商、法律顾问、审计机构、评级机构等中介机构的介入，通过直接发行或间接发行模式向境外举借的、以人民币或外币计价、按约定还本付息的 1 年期以上的债务工具。

2044 号文明确鼓励境内企业开展境外融资，为城投企业发行境外债提供了更为宽松的政策环境。根据中债资信对多家发行境外债城投企业的访谈，由于城投企业受政策影响较大，而随着城投企业投资规模的加大和在资本市场融资经验的积累，企业存在拓宽更多融资渠道，增强融资灵活性以便更好应对关键时点的资金需求。因此，更多城投企业在北京市基础设施投资有限公司 2014 年成功发行境外债的先例后，拉开了城投企业赴境外发债的帷幕。相对较低的发行利率、相对宽松的发行条件吸引了城投企业的关注，也将境外债作为拓宽融资渠道的一个选择。

二、境外债券的投资模式

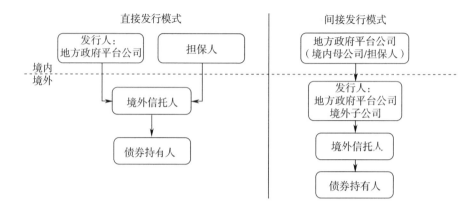

图5－12　地方政府境外债券投资模式

直接发行模式下，地方政府平台公司作为发行人直接持有主要业务和资产，通过境外信托人、承销商等中介机构的发行及募集下，直接进行境外发债。在2044号文出台以前，境外直接发行监管严格、门槛较高，只有少数企业可以直接在境外发行债券。2044号文出台以后，国家发展和改革委员会放开了境内企业直接发债的监管，直接发债结构简单，无须搭建境外子公司，避免跨境担保，资金回流监管少。自2016年以来，直接发债成为公司选择发债的新趋势。间接发行模式下地方政府平台公司的境外子公司或分支机构（通常是设立的SPV，即专为发债而设立的特殊目的公司）作为发行人，在地方政府平台公司（母公司）提供担保或采用其他形式的增信措施，间接进行境外发债。常见的增信措施为：境内银行提供备用信用证担保、境内母公司或者关联公司提供跨境担保、境内母公司提供维好协议或者股权回购承诺。其中，维好协议和流动性支持协议是为解决资金回流问题作为内保外贷的替代物而存在的，其在法律性质下并不构成有限担保，债券的信用力度较弱，因此债券利率会高于境内企业境外直接发行外债或者内保外贷发行债券模式下的利率。政信类境外债券募集的资金主要用于PPP

项目等政信类标的，在市场上拥有较高的信用。

除直接发行和间接发行外，红筹架构发行境外债券模式也有很多企业采用，理论上，该模式并不属于 2044 号文中所规定的外债发行模式，对于是否需要在发展改革委备案登记尚有争议，且政信类境外融资基本无法采用，因此不做较多介绍。

三、境外债券的风险及优势

在境外相对成熟的债券发行市场中，可以发行境外债券的地方政府平台公司，需要拥有充足的资产规模、良好的信用评级及政府信用介入，对于投资人来说相对其他境外债券产品的投资风险相对较低。但投资人投资境外债券需要面对国内外利率、汇率、信用、政策等多重影响，在投资时仍需全面考虑全面的风险因素。对城投公司而言，发行境外债券需要综合多方面考虑风险及优势。关于城投平台境外发债，存在以下优势。

首先，相比于同级的境内债券，境外债券发行成本较低。受金融监管政策和国家货币政策等影响，国内的债券利率现阶段处于高点。相较而言，美元债券的票面利率则处于较低位置。境外债券，未到投资级（BBB－级）的美元债券，其发行成本低于同级别的境内债券；达到投资级的美元债券，其发行成本远低于同级别的境内债券。

其次，发展改革委新规取消额度审批制度，简化放宽监管制度。2015 年 9 月 14 日，国家发展和改革委员会发布《关于推进企业发行外债备案登记制管理改革的通知》取消企业发行外债的额度审批，实行备案登记制管理，简化和放宽原有境内企业直接赴境外发债的监管程序。

再次，美元债融资发行效率高，募集资金使用便利度高。目前境内债券发行监管有收紧的可能，而境外债券发行监管较为独立、稳定。在出现境内发行骤然收紧甚至叫停的政策风险时，境外发债可以起到重要的补充作用。境外债券在发行审查、资金监管、条款设计等方面较为宽松，发行效率和后续资金使用便利度较高。

最后，提升公司国际形象及知名度。取得良好的国际信用评级和成功发行境外债券，能进一步提升公司的形象和知名度，展现公司的实力。

另外，在认识到境外债发行具有相当优势的同时，也应该提前意识到境外债的发行具有一定的风险。

首先，城投企业缺乏对境外债务管理的经验。由于城投企业在境外发债的时间短，对境外债券的发行条款没有引起足够的重视，没有提前采取预防措施，一旦出现违约，会对企业的市场形象和再融资产生负面影响。

其次，国内外评级差异较大导致发行成本偏离预期。国际评级机构对城投公司这类特殊主体，一是以企业自身作为分析重点，二是考虑城投公司得到的政府支持、当地财政实力等因素。评级的高低直接影响的是融资成本，对于财政实力较强的地区的重点城投企业，深受投资者信任，在境内市场的融资成本通常要比境外市场的融资成本低一些。因此城投企业应充分考虑国外评级、海外投资者偏好等综合因素谨慎决策是否启动境外发债。

综合来看，对于城投企业来说，不同信用资质的城投企业开展境外发债产生的利好不尽相同，对于高评级城投公司来说，开展境外发债可在一定程度上节约融资成本；而对于不能得到中等或较高评级的城投企业来说，发行境外债更多是为了在国际资本市场试水，积累国际资本市场融资经验，以求存在资金需求时拓展融资渠道。如果城投企业想要发行境外债券，应该首先主动熟悉国际资本市场、融入资本市场规则、吃透发行条件和增信要求。根据自身的战略定位、融资目的及国际评级情况，选择合适的发行方式。同时，也要学会利用多元化工具对冲汇率风险。

未来，虽然监管层对城投企业融资政策的调整会在一定程度上推动城投企业境外发债，但考虑到当前国内城投企业融资环境较为宽松、人民币汇率弱势运行，短期内城投企业境外债规模难以大幅膨胀，境外债难以成为城投企业融资的首选。然而，也需要注意，虽然目前整体城投境外债发行规模很小，仅为城投企业融资的较小补充，但城投行业受政策影响较大，在政策发生变化，尤其是影响到城投企业融资的政策出台时，城投企业也会更多地选择境外债这种融资方式。

四、境外债券案例解读

近年来，伴随着国家"一带一路"战略的实施，政策红利纷至沓来，越来越多的政府平台公司选择"走出去"融资，纷纷在国际资本市场亮相。本节以某城市平台公司 W 公司为例，简单进行案例解读。W 公司于 2017 年 12 月成功在香港联交所发行美元债，试用美元债 S 规则（发行后仅可销售给美国以外的投资者），发行金额为 3 亿美元，发行期限为 3 年，发行票面利率为 5.2%，惠誉对其主体及债券评级均为 BB + 级。发行结构如图 5 - 13 所示。

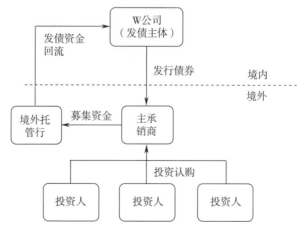

图 5 - 13 境外债券产品案例投资模式

从以上交易结构图可以看出，W 公司发行的美元债属于直接发行模式，即由 W 公司作为发债主体，经过国家发展改革委备案审批后获得发行额度 3 亿美元，由主承销商××证券有限公司协助在香港联交所发行，发行成功后，由境外机构或个人投资者进行认购 W 公司美元债，所募集的资金由境外托管行进行托管，募集完成后发债资金回流至发债主体即 W 公司。

以上结构看似简单，但发行境外债券实际上涉及方方面面，发行人需要召开股东会决议，明确确定发债融资的规模、期限、付款方式、资金用途、担保方及抵押物等要素，并确定选择承销商、国际发行人律师、国际承销律师、评级机构、审计师等。之后，需要进行相关的尽职调查，按照香港联交所规定编制发行债券相关材料，并报送交易所备案审核。接下来签署承销协议、受托管理协议、债券持有人会议规则、债券保障金专户、担保函、担保协议等一系列必要文件，并开始产品募集说明书等发行材料制作。同时，与主管单位持续跟踪和沟通，对申报材料按照反馈意见进行修改，直至香港联交所同意债券发行。以上工作完成后，还要进行发行路演与资金的募集。当然，以上发行工作都是建立在发改委备案审核通过的前提下。

另外，境外发债相比其他境内融资方式，可以实现更加低廉的年利率，更为可观的募集资金总额，但相对而言对公司要求也会更高。目前境内没有法律文件明确规定境内企业赴境外发债的条件，但根据通行做法，在境外发债的企业都属于境内运营非常好的企业，一般要求公司国内信用评级 AA 级以上（W 公司长期信用评级为 AA + 级）、资产规模最好在 100 亿元以上（W 公司 2017 年发行美元债时总资产规模达到176.2 亿元），且最好不为"两高一剩"行业（高污染、高能耗的资源性行业和产能过剩行业）。

第六章　政信金融投资优势

第一节　股票、不动产与政信投资

一、股票投资：高收益与高风险

股票投资是指企业或个人用积累起来的货币购买股票，借以获得收益的行为。股票投资的收益由收入收益和资本利得两部分构成。收入收益是指股票投资者以股东身份，按照持股的份额，在公司盈利分配中得到的股息和红利的收益。资本利得是指投资者在股票价格的变化中所得到的收益，即将股票低价买进、高价卖出所得到的差价收益。

股票投资是参与证券市场投资的重要形式。从 1990 年 12 月 19 日上海证券交易所正式挂牌营业算起，中国证券市场已经历了十余年的发展。中国证券市场的发展和完善可以分为三个阶段："奠基阶段""市场化阶段"和"国际化阶段"。目前已经完成了"奠基阶段"，以渐进式改革方式构建的证券市场的结构和规模已经比较成熟。"市场化阶段"还需要不断完善，不断向"国际化阶段"迈进。

证券市场尤其是股票市场已经成为中国经济的重要组成部分和经济发展的重要推动器。资金是股票市场繁荣的基础，伴随着中国经济的快速发展，如今中国股市的资金容量也逐渐加大，而且各种资金正向有组织和专业化发展。个人投资者想要在茫茫股市中准确把握涨跌的因素，每一步都走在浪尖上，将会非常困难。无论是在专业化还是在对市场变化的把握上，证券市场正向投资者提出更加严峻的挑战，对于个人投资者而言，置身于高风险的股票市场，由于信息、技术、知识等各方面处于劣势，获得高收益的可能在逐步降低，风险和收益正在变得逐步不对称。

1. 股市投资的高收益

股市投资具有高收益的特征。2019 年第一季度 A 股全线飙红，大幅上涨。从 1 月 1 日到 3 月 22 日，上证指数上涨 24.47%，报收 3 014 点；深证成指上涨 36.46%，报收 9 879.22 点；沪深 300 上涨 27.34%，报收 3 833 点；创业板指上涨 35.45%，报收 1 693 点。面对 A 股如此高的涨幅和如此火热的行情，一时间众多投资者纷纷"跑步入场"，希望能够从快速上涨的行情中分一杯羹。行情火热，个股暴涨更是吸引了一大批希望一夜暴富的投机者"跑步入场"，从 1 月 1 日到 3 月 22 日，A 股涨幅最高的股票为福莱特（601865），涨幅为 483.33%；从全市场表现来看，涨幅超过 100% 的股票共有 24 只，综合全球主要市场表现来看，A 股一跃成为造富梦工厂。

然而股市投资真的是快速获取高收益的途径吗？对于个人投资者来说，参与股市可以有效地实现财富保值增值吗？从理论上讲，股市投资盈利的来源是交易价差和股息红利分配，交易价差更多的是一种零和博弈，一个人的收益即另一人的亏损，想要从股市持续获得投资回报，股息和红利分配应该是获取收益的重要途径。

表 6-1 A 股分红数据概览

年份	分红金额 （亿元）	两市市值 （万亿元）	成交额 （万亿元）	佣金 （亿元）	印花税	净额
	1	—	—	2	3	= 1 - 2 - 3
1998	130.63	—	—	—	225.76	- 95.13
1999	182.02	—	—	—	242.09	- 60.07
2000	307.04	—	6.00	—	485.63	- 178.59
2001	419.09	4.40	3.30	—	291.44	127.65
2002	460.78	3.80	2.70	—	111.95	348.83

续表

年份	分红金额 （亿元）	两市市值 （万亿元）	成交额 （万亿元）	佣金 （亿元）	印花税	净额
	1	—	—	2	3	= 1 - 2 - 3
2003	547.07	4.20	3.10	—	128.63	418.44
2004	718.29	3.70	4.10	—	169.18	549.11
2005	765.00	3.20	3.10	—	65.61	699.39
2006	1 275.56	8.90	8.80	—	180.89	1 094.67
2007	2 791.46	32.70	45.00	—	2 062.01	729.45
2008	3 390.26	12.10	26.00	—	927.68	2 462.58
2009	3 858.43	24.40	53.00	—	536	3 322.43
2010	4 948.73	26.50	54.00	—	545.64	4 403.09
2011	6 009.30	21.50	41.80	—	421.67	5 587.63
2012	6 735.07	23.00	31.20	—	314.67	6 420.40
2013	7 577.89	23.90	46.30	881.00	468.27	6 228.62
2014	7 960.99	37.30	73.70	1 319.00	742.38	5 899.61
2015	8 326.20	53.10	253.20	3 145.00	2 550.54	2 630.66
2016	9 686.32	50.80	126.50	1 527.00	1 267.26	6 892.06
2017	8 050.00	56.7	111.8	—	1 040.76	7 009.24

在 A 股投资可以获得稳健且持续增长的股息或红利吗？采用 2017 年万得全 A 指数测算，2017 年成交额为 111.8 万亿元，印花税 0.1% 为 1 118 万元，佣金按照 0.1% 计算，双边收取就是 2 236 亿元，过户费再加上 0.002% 为 22.36 亿元，三项之和等于 3 376.36 亿元。2017 年 A 股共有 2 438 家上市公司分红，分红金额为 8 050 亿元，大于交易成本。

从分红角度来看，A 股似乎是一个正和的游戏，考虑机会成本后情况会怎么样呢？如果买银行理财产品，平均收益大概在 5%，如果把每年 5% 的机会成本计算在内，56 万亿元总市值乘以 5%，每年需要分红 2.8 万亿元，相比 8 050 亿元的实际分红，股市基本就是负和游戏。

同样的钱，选择一直买 5% 的银行理财或投入股市里面获得分红，获得分红显然是不划算的。进入股市，大家往往追求的是更高的收益，获取资本利得。但是没有足够的分红回报，股市就会有很多自欺欺人的泡沫。

2. 股市投资的高风险

股市投资受系统性风险和非系统性风险的影响。系统性风险又称为市场风险，也称为不可分散风险，是指某些宏观因素的影响和变化导致的股市股票价格全面下跌的风险。非系统性风险是由公司自身某种原因而引起股票价格下跌的可能性，它只存在于相对独立的范围或个别行业，它来自企业内部的微观因素。

系统性风险里面包含众多基本因素，这些因素是经济与政治生活中普遍存在、经常变化并对全局产生重大影响，同时也是导致股票市场系统性风险的主要原因（间接地引起非系统性风险）。对系统风险产生影响的因素主要来源于以下几个方面：经济循环周期的影响、利率的影响、通货膨胀的影响、汇率的影响、经济政策的影响和国际经济因素的影响等。非系统性风险产生于某一公司或某一行业的独特事件，如破产、违约等，与整个股票市场不发生系统性的联系，这是总的投资风险中除系统风险外的偶发性风险。对系统风险的了解和规避能让投资者把握大势，在投资中不至于因逆趋势而白白受损；对非系统性风险的了解和规避能让投资者规避个股风险，降低单只股票造成损失的可能性。

对于中国的股票市场表现，原重庆市市长黄奇帆曾在全国金融格局变化和中国金融改革研讨会上表示，中国的股票市场从无到有、从小到大，取得了巨大的成绩，但是从供给侧角度分析还存在六个重要问题。一是制度供给有待进一步完善，注册制和退市制需要不断推进，有进有出、优胜劣汰，退市制度实施到位才能保证上市公司质量。A股三千多家上市公司，过去28年一共才退市了一百多家，没有退市制度，上市公司上市后质量得不到保证，缺少资源优化配置的功能。二是缺少长期资金，中国的股市交易总量中92%是1.42亿散户贡献的，而美国正好相反，90%是机构资本，只有不到10%的散户。我国把企业年金也按照养老保险和商业保险规定的 30% 进入股市，也就是现在 1 万 1 000 多亿元中有 3 000 亿元进入股市，如果按照国际惯例，年金的 50% 可以入市，还是有相当大增量空间的。三是证券公司缺乏资本中介功能，全世界的投行在其季报和年报中都有掌握和运用客户资金的能力，虽然客户保证金不能动，但是如果和客户协商形成协议后，客户保证金可以根据投资银行自身的资本信用相应从表外变成投资银行的表内信用，进而发挥资本中介功能。四是中国的上市公司再融资、资产重组、回购和分红制度的建设不完善。五是机构投资者缺乏，从 2018 年的资本结构分析，公募 13 万亿元中只有 2 万亿元买了股票，私募基金 12 万亿元中只有 2 万亿元在股市，因此公募和私募总和仅有 4 万亿元在股市，国内机构投资者占比还远远不够。六是资本市场两权分离有待完善，有知识产权、有转化、孵化能力的公司上市，巨大的资金可以将原有经营者的股权大大稀释，如果按照传统的同股同权，原有经营者就丧失了经营权，完善同股不同权，两权分离，可以参与分红但不要干预经营管理，这也是目前科创板正在推进的。股票投资面对系统性风险和非系统风险，加之中国资本市场的完善程度进一步提高，对于普通投资者而言，股票投资的风险还是相当高的。

3. 股票下行期间，系统性风险不断累积

2018 年沪深两市大幅下行。据东方财富 Choice 数据显示，2018 年末沪深两市总市值为 49.55 万亿元，较 2017 年末的 64.01 万亿元减少了 14.46 万亿元，下降幅度达 29.18%。根据中登公司数据显示，截至 2018 年 12 月 14 日，期末投资者数量为 1.46 亿人，以市值减少 14.46 万亿元计算，2018 年 A 股投资者人均亏损 9.90 万元。

自 2018 年初以来，伴随着经济下行、中美贸易摩擦等一些列因素的交织，股市持续下行，股权质押问题风险暴露。2018 年 10 月 11 日，爆仓导致的仲裁与诉讼增加，券商股权质押业务接近半停，仅中信建投证券就有四起因股权质押导致的诉讼。2018 年 10 月 18 日，东方网络实控人彭朋 3 100 万质押股爆仓，申万宏源索赔 1 亿元。2018 年 10 月 18 日至 22 日，银邦股份第三大股东单宇质押给第一创业证券的股票遭遇强制平仓，累计被动减持 800 万股，占公司总股本的 0.97%。10 月 23 日上证指数收于 2 594.83，跌破 2 600 点，上市公司股权质押爆仓危机频现。同时上市公司流动性告急，违约频现。2018 年整体债券违约数量已经达到 96 只，其中 32 只是上市公司发行的。

上市公司股权质押盘频频出现爆仓，融资盘爆仓也不断升级，股市流动性告急，恐慌性杀跌踩踏连番出现，投资者信心被打击殆尽——每一次预期的反弹都变成了"闷杀"。

面对股价出现重大利空、财务杠杆攀升、股价闪崩的关口，2018 年 7 月以来，沪深两市已有近 50 位董事长离职。截至 2018 年 10 月 10 日，有 3 551 家上市公司，2018 年已经有超过 8 000 名 A 股上市公司的董事及高管离任，涉及 1 000 家上市公司。

近三年来，全球主要国家的股市都处于牛市之中，如美国、日本、英国、法国等。（A 股却是从 5 000 点之上一路狂泻。十年前的 2008 年，上证指数是 2 600 多点。十年后的 2018 年，上证指数依然在 2 600 点左右徘徊。十年间中国经济复合增长率超过 10%，而 A 股却增长归零。）

到现在，监管层引导资金脱虚向实，中国经济的发展已经转向。深不见底的 A 股，到底靠谱吗？是选择股市投资还是选择稳定理财，值得投资人思考。

二、房市投资：挤占实体经济投资，增长趋势缓慢

1. 房地产投资，过往收益可观

房地产即不动产，是指土地、建筑物以及附着在土地或建筑物上的不可分离的部分和附带的各种权益。房地产与个人的其他资产相比有其自身的特点：固定性、有限性、差异性和保值增值性。从投资的角度看，房地产的特性包括价值升值效应、财务杠杆效应，其变现性相对较差且受政策风险影响较大。

房地产的投资方式包括以下几种：房地产购买，主要指个人利用自己的资金或者银行贷款购买住房，用以居住或者转手获利。房地产租赁，指投资者通过分期付款等方式获得住房，然后将它们租赁出去以获得收益。房地产信托，指房地产拥有者将该房地产委托给信托公司，由信托公司按照委托者的要求进行管理、处分和收益，信托公司再对该信托房地产进行租售或委托专业物业公司进行物业经营，帮助投资者获取溢价或管理收益。以房地产购买为代表的住房投资在个人资产的投资组合中占有很重要的地位。

房地产价格构成的基本要素有土地价格或使用费、房屋建筑成本、税金和利润等。实际表现中，影响地产价格的因素很多：①行政因素，指影响房地产价格的制度、政策、法规等方面的因素，包括土地制度、住房制度、城市规划、税收政策与市政管理等；②社会因素，主要有社会治安状况、居民法律意识、人口因素、风俗因素、投机状况和社会偏好等方面；③经济因素，主要有供求状况、物价水平、利率水平、居民收入和消费水平等；④自然因素，主要指房地产所处的位置、地质、地势、气候条件和环境质量等。

房地产同时具有资本品与消费品的双重属性，而且消费品属性应当远远大于资本品属性。然而，由于缺乏政策的厘清与定位，过去很长一段时间内无论是自然人还是法人，都片面地将住房视作投机炒作与赚钱谋利的工具。

从 2007 年到 2018 年，中国一线城市房价平均涨幅为 2.6 倍。房地产商捂盘惜售，借机拉抬出售价格；常见企业甚至包括一些国有企业"不务正业"，大举进军房地产，在推升房价的过程中大发横财；不少个人或投机者借助信贷杠杆结队"扫楼"，囤积居奇并频繁高抛低吸。结果，整个社会金融资本有相当一部分集结到房地产领域。这不仅导致一二线城市房价轮番暴涨，也使三四线城市陷入库存积压的窘境，还大幅抬高了居民的生活成本，日益增大的财富泡沫加剧了金融风险，挤占实体经济投资。

2. 房地产投资挤占实体经济

多年以来，面对经济下行压力，我国经济很大程度上靠房地产拉动，土地财政发展势头迅猛，取得了不错的稳增长、保增长效果；但是多轮房地产政策刺激结束后，过度依靠房地产刺激"稳增长"弱化了经济增长的内在动力，挤占实体经济投资，加剧了房地产的泡沫，土地财政难以为继。

从增长核算的视角来看，长期依靠房地产拉动增长的负面影响主要表现为：不利于生产性资本的积累，不利于创新和技术进步，导致资源错配不利于效率改进，容易引发房价泡沫化风险，导致资本积累大幅下滑。

房地产行业的高投资回报率会吸引大量实体企业向房地产投资，从而对生产性投资产生"挤出效应"。据统计，截至 2016 年上半年，A股上市公司中多达 1 305 家公司拥有房地产业务，占所有 A 股上市公司的比重高达 44%。不仅如此，在投资回报预期本就不高的情况下，高房价还会提高实体企业的厂房、劳动和资本等生产要素的成本，从而进一步挤出生产性投资。对企业而言，其从事生产经营的根本目的是实现利润最大化，因此当企业所从事的主营业务的投资回报率低于房地产的投资回报率时，理性的企业都会减少制造业投资、增加房地产投资。但是，对整个国家而言，制造业投资被挤出，尤其是设备投资等与企业生产能力直接相关的生产性投资减少，必须引起足够的重视。长期依靠房地产拉动增长将不利于中国生产性资本的积累，长此以往会影响实体经济的健康发展，也就难以转向"高质量发展阶段"。

房地产行业的技术含量和生产效率相对较低，因此过度依赖房地产自然会引发房地产部门与实体部门之间的资源错配，生产要素资源无法更多地配置给高生产率的部门和产业。不仅如此,房地产还会阻碍产业结构升级,从而引发落后产业和新兴产业之间的资源错配。房地产行业所拉动的钢铁、水泥、玻璃等行业大都是技术含量偏低并且产能过剩的落后行业。由于房地产能够创造出较为稳定的市场需求,因此它们既不会自动退出市场,也缺乏转型升级的动力。长此以往,房地产及其相关联的落后产业将会占据大量宝贵的信贷等资源,阻碍新兴产业的成长,从而引发落后产业和新兴产业之间的资源错配和效率损失。

房地产收入占地方财政收入的比例过高,随着房地产市场的调控深入,地方政府面对巨大的财政压力。全国 10 万亿元地方税中,有 4 万亿元是与房地产关联的,再加上土地出让金 3.7 万亿元,全部 13 万亿元左右的地方财政预算收入中就有近 8 万亿元与房地产有关,过于依赖房地产。地方政府掌控着土地供需,限量供给引起的地价上涨刺激了投机,拉大了贫富差距,损害了社会公平。随着房地产调控的不断深入、棚改规模的下降以及货币化安置的下调,土地市场已出现明显降温,靠卖地来维持政府收支的风险加大,地方政府将面临巨大的债务压力和金融风险。

原重庆市市长黄奇帆在复旦大学关于房地产问题的演讲中提到,从经济学的经验逻辑来看,一个城市的固定资产投资占比中房地产投资每年不应超过 25%,这一标准来源于国际房地产市场的"1/6 理论"。对一个家庭而言,用于租房的支出最好不要超过月收入的 1/6,买房也如此,不要超过家庭全部工作年限收入的 1/6,按每个人一生工作 40 年左右时间算,"6~7 年家庭年收入买一套房"是合理的。对一个城市而言,GDP 不能全部拿来投资造房,否则就无法持续健康发展。每年固定资产投资不应超过 GDP 的 60%,如果超过这一比例,一年两年可以,长远难以持续。固定资产投资不超过 GDP 的 60%,再按"房地产投资不超过固定资产投资的 25%",也符合"房地产投资不超过 GDP 1/6"这一基本逻辑。

然而，目前我国的房地产和实体经济存在投资失衡和融资失衡。房地产投资占 GDP 比重太大，不可持续。投入过多的资金到固定资产投资里面，相应其他方面的城市发展投资就会减少，同样也会影响到城市的发展。全国 32 个省会城市和直辖市中，房地产投资连续多年占 GDP 60% 以上的有 5 个，占 40% 以上的有 16 个，显然偏高。有些城市因为房地产投资过剩，基础设施、实体经济、工商产业又没跟进，会出现"空城""鬼城"。现在，一些地方固定资产投资绑架了国民经济发展，成为稳增长的"撒手锏"，各地都采用这种方式稳增长，房地产投资比重越来越高，失衡就会越来越重。此外，房地产绑架了太多的金融资源，导致众多金融"活水"没有进入到实体经济，脱实就虚。2011 年全国人民币贷款余额为 54.8 万亿元，其中房地产贷款余额为 10.7 万亿元，占比不到 20%。然而，这一比例逐年走高，2016 年全国 106 万亿元的贷款余额中，房地产贷款余额 26.9 万亿元，占比超过 25%。房地产占用了全部金融资金量的 25%，而房地产贡献的 GDP 只有 7% 左右。而且，2016 年全国贷款增量的 45% 来自房地产，一些国有大型银行甚至 70% ~80% 的增量来自房地产。

3. 政策调控压力下，增长趋势缓慢

2016 年 12 月中旬，中央经济工作会议提出，要坚持"房子是用来住的，不是用来炒的"的定位，要求回归住房居住属性。2016 年 12 月 21 日下午，习近平总书记在中央财经领导小组第十四次会议上进一步指出，"要准确把握住房的居住属性"。2017 年，"房住不炒"写入十九大报告，"坚持房子是用来住的、不是用来炒的定位，加快建立多主体供给、多渠道保障、租购并举的住房制度，让全体人民住有所居。"

从资金的角度来看，2017 年 11 月资管新规意见稿出台，直接指向非标融资和银行通道业务，房地产融资渠道被急剧压缩。2018 年 4 月资管新规正式出台，我国房地产项目融资进入全面收紧的时期，且随着销售周期的结束，销售回款速度变慢，进一步限制了房地产融资的资金来源。由于 2015—2016 年房地产大规模发行了期限为 3～5 年的还本付息公司债，2018 年下半年债务将逐步到期，更加增大了房企的资金困境。

表 6 - 2 房企主要有息债务余额及未来每年到期规模

	开发贷（万亿元）	并购贷（万亿元）	委托贷款（万亿元）	信托融资（万亿元）	信用债（万亿元）	资产支持证券（万亿元）	海外债（万亿元）	总计（万亿元）
余额时间	2018 年 6 月底	2017 年末	2018 年 6 月底	2018 年 6 月底	2018 年 6 月底	2018 年 6 月底	2018 年 6 月底	NA
当前余额	9.64	1.23	2.77	2.37	2.21	0.33	0.64	19.18
2018 年下半年	1.4	0.14	0.86	0.28	0.15	0.05	0.06	2.94
2019 年	2.74	0.41	1.73	0.65	0.39	0.06	0.08	6.06
2020 年	3.56	0.55	0.17	0.92	0.5	0.03	0.12	5.86
2021 年	1.94	0.14		0.53	0.64	0.02	0.13	3.39
2022 年					0.24	0.01	0.08	0.34
2023 年					0.22	0.01	0.06	0.29
2024 年					0.04	0.003	0.04	0.08
2025 年					0.01	0.01	0.04	0.06
2025 年后					0.02	0.13		

当前房企总计债务为 19.18 万亿元，其中 2018 年底到期单位为 2.94 万亿元，2019 年底为 6.06 万亿元，2020 年为 5.86 万亿元，2021 年为 3.39 万亿元，从 2018 年底开始到 2021 年都是偿债高峰期，要还款 18.16 万亿元。

面对天量债务，房地产企业资金来源捉襟见肘，拿地热情锐减。2018 年 9 月房地产信托环比下降 17.5%，资金净减少近 120 亿元。2018 年国庆假期当周，主流 46 城一手房周成交 323 万平米，环比下降 39%，其中，一二线环比下跌 26%、三四线环比下跌 72%。二手房市场也是成交惨淡，国庆期间，一二线城市每天二手房产销量只有几十套。北上广深杭厦六大热门城市房价已经全线松动，新房降价打折潮轮番上演，二手房成交量遭冻结。西安一个楼盘推出近500套房，最终无一个购买，创下新纪录。2018年前8个月，全国土地流拍总数超过800宗，地价更是创下5个月以来的新低。

本轮房地产调控持续时间之长，密集程度之高，为历史所罕见。随着去杠杆工作的推进，银行表外业务正在收缩，地产首当其冲受到影响。如今房产中介的主题是"降薪求存"，开发商的主题是"活下去"。

其实早在2008年，万科的王石就喊出"拐点论"。万科2018年内部秋季例会不经意间流出的会议现场照片，赫然出现了红底白字标语——"活下去"。无独有偶，融创从2016年开始几乎没在公开市场拿过地。孙宏斌在2017年度业绩会上也曾说，地产主业之外，融创的投资逻辑是投资"诗和远方"，即投资消费升级、美好生活。碧桂园则冲进了人工智能领域，一边建设了四个人工智能小镇，一边成立了专门的农业控股公司，要大力发展现代农业。风马牛不相及的布局，揭示了目前房地产行业的尴尬。

2018年5月14日，社科院发布房地产蓝皮书《中国房地产发展报告2018》。预计2018年我国房地产投资将进入下行通道，继续保持低位运行态势，未来存在加速下降的可能性。蓝皮书发出预警，很多二三线城市房价上升过快，潜在风险巨大。

现在中国的房产投资逻辑已经改变，投资需要关注真实需求和价值。据统计，一二线城市已经出现了房地产投资增速下降的情况。随着去库存刺激政策的逐渐退出，变为紧缩的调控，三四五线城市也面临较大回调的可能。如今中国人均居住面积达36平米，房地产大开发、大建设的时期已经过去。投资房产成本高，未来的投资回报却相对会下降。

在中央政府"房子是用来住的而不是用来炒的"的定位指导下，房地产投资逻辑已经发生改变，未来的政策将更加倾向于解决居住问题。各类限售政策不放松，加上当前房价趋于稳定，炒房机会越来越少。

过去20年时间里，买房曾是最好的投资渠道之一，这种房价"只涨不跌"推动了社会整体的浮躁心态。"房住不炒"这朴素的四个字，是对社会价值观、政绩观、经济工作重心的纠正。稳——稳地价、稳房价、稳预期——依然是今后楼市的主基调，这个不会变。中国房地产已经告别了高速增长的阶段。野蛮生长的投资机会只出现在过去不成熟的市场中，对于投资者来说，现在投资必须关注真实的需求和价值。

三、股市和房市：跷跷板的两端，互为消长

股市与房市一直都是对资金吸进量巨大的市场。两个庞然大物对资金的引力都不容小觑，资金的流动导致股市与房市长期出现此消彼长的现象。房地产市场明显降温之际，资金会回流股票市场，由此对股市构成提振刺激。两者之间就像跷跷板的两端，有上有下，你来我往。

国家统计局最新数据显示，2018年全国房地产开发投资120 264亿元，比上年增长9.5%，而这一年全国房地产的销售额数据大概是14万亿元，依旧延续着红火的势头。有意思的是，也是在2018年，沪深两市上市公司总市值蒸发14.39万亿元，这个数值刚好和房地产销售额持平。

近20年来，房产成为众多投资者的首选标的，房价的飙升为早期参与房产投资的人们带来了不菲的回报。在中国人心中，房子代表着家庭的归属感和生活的安全感。这种情感诉求使房产投资成为理财的热门选择。若房地产投资在家庭理财中的比例过大，投资风险就会大大增加。而数据显示，中国家庭资产配置房地产占比达68%，整体占比较高，其中北京、上海更是高达85%，对于投资者而言，这种配置显然是不合理的。投资楼市，资金流动性易遭长期禁锢，无法快速周转。

需要注意的是，对于以往房地产长期上涨的表现，更大程度还是建

立在货币环境持续宽松的基础上。简言之，货币环境的宽松与否，直接影响到国内房地产价格的表现。至于利率敏感、政策敏感的股票市场，本身也是受益于货币环境持续宽松的趋势。鉴于国内股票市场属于典型的政策市场，在轰轰烈烈的"去杠杆化"和"去泡沫化"的过程中，再加之股市长期以融资作为定位的功能，实际上也大大削弱了股市的上涨动力，而政策监管对股市的持续收紧，也抑制了股市的发挥空间，变相倒逼更多的资金投向房地产市场。

四、政信投资：跷跷板的中端，平衡两端

从 2008 年 5 月 30 日到 2018 年 5 月 30 日，上证指数从十年前的 3 433 点下跌到了 3 072 点，十年不涨反跌；牛短熊长的市场表现，注定绝大多数个人投资者面对高风险，却难以获得与之对应的高收益。自 1998 年房改以来，过去的 20 年是我国房地产市场高速发展的时期，整体来看，中国房地产虽然名义年化收益率达到了 7.8%，但是仍比不上政信理财投资的 8% ~ 10% 的年化收益率。然而，随着经济结构和社会需求的不断变化，房价虚高使房产投资的风险越来越大。从理性投资的角度来看，房产投资的"黄金时代"已经过去了。

与股市和房市相比，政信投资的黄金时期才刚刚开始，未来投资房地产很难再赚到钱，投资房产与投资政信理财产品的差距将越来越大。究其原因，投资者们投身楼市寻求资产保值升值是由于市场投资渠道过于狭窄且单一。而政信投资开辟了多样化、可信赖的投资渠道，有序疏导资金配置，保障财富保值增值。

如今，市面上常见的理财产品已成为大多数人除房产以外最重要的投资渠道。很多投资者会选择银行理财、基金或股票等产品，高净值人群则偏向于配置私募资产。无论选择哪种理财方式，首先要对产品要素及风控进行深入了解，再根据自身风险承受能力进行匹配性选择。市面上的理财产品琳琅满目，相对而言，政信理财产品拥有合理的交易结

构和项目增信，风险相对较低，收益较为合理，从而获得许多投资者的青睐。

在整体环境未见明显好转，股指于低位徘徊、楼市疲软的情况下，政府则为投资者指明了新的方向，那就是 PPP 合作——社会资本与政府间合作的传统政信项目，这将是未来投资理财的主流趋势。

PPP 属于政府信用介入的带有公益性质的政企合作项目，从 2015 年起，国家开展了基础设施投融资领域改革，鼓励民间资本以 PPP 方式进入基础设投资领域。同时我国已加快了垄断领域开放的步伐，主要包括混改、开放教育医疗等服务业准入等。由于 PPP 资金体量很大，通过 PPP 理财产品参与到这些行业，成为普通投资者分享改革红利的重要途径。作为一种新型的投融资模式，在国家"一带一路"建设，城镇化、工业化进程以及供给侧结构性改革中发挥了巨大的作用。投资者选择理财产品的时候，PPP 产品是很好的选项。

对偏好稳健投资的投资人来说，政信理财产品的优势非常明显。政信产品依托金融机构与各级政府在基础设施、民生工程等领域开展的合作业务，参与实体基本为地方国企或融资平台，用资项目多为国家和政府支持、最后由政府验收还付款的项目，项目安全性较高。政信项目真实可靠，具备相对较低的违约风险、较高的信用等级、可靠的还款来源，从而在一定程度上降低了风险。

随着房地产拉动经济增长的动力回落，通过扩大基础设施投资来填补房地产投资回落的缺口已成为地方政府的工作重心，决策部门不约而同地通过 PPP 模式引导社会资本进入，从而把稳增长方向转向基础设施投资。房企也纷纷介入，协助地方政府参与产业园、旧城改造、特色小镇、棚户区改造、养老医疗等领域建设。

以国投信达投资集团为例，目前集团项目涉及新城镇建设、城市新区开发、地下管廊建设、智慧城市建设等众多领域。已与云南省、贵州省、山西省等多个区域落实合作项目，在民生工程、基础设施建设等领域开展PPP项目合作，依靠项目发行了包括信托贷款类、股权类在内的私募基金产品，在银行、信托、券商的配合下，资金管理规模迅速扩大。包括券商、保险在内的众多机构投资者也会通过这类私募基金产品，参与到地方项目建设中。

随着PPP模式的不断发展，PPP类业务将不断完善，各种证券化PPP将不断推出，以满足大众投资需求。

对企业而言，金融创新能力是参与PPP项目的重要支撑与核心竞争力。国投信达作为中国政信金融领域的龙头企业，针对优质PPP项目提供综合服务。依托自身业务优势，布局城镇建设、产业园区、智慧城市、文化旅游、医养健康及交通等领域，成为PPP领域的重要参与者。

第二节　保险、信托与政信投资

一、保险投资：保障为主，兼具投资

保险是指投保人根据合同约定，向保险人支付保险费，保险人对于合同约定的可能发生的事故因其发生所造成的财产损失承担赔偿保险金责任，或者被保险人死亡、伤残、疾病或者达到合同约定的年龄、期限等条件时承担给付保险金责任的商业行为，目前已经延伸成一种保障机制，是用来规划人生财务的一种工具，是市场经济条件下风险管理的基本手段。

保险主要是生活的一种保障，同时也是投资理财的一种类型，由于其参与门槛低，是一种平民投资方式。生活中出现意外和损失的风险是难以杜绝的，而保险能够起到防患于未然的作用。保险虽然不能阻止灾难的发生，但是能够在灾难发生之后，通过现金补偿的方式帮我们减少损失、降低负面影响。

对投资者而言，如果只是为了财富增值，那么保险并不是一个合适的理财产品。一般意义上的投资组合很少看到把保险与股票、债券等金融产品打包在一起，而传统寿险更是与投资组合没有关联性。传统意义上的投资组合无外乎股票、债券等，但是这些投资品都不具有保险所具备的可保风险。与其他的理财产品相比，保险的收益差强人意，但是其保障性和收益性的"双赢"特征是其他投资方式所不能取代的。可以把保险视为一种人生投资组合中具有价值的投资品。

对保险投资而言，受益于监管政策2012年以来陆续对险资投资运用松绑，保险投资收益近年来得到快速增长。统计数据显示，2013—2016年，保险资金投资收益率分别为5.04%、6.3%、7.5%、5.66%，而在此之前，保险资金的投资收益大多低于五年期定期存款利率，如2008—2012年，保险资金运用收益率分别为1.91%、6.41%、4.84%、3.49%和3.39%。

除了在股票、债券等传统领域投资，保险资金在另类投资方面也很激进，债券投资计划、信托计划等投资占比也在迅速攀升。保监会公布的2016年数据显示：资金运用余额133 910.67亿元，较年初增长19.78%；银行存款24 844.21亿元，占比18.55%；债券43 050.33亿元，占比32.15%；股票和证券投资基金17 788.05亿元，占比13.28%；其他投资48 228.08亿元，占比36.02%。

然而，保险投资在快速增长的过程中也滋生了一些问题——个别资产驱动负债型险企手握万能险保费在二级市场中疯狂举牌，一时间万能险被贴上"野蛮人""妖精"的标签。万能险从股民眼中的"救市大军"，变成了资本市场中扰乱秩序的资产管理人。

《人民日报》在2016年发表文章指出，近两年，部分险资缩期限、加杠杆，在资本市场翻云覆雨，放大金融资产泡沫，扰乱金融秩序，很不光彩。对其增值冲动，要"堵"更要"疏"，在严加整饬防止险资"肇事"的同时，还应打造阳光平台，引导其脱虚向实。做实体经济的

"及时雨"，不做资本市场的"混江龙"，保险业首先要树立长期投资、价值投资的理念。险资收益本质上来源于实体经济的增长，支持实体经济发展，与保险行业自身利益息息相关。实体经济项目往往投资大、周期长、见效慢，险资投入实体经济不能想着赚"快钱"，指望一轮行情下来就挣得盆满钵满，要沉下心、有定力，做资本市场的价值挖掘者、发现者和引领者，从而"常吃常有"，实现行业自身与实体经济的双赢。

二、信托投资：投资为主，保障为辅

信托是委托人基于对受托人的信任，将其财产权委托给受托人，由受托人按委托人的意愿以自己的名义，为受益人的利益或特定目的，进行管理和处分的行为。信托是一种理财方式，也是一种特殊的财产管理制度和法律行为，同时又是一种金融制度。信托与银行、保险、证券一起构成了现代金融体系。

信托业务是一种以信用为基础的法律行为，一般涉及三方面当事人，即投入信用的委托人、受信于人的受托人以及受益于人的受益人。

凡具有金钱价值的东西，无论是动产（现金、贵金属、有价证券等）还是不动产（房产、生产设备等），是物权（财产的使用权、所有权等）还是债权（股权、收费权等），是有形的还是无形的，都可以作为信托财产设立信托；只要不违背法律强制性规定和公共秩序，委托人可以为各种目的而创立信托；信托应用领域非常宽泛，信托产品品种繁多。因此，信托也称为金融百货。

信托公司是目前唯一准许同时在资本市场、货币市场和实业投资市场设立的金融机构。信托公司通过信托集中起来的个人资金，交由专业人才进行操作，利用信托投资领域的多元化进行组合投资，可以在一定程度上有效降低投资风险，实现投资人收益的最大化。

在实体经济发展方面，信托服务于政府、基础设施建设、上市公司、工商企业、消费金融、房地产等对象。在财富管理方面，信托除了帮高净值客户做资产管理和财富传承服务，也为银行、保险、证券等金融机构提供资产管理服务。另外，社保基金、慈善基金也可以委托信托公司做资产管理，信托也可以为企业提供现金管理解决方案。

截至 2018 年，我国有 68 家信托公司，有央企系、银行系、地方政府系、上市公司系等。

从资金规模来看，2018 年 1—6 月，集合信托成立规模分别为 1 425.84 亿元、810.61 亿元、1 043.40 亿元、1 290.26 亿元、1 162.39 亿元、1 155.06 亿元，集合信托成立规模总体呈波动下降趋势。2018 年 1—6 月，集合信托平均收益率分别为 7.32%、7.42%、7.40%、7.53%、7.72%、7.62%，呈小幅上涨趋势。

从资金投向看，2018 年上半年，房地产类信托规模 2 405.51 亿元，占比 34.93%，居各类产品之首；从收益率来看，上半年房地产类产品的平均收益率 7.89%，同样居各类产品之首。

2018 年集合信托产品代销渠道收窄，市场"钱紧"。市政平台、房地产企业等融资主力军对融资成本增高有一定承受能力，推高了产品收益率。通常而言，投资于房地产、证券市场的信托项目收益相对较高，但其风险也偏高；而投资于基础设施的信托项目收益普遍较低，但大部分相对稳定，现金流量明确，安全性相对更高。

信托这几年收益较高，但也有一些缺点，如缺乏流动性。信托的投资期限一般有一年、两年、开放式等多种选择，投资者要根据自身的情况选择合适的产品。

信托产品不能提前支取，所以对产品运行期间能否转让的了解相当重要。如果投资者们选择了这类理财产品，应该做好规划，避免因流动性较差带来的风险，投资者投入的最好是闲置资金。

一般情况下，信托收益率越高，风险就越大。买信托不能只看收益率高低，更要看投向哪里，抵押物是什么，抵押率为多少，进而根据自己的风险承受能力选择相应收益的产品。

三、保险与信托：一边是保障，一边是投资

对于投资者而言，保险侧重于保障和防患于未然，信托侧重于投资获得较高收益。此外，两者还有以下差异。

1. 投资门槛不同

保险投资门槛低，几百元几千元就可以买，即使保险中偏重理财的产品认购门槛也就 1 万～2 万元，是大众化的产品，主要以保障为主，出借领域严重受限。保险每年的分红可以随时取走，这有点类似信托。但整体期待年回报率无法和信托相比。保险具有三大功能，一是经济补偿，二是资金融通，三是社会管理，三种方式皆为支持实体经济的重要途径。

国内的信托主要承担的是投资和理财的功能，相较保险，最大的特点就在于投资门槛较高，基本是 100 万元起投。具体来看，信托分为单一信托和集合信托两类。集合信托的投资起点较低，最低是 5 万元，但一般都在 20 万元左右，100 万元的也很常见。单一信托的起点一般都是千万元等级，一般针对机构而不针对个人投资者。

2. 投资品种存在差异

保险资金特别是寿险资金，体量大、期限长、来源持续稳定、与相关产业匹配性好，在实体经济需要补血给养的当下，确实应该用好这股"源头活水"。对保险资金的增值冲动，既要"堵"更要"疏"，以制度创新激发其脱虚向实的动能。然而保险资金的投资范围较为有限。参照《保险资金境外投资管理暂行办法实施细则》，保险资金可投资于货币市场类、固定收益类、权益类和不动产。

（1）涵盖期限在 1 年内的商业票据、银行票据、大额可转让存单、逆回购协议、短期政府债券和隔夜拆出等货币市场工具或者产品。货币市场类工具（涵盖逆回购协议用于抵押的证券）的发行主体应当获得

A级或者相当于A级以上的信用评级。

（2）涵盖银行存款、政府债券、政府支持性债券、国际金融组织债券、公司债券、可转换债券等固定收益产品。债券应当以国际主要流通货币计价，且发行人和债项都是国际公认评级机构BBB级或者相当于BBB级以上的评级。依据规定信用评级要求的，其发行人应当具有不比该债券评级要求低的信用级别。

（3）涵盖普通股、优先股、全球存托凭证、美国存托凭证、未上市企业股权等权益类工具或者产品。股票以及存托凭证应当在相关的文件列举的国家或地区证券交易所主板市场挂牌交易。直接投资的没有上市企业股权，仅仅可以是金融、养老、医疗、能源、资源、汽车服务和现代农业等企业股权。

（4）直接投资的不动产，要求位于符合相关文件条件的城市的核心地段，且是成熟的、收益也稳定的商业不动产和办公不动产。

与保险资金相比，信托的投资范围很广泛，常见的有股权投资、债权投资、证券投资、未来收益权投资等，但无法在银信合作中投资票据资产。产品投向除银行的那几类外，还包括各类股权、债权、收益权类的金融资产，以及高档酒、艺术品、房地产等实物资产。根据风险程度不同，收益率起伏很大。

具体来看，信托投资标的包括地产项目等非标投资、企业融资、政府类基建项目、一级市场二级市场等。由于投资门槛较高，所以预期收益比大部分银行都要高。信托投资风险也较高，虽然前几年存在刚性兑付的现象，但近几年，许多信托项目也触雷，出现了延期兑付、无法兑付等风险。因此，信托产品不能像银行一样做到基本保本，而是要看投资标的的情况，对单个产品进行分析。

四、政信投资：既是保障，又是投资

政信理财产品的投资起点较低，既有保险投资的低门槛，又有不输

信托收益的稳健回报，属于大众投资品。政信投资兼具两者的特征，保险资金参与政信项目，表示认可政信投资的收益和风险；政信投资的投资形式与信托类似，但更有特色。根据不同的产品设计，不同的政信理财投资品种有不同的投资门槛，投资方式比较灵活，政信信托既是保障，又是投资。

1. 保险公司逐步参与到政信投资中

随着中国经济的稳步增长，目前已有部分保险公司通过 PPP（政府与社会资本合作项目）项目、农业脱贫攻坚等方式参与其中，分享实体经济的成长果实，每家公司各有侧重，也有一些机制仍处于探索之中。

当下在重点经济领域，诸如财政改革、投融资改革、缓解政府融资、引导民间投资等主题都与 PPP 有重要关联，而保险资金与 PPP 项目具有天然的匹配性。一方面，PPP 项目建设运营周期长，对资金的需求量大，与保险资金投资期限长、资金量大且稳定的特征天然匹配。另一方面，PPP 属于政府信用介入的带有公益性质的政企合作项目，既不允许暴利又要求相对适中稳健的资本回报率，这也与保险资金风险偏好低但要求长期稳定投资回报率的特征相吻合。

实际上，保险资金应发挥长期投资优势，为国家重大战略和产业政策、国有企业混合所有制改革、棚户区改造、基础设施建设、新经济增长等提供有力的资金支持，做长期资金的提供者而非短期资金炒作者，使金融体系的资金供需在期限结构上更加匹配。在国家大力倡导下，社会资本纷纷以 PPP 模式参与到这些建设中。保险资金也必然通过参与 PPP 模式分享实体经济发展的成果。

目前保险资金间接投资 PPP 项目，主要有四种形式，包括以债权计划投资施工方、投资企业专项基金、参与政府融资基金、跟投其他金融机构等。国投信达与信托公司、证券公司、保险公司、区域性金融资产交易所、资产管理公司、商业保理公司等各类金融机构合作，针对优质 PPP 项目及地方优势产业国企改制项目，提供综合服务，大力引导包括险资在内的各类资金参与到实体经济。

2. 政信投资类型丰富

政信理财产品与信托的投资范围有所重叠，一般投向由政府发起的交通、住建、环保、能源、教育、医疗、体育健身和文化设施等项目或政府债权融资，投资规模较大、需求长期稳定。政信理财产品多属于直接为政府融资，省去了融资渠道的中间费用，降低了融资成本，安全性高且收益不错，主要包括政信类信托和 PPP 项目两种。

政信类信托是基础产业类信托的一种，基础产业类信托是资金投资于基础产业领域的信托计划。基础产业主要包括农业、能源、原材料和交通运输等产业部门，在经济结构中占有相当比重，能够为社会生产和居民提供公共服务。其中，信托资金投向交通、水利等基础设施建设项目的被称为基建类信托，其参与实体基本为地方国企或融资平台，用资项目多由国家和政府支持，由政府验收还付款，因包含隐形政府信用，又称为政信类信托。

传统的政信信托模式为，各级政府以某个特定的基础设施建设项目为由，通过其下属的地方融资平台，向信托公司融资。

在地方政府性债务中，信托业对政府主导的基础产业配置余额占比为 13%，直接政信合作占比仅为 4.5%，政信类信托实际比例很小。与其他信托产品相比，政信理财产品、政信合作信托的安全性更加有保障。在当前的市场情况下，其投资性价比更是得到市场的一致认同。

政信合作的融资方一般是政府的各类融资平台，政府融资平台负责城市基础设施建设、城市开发等，这类理财产品最大的特点是融资主体相对比较有实力，且地方政府对还款有相关责任或直接以地方政府的债权收益权作为融资标的。

政信类信托的体量比较小，信托在政信类项目中一般只充当普通债权人，不承担项目经营中的风险。而政信合作包含大多数政府信用在内的合作，合作方式较多，主体更多，理财产品模式也更多样，如PPP融资模式。PPP融资模式是在城市基础设施建设中，政府部门和私人机构形成一种合作关系，共同出资建设、运营，政府与社会各主体建立"利益共享、风险共担"的合作模式。PPP模式中，各类金融机构可以充当项目的股东分担项目风险和收益。引入PPP模式的目的是希望实现政府和社会双赢，在政府的大力支持下，PPP作为一种新的融资模式备受银行、基金、信托等金融机构的关注，并且纷纷布局。

对于政府而言，PPP模式有利于缓解政府债务负担；对于社会资本而言，其在地方优质项目中参与程度更高，可以股东的身份分享我国经济发展的成果。在具体实践中，PPP项目延续了传统政信类信托的某些优点，如收益水平。在风险保障机制方面，仍然有政府的相关支出义务以保证收益。另外，PPP项目本身具有稳定的现金流，其安全性不亚于传统的政信类信托项目。

第三节　黄金、外汇与政信投资

一、黄金投资：储值为主，投资为辅

黄金是一种贵重金属，也是一种特殊的商品，黄金曾在很长一段时间内担任着货币的职能。黄金稀有而且珍贵，具有储藏、保值、获利等金融属性，黄金极易变现，这是当代黄金的货币和金融属性的一个突出表现。

黄金市场由供给方和需求方组成。黄金的供给方主要有产金商、出售或借出黄金的中央银行、打算出售黄金的私人或集团；黄金的需求方主要有黄金加工商、购入或回收黄金的中央银行、进行保值或投资的购买者。

1. 黄金的储值与保值

作为一国的国际储备资产的重要组成部分，黄金储备量的多寡关系到一国对外经济贸易的资信水平，并对稳定国民经济、抑制通货膨胀、提高国际资信产生特殊作用。

在私人层面，普通民众则以首饰、金条和金币等形式来储藏财富。根据中国黄金协会 2014 年发布的《中国黄金行业社会责任报告》，中国民间黄金储备约为 6 000 吨，不及印度民间黄金储藏量的一半，人均黄金持有量不足 4.6 克，与全球人均 20 克的水平相差很大，未来增长的空间也很大。

正是由于黄金强大而稳定的储备功能，它被当作具有长期储备价值的资产广泛应用于公共以及私人资产的储备中。综观国际货币金融体系的演化，不同金融体系中，黄金一直是信用货币体系的锚。

从抗通货膨胀角度来说，在宽松的货币政策下，通货膨胀水平升高，黄金的保值作用就能得到体现，这一关系主要体现在黄金价格与美元指数的相互关系上。美元作为国际黄金市场上的标价货币，与金价呈现负相关，根据历史数据及理论支撑，一般情况下，金价本身价值无变化，但美元下跌，金价在价格表上就会显示上涨。

2. 黄金的投资属性

在黄金的投资属性方面，世界上大大小小的黄金市场有 40 多个，比较重要的和影响较大的有伦敦、纽约、苏黎世、香港等地的黄金市场。

黄金的价格主要受以下四个因素的影响：

（1）供求关系及均衡价格。黄金市场的均衡要求黄金的流量市场和存量市场同时达到均衡。如果在一定的价格上，流量市场供大于求，会导致存量市场的供给过剩，进而导致价格下降；反之，则会上升。

（2）通货膨胀。通货膨胀时产品的名义价格发生普遍上涨，黄金的名义价格也会相应上升。因此，一般而言，在面对通货膨胀压力的情况下，黄金投资具有保值增值的作用。

（3）利率。实际利率较高时，持有黄金的机构就会卖出黄金，将所得货币用于购买债券或者其他金融资产来获得更高收益，因此会导致黄金价格的下降。相反，如果实际利率下降，机构急于持有黄金的机会成本（由此造成的利息损失）就会减少，从而促进黄金需求的增加，导致黄金价格的上升。

（4）汇率。通常情况下美元是黄金的主要标价货币，如果美元汇率相对于其他货币贬值，则只有黄金的美元价格上升才能使黄金市场重新回到均衡。

黄金的收益和股票市场的收益不相关甚至负相关，这个特性通常使它成为投资组合中一个重要的分散风险的组合资产。黄金理财产品和其他实物投资理财产品一样，具有内在价值和实用性，抗系统风险的能力强，但也存在市场不充分风险和自然风险。

20世纪70年代以前，国际黄金价格基本比较稳定。1973年，尼克松政府宣布不再承诺美元可兑换黄金，金价彻底和美元脱钩，开始自由浮动。黄金的货币性职能受到削弱，作为储备资产的功能得到加强。黄金具有商品、货币和金融属性，也是资产的象征，价格会受商品供求关系的影响。近30年来，黄金价格波动剧烈。国际上重大的政治、战争事件，国际金融组织的干预活动，本国和地区的中央金融机构的政策法规，石油危机、金融危机等都会通过影响供需引起黄金价格的暴涨暴跌。

著名经济学家凯恩斯说："黄金在现代经济制度中具有重要作用，它作为最后的卫兵和紧急需要时的储备金，还没有任何其他更好的东西可以替代它。"当前全球经济不确定因素持续变化，使黄金的投资避险价值凸显。作为历史上货币形态自然选择的产物，黄金在面对未来的诸多不确定性时，其价值支付、储藏、抵抗风险等价值始终没有改变。

二、外汇投资：避险为主，投资为辅

外汇投资是指投资者为了获取投资收益而进行的不同货币之间的

兑换行为。

外汇市场是指由银行等金融机构、自营交易所、大型跨国企业参与的，通过中介机构或电讯系统联结的，以各种货币为买卖对象的交易市场。外汇市场具有空间统一性和时间连续性。伦敦是世界最大的外汇交易中心，东京是亚洲地区最大的外汇交易中心，纽约则是北美洲最活跃的外汇市场。

外汇市场具有以下几个功能：①充当国际金融活动的枢纽；②形成外汇价格体系；③调剂外汇余缺，调节外汇供求；④实现不同地区间的支付结算；⑤运用操作技术规避外汇风险。

1. 外汇市场的交易机制

外汇市场的交易主要分为商业银行与客户之间的外汇交易、商业银行与同业之间的外汇交易和商业银行与中央银行之间的外汇交易三种。

商业银行与客户之间的外汇交易主要是为了沟通供给使用、赚取中间差价。一方面，商业银行从客户手中买入外汇；另一方面，商业银行又将外汇卖给客户。实际上，银行是在外汇的最终供给者和最终使用者之间起着中间作用，赚取外汇的买卖差价。

商业银行为了规避外汇风险，通过商业银行同业之间的交易，轧平外汇头寸。此外，商业银行还出于投机、套利、套期保值等目的，从事同业之间的外汇交易。在外汇市场上商业银行同业市场交易额占90%以上，它决定了外汇汇率的高低。

中央银行通过与外汇银行之间的交易，对外汇市场进行干预。如果某种外汇兑换本币的汇率低于期望值，中央银行就会从外汇银行购入该种外币，增加市场对该种外币的需求量，推动该汇率上行；反之，如果中央银行认为该外币的汇率偏高，就向商业银行出售该种外汇的储备，促使其汇率下降。

2. 影响外汇汇率变动的因素

（1）国际收支及外汇储备

国际收支是一个国家在一个时间段内对外经济往来，对外债权债务清算而引起的所有收入和支出。国际收支是商品、劳务的进出口以及资本的输入和输出。国际收支中如果出口大于进口，资金流入，意味着国际市场对该国货币的需求增加，则该国货币会上升。反之，若进口大于出口，资金流出，则国际市场对该国货币的需求下降，该国货币会贬值。

（2）通货膨胀

一般而言，通货膨胀会导致本国货币汇率下跌，通货膨胀影响本币的价值和购买力。

（3）利率

利率对汇率的影响主要是通过对套利资本流动的影响来实现的。在温和的通货膨胀下，较高利率会吸引外国资金的流入，同时抑制国内需求，进口减少，使本币升高。但在严重通货膨胀下，利率与汇率成负相关。一国利率提高，将导致该国货币升值，反之，该国货币将贬值。

（4）市场预期

汇率短期的波动往往能够反映市场观点。预期短期影响外汇市场的最重要因素包括地缘政治、各国大选、政府可能宣布的重大措施等。金融市场对其有较高的敏感度，资金会跟着市场预期随之流动，从而对外汇市场产生冲击。

（5）政府货币宏观调控

政府对货币汇率不满意，就会直接干预市场，改变外汇市场货币供求关系，短时间内会对外汇走势造成很大影响。

（6）本国重要的经济数据

本国重要的经济数据包括失业率、消费物价指数（CPI）、消费者消费信心指数等。失业率是经济发展好坏的标志，失业率的上升意味着经济受阻；失业率降低，则意味着经济发展势头增强。CPI主要反映消费者支付商品或劳务的价格变化情况，即通货膨胀水平的变化情况。如果CPI大幅上升，从短期看，有助于利率上升，从而支持汇价；从长期看，实质上是币货贬值。消费者消费信心指数增加，表示消费者乐意支出，对经济增长是利好的，汇率上升；指数下降，表示消费者不愿意消费，可能是因为对未来经济增长不信任，对经济增长是不利的，汇率下降。

3. 外汇市场的避险属性

外汇风险一般分为外汇交易风险、外汇折算风险、经济风险和国家风险。而外汇交易风险涉及的业务范围广泛，是企业应对比较频繁的风险，也是涉外业务的企业主要防范的对象。它是指企业未了的债权债务在汇率变动后，进行外汇交割清算时所出现的风险。这些债权、债务在汇率变动前已经发生，但在汇率变动后才清算。也就是说，企业在以外币计价的交易中，由于交易发生日和结算日的汇率不一致，导致收入或支出发生变动的风险。

外汇的金融避险工具最主要的是套期保值。套期保值是指买入（卖出）与现货市场数量相当，但交易方向相反的期货合约，以期在未来某一时间，通过卖出（买入）期货合约补偿现货市场价格变动带来的实际价格风险，使交易者的经济收益稳定在一定水平。

外汇市场通过远期、期权、掉期等外汇衍生产品的单独或组合运用，规避汇率风险。此外，还可以投资于避险货币。避险货币指不易受政治、战争、市场波动等因素影响，最大限度地避开上述风险，比较稳定、不易贬值的货币。

国际公认避险货币是瑞士法郎，因为瑞士属于永久中立国，有着极其严格的银行保密制度。瑞士法郎长期以来都被投资者视作传统的避险货币。历史上一旦国际政治局势紧张或者经济增长的不确定性加大，瑞士法郎便成为投资者转移资金的首选。此外，瑞士政府对金融、外汇采取的保护政策，使大量的外汇涌入瑞士，推动瑞士法郎保值上涨。

三、黄金与外汇：一边是储值，一边是避险

黄金价格与大多数投资产品之间存在负相关关系，所以它是一种重

要的分散风险的投资工具。黄金投资也具有相当的安全性。与其他投资产品相比，黄金的价格波动性要小得多，特别是在社会处于动荡时期，黄金价格的稳定性表现得特别明显。因此，黄金投资主要以储值为主。

黄金投资和其他产品投资一样，也暗藏着风险。虽然黄金供给较为稳定，但需求端则存在较大不确定性，风险主要来自各国中央银行买入量。尽管近年来购买数量波动不大，但减持增持偏好的变化明显，如俄罗斯、中国持续增持，欧洲部分国家中央银行减持。

外汇投资的主要特点是避险，然而随着我国金融市场的开放和发展，外汇投资已经变得日益火爆和成熟，因为汇市交易相对公平、市场相对透明，几乎没有人能够操纵如此巨大的市场，而且资金比较小的投资者和机构投资者机会均等。外汇24小时都能进行交易，是"T+0"交易，没有地域限制，买卖随时进行，只收取成本的2%左右的一次性点差手续费，直接和国际银行拿差价无中介费。无税收，外汇是全球少数不用缴纳增值税和个人所得税的金融产品之一。

从投资的角度来看，外汇因为杠杆的存在使得投其投资收益远超其他类型的金融产品，当然其风险性也更大。在外汇市场有二八定律，80%的人会亏损，只有20%的人会盈利。对于外汇高手来说，年收益率或者投资回报率在几倍以上不足为奇。对于不懂外汇交易的投资人，极有可能亏损，在长期的交易中损失几乎是必然的。

通过对外汇、黄金、原油，以及证券的交易和理论研究，很多投资者感觉到全球经济已越来越缺乏可预测性。即便可以比较清晰地判断出美元的长期趋势看贬，但这种长期判断并不能保证在云谲波诡的市场中获利和避险，因为经济可预测性的降低带来更大的中短期波动可能和不确定性。

四、政信投资：既能储值，又能避险

从经济周期角度来看，2015—2022年属黄金价格上涨周期，未来可

关注黄金投资。但从长期来看，黄金的长期平均收益率比较低，且没有利息收入，虽然在通货膨胀水平较高的情况下能保值，但长期来看跑不赢通货膨胀。

黄金的长期投资收益率非常低，黄金在 1800 年时每盎司是 18.99 美元，经过了 218 年到 2018 年，每盎司大约是 1 222 美元，用复利计算大概每年上涨 1.93%。而过去 200 年通货膨胀平均每年为 3.75%。

通过黄金投资来获得波段收益是可以的，但是持有的时间越长亏得越多。所以从长期来看，黄金不保值，更不增值。黄金长期虽然上涨，但社会的财富、工资、其他的资产涨得更快。黄金跑不赢货币基金，也跑不赢股票和房地产，即使在有色金属中，涨幅也排不进前五名。有经济学家甚至称，在人类投资的历史上，一直存在"黄金幻觉"，黄金可以保值增值是一个天大的谎言。

所以投资者要获取社会发展带来的收益，仅仅凭借对黄金的固守是远远不够的，还是要凭借自身对理财的了解程度，抓住市场的主流，选择合适的理财产品。

政信产品由于风险极低，在一定程度上有储值特性。想要自己的资产安全、稳定增值，可以选择包括 PPP 理财产品在内的政信产品。引入 PPP 模式的目的是希望实现政府和民间资本的双赢，让投资者参与社会建设，分享社会发展带来的红利。

2018 年，中美贸易摩擦成为市场关注的焦点，直接影响着投资者情绪，一度引发市场出现巨大波动。人民币作为风险资产和贸易摩擦利益相关国货币，不可避免地受到了波及。

2018 年 7 月 6 日起，美国开始对 340 亿美元中国产品加征 25% 的关税。作为反击，我国也于同日对同等规模的美国产品加征 25% 的进口关税。中美贸易争端形势的恶化及其对未来进出口的影响也引发了人民币汇率的大幅波动，市场上的担忧情绪在一定程度上加大了人民币汇率的下行压力。

随着局势的不断变化，全球金融市场几经起伏。美国遏制中国在高科技和高端制造业中竞争力的意图明显，从中长期来看，市场普遍预测还会再起风波。投资脉搏越来越难以把握，如何使财富保值，并获得稳健收益，成为许多投资者需要思考的问题。

政信理财产品具有避险特征，对于追求收益稳健、风险适中的投资者而言，布局债券属性较强的公共服务投资领域，是在不明朗的金融市场中较好的投资选择。政信理财产品不仅项目标的稳定优质，项目还款也有较好的保障。

近些年，中国内需稳步增长，中长期抵抗外部风险的能力逐步增强，政府大力推进 PPP 模式，谋求与社会资本合作，共同带动社会经济发展。中国在次贷危机后，积极调整经济结构，已不再是一个单纯的外向型经济体，在此次的中美贸易摩擦背景下，市场普遍预计贸易摩擦对美国的负面影响将远远大于对中国的负面影响。中国经济重心已转向国内市场、更加注重质量提升，此时选择国内优质政信项目是较为安全的投资方式。

随着中国加强供给侧结构性改革，扩大内需，持续不断在公共领域推动 PPP 模式，优质基础设施项目资产的优势已逐步显现，成为衡量投资安全性的重要标准。投资者通过投资政信理财产品，可间接投资政府的公共基础建设项目，分享社会高速发展带来的红利。

第四节　政信理财产品的优势

一、理念优势：投资于国、与国共赢

政信是指政府在政治、经济、社会、文化、生态治理过程中体现出来的与各利益相关方之间形成的信任关系和社会经济关系，提倡的是"与国共赢，藏富于民"的理念。

国投信达是国内唯一以政信金融服务为主业的集团公司，秉承"政信为本、服务民生"的经营理念和立业宗旨，目前已在全国30个省、市、自治区均设有分支机构和营业网点，构建面向全国的政信金融服务体系，被业内认定为"政信第一家"。

二、主体优势：政府信用风险可控

中国政府信用关系到中国发展的方方面面，政府诚信是社会诚信的基石和灵魂，对政府来说，信用是一种基础性执政资源，一旦群众对政府失去信任，政府就会寸步难行。"得民心者得天下，失民心者失天下"是亘古不变的至理明言。

政信合作项目多为政府支持，有稳定现金流的基础设施建设项目，这类项目主要投向基础设施、民生工程等领域。具体来说，政信金融对融资方的考察，可以最大限度地保证资金的安全性。

（1）关注当地政府经济情况/财政收入。归根结底，政信项目的还款来源是当地的财政收入、上级政府拨款收入和再融资收入。在考察政信项目所在地时，要了解当地财政局财政收入构成，当地企业数量和税收情况，当地在本市、本省的区位定位，未来的发展规划站位。优先考虑地级市或政府所在区的融资项目。

（2）关注融资方、担保方背景。政信项目中，融资方与担保方一般为当地政府控股的城投公司。优选当地政府平台合作，能够确保融资方的再融资实力。

（3）关注当地历史投融资情况。可以参照中央财经大学发布的"政信金融发展指数"，其将地方政府历史投融资纳入考量范围，能够对地方政府信用进行评估。

目前，国投信达已构建面向全国的政信金融服务体系。通过覆盖全国的金融服务渠道，使大量优质政信项目信息可快速调动全集团、多地域的优势资源，更好地为政府开展服务。

三、产品优势：产品公开透明、合法合规

政信产品公开透明。投资者了解政信项目、发行产品的真实性有很多途径，例如：

（1）可以到地方交易所查项目登记；

（2）可以到政府政务公示网站查询项目；

（3）可以到中登网查应收账款登记记录；

（4）私募基金产品可以到中基协官网查备案登记。

四、还款优势：还款来源明确、有保障

政信产品由于有地方政府参与，还款来源明确、有保障。

（1）政府债权类项目：政信金融是根据政府需求有针对性提供的金融服务，一个地方政府的资金运转主要是依靠政府的综合财政能力，也是对外融资还款的来源之一。

（2）股权类项目：政信项目的主要还款来源包括项目本身的收益、财政可行性缺口补助（包括中央及地方的财政拨款），也可以和地方其他收益性强的项目进行合作，来增强还款能力。

五、政策优势：新规打破刚兑，政信更规范，理财更安全

2018年4月27日，"资管新规"发布。资管新规被业内看作重塑国内金融行业、首部由多部门起草、对大资管行业进行统一监管的纲领性文件。资管新规有助于推动资管产品和服务加快转型，引导资管业务回归"受人之托，代客理财"的本质，促进资管业务规范发展。政策变化，有助于调整市场现状，使更加专业、更有实力的机构能够脱颖而出，而投研能力亦将成为各机构的核心竞争力。投资者在选择理财产品时，要选择具备专业实力、投研能力突出、信誉良好的专业机构。

新规条例中最具冲击力的当属打破刚性兑付部分。资管新规内容

显示，金融机构需按照公允价值原则对资管产品进行净值化管理，如刚性兑付属于监管套利或违规经营，均需进行规范或纠正；非金融机构违法违规开展资产管理业务的，依法予以处罚；同时承诺或进行刚性兑付的，依法从重处罚。

新规明确要求金融机构应向投资者传递"卖者尽责，买者自负"的理念，资产管理业务不得承诺保本、保收益，打破"刚性兑付"。资管新规影响到100万亿元规模的金融产品，银行、保险、证券、基金几乎所有金融机构都牵涉其中，影响最大的当属规模最大的银行理财产品。占据资管市场"大头"、规模超过22万亿元的银行理财产品将不再是"无风险"的代名词。

随着资管新规的逐步落地，资管业务转型的主要方向是推动理财产品向净值化转变。相较传统保本理财，净值型理财预期收益率波动性更高，投资者需具备一定风险承受能力。刚性兑付被打破之后，银行理财就失去了原有的安全性优势，投资者购买银行理财也不再是稳赚不赔的投资。对于绝大多数投资人而言，收益性虽然重要，但安全性依然是选择理财产品首要考虑的因素。

相对于传统理财产品，政信金融产品依托政府信用，投资民生工程，风险等级相对较低，收益也更加稳健，被视为优选的安全业务类型之一。

政信金融产品还款有保障，政府信用相比于企业商业信用更加可靠，因此政信类金融产品受到许多投资者的青睐。

政信理财分为债权投资和股权投资两类，债权投资依托政府信用，以应收账款等做抵押，还款方式明确且有保证，通常有稳定的利息收入，与国债一样风险极低。股权投资属于政府项目直投，并非存款，拥有较高的投资收益，也需要承担相应的投资风险，利率通常不固定。但是整体而言，政信产品风险等级低，投资价值高，被金融投资机构视为优质资源，甚至有人将其称为"本世纪最安全的金矿"。

六、守约优势：政信项目实质违约率为"零"

政信项目拥有严格的风控体系，相关主体具有比较好的偿债能力。

关于项目资金安全性，政信产品严格依照监管要求：

（1）资金用途全程监管，在资金使用过程中，政府平台公司需提供工程进度报告，保证资金专款专用；

（2）资金由银行、融资人、公司三方全程监管，募集的资金存放到三方共管账户中，平台公司在使用资金时需要提出申请，审核平台公司资料后进行放款；

（3）与融资方就该项目融资开设监管账户，由本次融资的管理人进行监管，和银行签订《银行监管协议》。

截至目前，还没有出现过政信项目平台公司实质性违约，平台公司最大的风险就是延期兑付风险，但是，全国仅仅发生几例，且都在一个月内兑付完毕，并另付了罚息。统计数据显示，政信产品逾期率为0.023%，违约率为零。

从政治要求、地方政府生存和发展要求来看，地方政府违约成本极高。一旦有融资债务违约，再融资绝对中止，当地政府还债、投资建设停顿，后果极其严重，因此地方政府谨慎履约。

七、成本优势：环节更少，收益更好

政信理财直接对资金需求方，环节更少，收益更好，与银行类理财相比有以下三个不同。

（1）类似的项目银行也在募资，只是银行没有明确说明资金流向；

（2）银行将其转化成银行理财产品销售，因为银行还要留取中间费用，从而降低理财产品收益；

（3）银行的融资只是阶段性的，不能从项目的立项开始就给企业融资，无法从项目本身获得最大利益。

第五节　政信金融产品风险揭示

一、特殊风险揭示

1. 政信金融产品专有风险

政信金融产品是依托金融机构与各级政府在基础设施、民生工程等领域开展业务合作而产生的一类理财品种，该类产品的还款来源稳定，大多投向保障房建设、棚户区改造及城市道路建设等。整体而言，政信金融产品风险等级低、投资价值高，被金融投资机构视为优质资源。当然，政信金融产品也因各地区的经济情况差异较大及政府的信用度不同等因素影响而存在一定的投资风险。此外，根据不同的政信金融产品类型，其所涉及的政策法规及金融监管存在一定的差异，也会由此产生特殊的政信金融产品风险。

2. 单一标的所涉风险

一个政信金融产品最终所投向的标的往往是一个地区的集中连片项目。因涉及的投资标的单一，一般面临单一项目的集中投资风险。若出现经营管理不善导致亏损和遭遇不可抗力等情形，使产品到期而无法正常退出，则将面临无法获得本金及收益甚至出现亏损的风险。

二、一般风险揭示

1. 资金损失风险

管理人依照恪尽职守、诚实信用、谨慎勤勉的原则管理和运用基金财产，但不保证投资财产中的认购资金本金不受损失，也不保证一定盈利及最低收益。

2. 政信金融产品运营风险

政信金融产品运营风险指管理人依据政信金融产品的合同约定管

理和运用基金财产所产生的风险，由产品相关财产及投资者承担。投资者应充分知晓投资运营的相关风险，并且其风险应由投资者自行承担。

3. 市场风险

资本市场价格因受各种因素的影响而引起的波动，将使政信金融产品资产面临潜在的风险。主要包括：

（1）政策风险

货币政策、财政政策、产业政策等国家政策的变化对资本市场产生一定的影响，导致市场价格波动，影响政信金融产品收益而产生风险。

（2）经济周期风险

经济运行具有周期性的特点，宏观经济运行状况将对资本市场的收益水平产生影响，而政信金融产品也会受其影响，从而产生风险。

（3）利率风险

金融市场利率波动会导致股票市场及债券市场的价格和收益率的变动，同时直接影响企业的融资成本和利润水平。若政信金融产品投资此类相关资产，收益水平会受到利率变化的影响。

（4）购买力风险

政信金融产品投资的目的是使政信金融产品资产保值增值，如果发生通货膨胀，政信金融产品投资于证券所获得的收益可能会被通货膨胀抵销，从而影响政信金融产品资产的保值增值。

（5）再投资风险

再投资风险反映了利率下降对固定收益证券（包括存款）利息收入再投资收益的影响，这与利率上升所带来的价格风险（即前面所提到的利率风险）互为消长。具体为当利率下降时，政信金融产品财产从投资的固定收益证券所得的利息收入进行再投资时，将获得较之前更少的收益率。

（6）赎回风险

因政信金融产品持有的证券停牌或其他投资标的无法取得公允价

值时，如部分投资者赎回基金份额的，未赎回的投资者在后续开放日赎回时可能比之前先赎回的投资者承担更大的产品净值波动风险，该部分持续持有基金份额的投资者在后期赎回时可能面临出现损失的风险。

4. 管理风险

在政信金融产品财产管理运作过程中，管理人的业务资质、管理能力、管理水平、相关知识和经验、经营状况以及操作能力、人员流动性等对基金财产收益水平有较大程度的影响，管理人的管理和操作失误可能导致基金财产受到损失的风险。

管理人可能还同时进行自营投资，虽然管理人承诺将在自营业务与资产管理业务之间采取有效的隔离措施，但仍然存在自营业务与资产管理业务之间发生利益冲突的道德风险。

5. 流动性风险

在政信金融产品存续期内，投资者可能面临资金不能退出而带来的流动性风险。

根据实际投资运作情况，在市场整体流动性风险及被投企业自身流动性风险等原因下，政信金融产品有可能提前结束或延期结束，投资者可能因此面临投资资金不能按期退出的风险。

6. 信用风险

信用风险指政信金融产品在交易过程中发生交收违约，或者政信金融产品所投资债券之发行人出现违约、未能如期足额兑付应付本息，导致政信金融产品财产损失。信用风险主要来自交易对手、发行人和担保人。在政信金融产品财产投资运作中，如果管理人的信用研究水平不足，对信用产品或交易对手的信用水平判断不准确，可能使该基金财产承受信用风险所带来的损失。

7. 税收风险

政信金融产品不同的产品类型所适用的税收征管法律法规可能会由于国家相关税收政策调整而发生变化，投资者收益也可能因相关税收政策调整而受到影响。

8. 相关机构的经营风险

管理人、托管人、证券期货经纪机构、运营服务机构、交易所等，如在政信金融产品存续期间无法继续从事相关业务，则可能会对政信金融产品产生不利影响。

9. 其他风险

由于战争、地震、火灾、海啸等不可抗力的原因和其他不能预见的原因，导致政信金融产品投资目的不能实现或不能全部实现的风险。

三、政信金融产品特定投资方法以及特定投资对象的风险揭示

政信金融产品类型众多，各类金融产品具有特定的投资风险，其特定投资标的虽以政信项目为主，但其投资标的的价值仍取决于投资对象的经营状况，原股东对所投资企业的管理和运营，相关市场宏观调控政策、财政税收政策、产业政策、法律法规、经济周期的变化以及区域市场竞争格局的变化等都可能影响所投资企业的经营状况，进而影响本基金投资标的的价值，存在一定的投资风险。

同时，政信金融产品的投资范围可能为投资产品管理人及其关联方发行的相关产品，此种关联交易可能存在因关联交易被监管层否定的政策风险和相应的关联交易风险。若投资运作中有此关联交易，资产管理人将在定期报告中对此进行披露。

此外，政信金融产品未设预警止损线的，在极端情况下，投资者投入的本金有可能出现全部损失的风险。

以上风险揭示事项仅为列举性质，未能详尽列明投资者参与政信金融产品投资所面临的全部风险和可能导致投资者资产损失的所有因素。

第七章　与国共赢的政信投资

第一节　与国共赢的政信投资概述

一、与国共赢的道路、文化与机制

1. 政信金融的与国共赢文化

家国文化，是中国社会发展的基石。

政府信用的价值在政治、经济、伦理、文化和社会价值等各个维度都有非常重要的体现。在市场经济条件下，政府信用既是无形的生产力，也是社会经济发展的基石。

中国经济的未来发展，看好红色文化、绿色投资。

（1）红色文化：国家加强政务诚信建设，引导资金脱虚向实

加强政务诚信建设是党的十八大的要求。金融去杠杆、防风险以及资金"脱虚向实"等是政府近几年监管重点关注的问题，有利于促进中国资本市场的健康发展。

以 PPP 模式为代表的投融资模式作为嫁接社会资本和实体经济的桥梁，能够引导社会资金流向实体经济，更好地支持经济结构调整和转型升级。

党的十八大报告指出：要通过"加强政务诚信、商务诚信、社会诚信和司法公信建设"来推进社会信用体系建设，报告指出要"创新行政管理方式，提高政府公信力和执行力"，对提高政府公信力和执行力作出了明确要求。

（2）绿色发展：利国利民

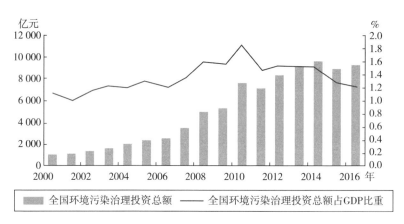

图 7 − 1　全国环境污染治理投资情况

党的十九大报告指出，2020 年前要坚决打好污染防治的攻坚战，实现 2035 年生态环境根本好转的目标。预计"十三五"期间全国环境污染治理投资总额约 5. 68 万亿元，较"十二五"增长了 33% 。

《乡村振兴战略规划（2018—2022 年)》把基建设施建设重点放在农村，持续加大投入力度。其中，交通物流、农村水利、能源供给、信息化基础等将成为农村基建的重头戏。

截至 2018 年第三季度，管理库累计项目数 8 289 个、投资额 12. 3 万亿元。截至 2018 年 10 月末，近 5 年来全国已有 4 302 个项目签约落地，带动投资约 6. 6 万亿元，涵盖市政工程、交通运输、环境保护等 19 个领域，一大批基础设施和基本公共服务项目投入运营服务。

2. 政信金融的与国共赢机制

中央政策正在依据相关内容打造社会资本与国共赢的机制。目前政信项目的发展趋势与国家的政策导向包括以下几点：加大对公共服务领域的投入与关注；不断加大政府和社会资本合作信息公开力度；加大政府性基金预算与一般公共预算统筹力度；规范政府融资渠道，逐步缓解地方政府债务压力；规范金融机构为地方政府开展的投融资服务；规范地方政府和平台公司融资，政信项目不断趋于规范化。

（1）政信的升级版：PPP模式合理界定政企关系，达到共赢

在政府的大力支持下，PPP模式作为一种新的融资模式受到银行、基金、信托等金融机构的广泛关注。各大金融机构纷纷发力，争相在这块市场抢占先机。

（2）国家鼓励社会资本融入政府项目，让利于民，共享发展成果

政府同社会资本合作是地方政府项目中分量最小，但是权重最高的环节，只有通过社会融资才能有效推动后续项目建设和贷款，才能创造价值，所以它是价值链中价值最高的，收益最多的。社会资金撬动了整个项目，可以享受项目创造的收益，助力地方建设，分享发展红利。

PPP理财产品延续了政信类产品的一些优点，并且具有相对传统政信项目而言更为理想的收益率，因此成为传统政信项目的优质替代品。而对投资者来说，通过投资PPP理财产品，能够充分享受到社会发展带来的回报。

二、《政府投资条例》为政信投资提供更多规范保障

2019年5月5日，国务院总理李克强签署国务院令，正式公布了《政府投资条例》（以下简称《条例》）。《条例》早在2001年便开始起草，难度较高，争议较大，市场关注已久，旨在规范政府投资行为。如今政府投资条例终于出台，对未来政府投资影响重大。发展改革委要求做好《条例》贯彻工作，全面清理不符合《条例》的现行制度。《条例》于2019年7月1日起施行，政府投资管理规定与《条例》规定和精神不一致的，自7月1日起停止执行。

政府投资涉及道路交通基建、教育医疗、环保等诸多领域，投资体量巨大。《条例》聚焦政府投资方向，从法律层面为政府债务融资进行

了规范，为防风险提供法治保障，激发社会投资活力。

1. 政府投资方向与现有政信投资领域一致

《条例》明确规定，政府投资资金应当投向市场不能有效配置资源的社会公益服务、公共基础设施、农业农村、生态环境保护、重大科技进步、社会管理、国家安全等公共领域的项目，以非经营性项目为主。

据了解，非经营性项目包括市政道路、园林绿化、基础教育等。政府投资以非经营性项目为主，意味着准经营性项目、经营性项目是以社会资本为主。

《条例》为地方非营利性基础设施建设投资指出了一条明路。由于《条例》仍然坚持鼓励和引导社会资本方参与政府投资建设，以 PPP 模式为代表的政信金融合作模式前景可期。

目前，《条例》规定的投资领域与 PPP 模式等政信投资的领域相一致，更有利于社会资本参与。在《条例》从法律层面为政府投资提供保障的同时，政府投资可以更好地引入社会资本，以更好地发挥政府投资作用，形成基础设施领域投融资的新格局。

2. 未来政信投资业务更合规，风险保障更完善

《条例》指出，本条例所称政府投资，是指在中国境内使用预算安排的资金进行固定资产投资建设活动，包括新建、扩建、改建、技术改造等。意味着《条例》出台后，政府投资被限定在民生领域，以非经营性项目为主，必须要有预算安排。

金融机构的政信投资业务将受益于此，未来投资更有保障。根据中央的相关规定，PPP 项目所使用的政府资金要全部纳入地方政府预算，且所有 PPP 项目的支出不得超过支出预算的 10%。本次《条例》进一步规范了政府投资项目审批制度，重大政府投资项目应当履行中介服务机构评估、公众参与、专家评议、风险评估等程序；强化投资概算约束力。未来政府投资项目信息将更加透明，政信合作项目的财政承受能

力更加有保障，政府投资将有更加稳定、可靠的资金来源，以保证政信项目的有序、长期运行。

另外，在项目实际建设操作过程中多数是采用先报备后设计的步骤，《条例》对项目备案审批所需资料及重点内容进行说明，强化了项目建设的规范性，增加了政信投资业务的合规风险保障。

3. 以城投公司为代表的政信投资将受益

《条例》明确规定，对确需支持的经营性项目，主要采取资本金注入方式，也可以适当采取投资补助、贷款贴息等方式。国家通过建立项目库等方式，加强对使用政府投资资金项目的储备。

无论是产业基金还是其他形式的股权基金，均对企业自有资金比例有一定的要求。《条例》的出台，为地方平台公司自有资金的来源提供了保证，为平台公司开展政信投资业务而进行资本融资提供了便利，缓解了其在申请政策性贷款时的压力。

以往政信项目实施涉及项目审批、城镇规划、国土、建设等多个政府部门，程序较为复杂。本次《条例》明确规定，对于政府投资项目，可按照国家有关规定简化需要报批的文件和审批程序：一是相关规划中已明确的项目；二是部分扩建、改建项目；三是建设内容单一、投资规模较小、技术方案简单的项目；四是应对自然灾害、事故灾难、公共卫生事件、社会安全事件等突发事件需紧急建设的项目。未来相关程序简化，对于政府主导的民生项目，将更有利于社会资本进入，也更有利于社会资本筛选出适合自己的项目进行投资。

4. 社会资本迎来发展良机

《条例》的颁布实际上是在鼓励和引导社会资本方与政府联合参与地方的投资建设。《条例》规定政府投资通过注入资本金的方式进行，后续项目的建设资金仍需要依赖融资贷款，经营性项目的建设仍然需要社会资本方的参与。对于投资周期长、金额大且子项目多的政府投资项目，社会资本也可以针对不同的子项目，根据政府付费、使用者付费、可行性缺口补助等选择利益最大化的回报机制。

《条例》的出台并不是将政府投资与社会资本分离，而是更好地界定双方的分工与责任。未来政府投资更应该与社会资本加强合作，充分吸引社会资本参与政府投资项目，发挥政信合作模式在基础设施建设领域的作用。

三、政信投资是 21 世纪安全的金矿

1. 政信作为资产在国际发展过程中扮演的角色

各国放弃金本位制以来，信用经济已成为现代社会生活不可分割的部分。政府信用在整个社会信用体系中处在核心地位，对于社会经济的发展有着不可忽视的作用。在西方发达国家，90% 的贸易是以信用方式结算的。

政府信用在荷兰东印度公司的崛起中发挥了四两拨千斤的作用，政府信用成为国家治理现代化和经济运行方式现代化的基础资源。

欧元由欧洲中央银行和各欧元区国家的中央银行组成的欧洲中央银行系统负责管理，各国的信用参与其中。另外，欧元也是非欧盟国中 6 个国家（地区）的货币，它们分别是：摩纳哥、圣马力诺、梵蒂冈、安道尔、黑山和科索沃地区。其中，前 4 个袖珍国根据与欧盟的协议使用欧元，而后两个国家（地区）则是单方面使用欧元。

信用资源是稀缺的，当国家无法有效地应对和管控政府信用时，信用风险就会随时降临。面对国际债务风险，全球金融秩序经受着巨大的挑战。

欧洲债务危机始于希腊的债务危机，2009 年 12 月 8 日全球三大评级公司下调希腊主权评级。2010 年起欧洲其他国家也开始陷入危机，希腊已非危机主角，整个欧盟都受到债务危机的困扰。

2. 《巴赛尔协议》：全球的政府信用受国际银行条约保护

《巴塞尔协议》是巴塞尔委员会制定的在全球范围内主要的银行资

本和风险监管标准。巴塞尔委员会由来自 13 个国家的银行监管当局组成，是国际清算银行的四个常务委员会之一。由巴塞尔委员会公布的准则规定的资本要求被称为以风险为基础的资本要求。

（1）根据《巴塞尔协议》的规定，如果地方政府具有特定的获取收入的能力、不可能破产，则可以将地方政府债权视同对主权的债权。地方政府债券违约的可能性较小。

（2）根据《巴塞尔协议》关于银行资产风险权数的规定，主权信用或以主权信用担保的资产，其风险权数为零，不仅无须拨备，而且不计入银行加权风险资产合计，也不降低资本充足率；相反，普通商业贷款的风险权数为 100%，需要拨备。

（3）根据巴塞尔委员会 2006 年发布的《国际资本计量和资本标准》，对国内的公共部门实体的信用风险权重可以基于各国监管的审慎判断。对国内公共部门实体的债权，通常高于对本国主权债权的信用风险权重；本国监管也可以认定，地方政府债权可以视同主权债权，判断可以基于地方政府获取收入的能力以及中央政府对其提供担保等因素，对于中央政府或地方政府下属的管理部门和非商业机构，如果有严格的融资约束，并且由于特殊的公共地位而不可能破产，则可以将这些债权视同主权债权。

如果要对地方政府的投融资活动与投融资行为进行约束，需要制定类似于《巴塞尔协议》的内容，对地方政府、社会资本、监管部门形成指引，通过评级、监管约束、信息透明、市场约束，形成对地方政府投融资活动的指引。

目前中国政信金融发展指数（中央财经大学政信研究院编制 i，中国政信金融发展指数 i±，旨在定量化的刻画各地方政信金融的发展状况、跟踪我国地方政府及相关主体的政信金融活动、监测政信金融活动中的风险及其对当地经济金融财政的影响。指数服务于政府管理部门宏观决策和市场主体的微观决策，成为判断行业发展的风向标，最终目的是推动国家治理体系和治理能力的现代化。）便是类似《巴塞尔协议》的外部约束，通过客观数据，来反映地方政府政信金融活动的规模、发展现状以及存在的问题。它服务于政府、投资者、社会公众三方。政府可以通过指数把握一个地区整体的政信金融形势，如发展速度、风险，以进行有效管控。对投资者来说，可以通过指数判断一个区域的金融环境，选择相应的投资策略，达到利润最大化。社会公众可以通过指数来了解所在地区的政信金融形势，以及面临的风险，形成社会公众的有效监督，来达到维护社会公共利益和消费者利益的目的。

3. 中国政府主体信用保障

（1）中华人民共和国是人民民主专政的社会主义国家，政府信用作为社会信用体系的一个主要内容，考量政府行为对公众和社会的影响，是其他信用的基础。

（2）《巴塞尔协议》明确约定地方政府、地方融资平台的债务属主权信用。

（3）金融市场债权违约统计，央企、国企违约率远低于非国有企业，平台违约率则远低于国企，政信债务不会被取消，延期风险是所有金融产品的不可消除风险，但概率上仍然很低，且最终均得到兑付。更重要的是国企不会破产消失。

从 2014 年到 2016 年 7 月期间违约金额所占到期债券比例来看，央企、国企期间违约率（低于 0.5%）明显低于民企，尤其从只数来看，期间违约率远低于民企。

从期末违约金额所占期末存量债券比例来看，央企、国企期末违约率（低于 0.3%）同样明显低于民企，尤其从只数来看，期末违约率远低于民企。

2018 年民企信用债频繁违约，非国企违约率约 3.8%，远高于国企违约率约 0.77%。

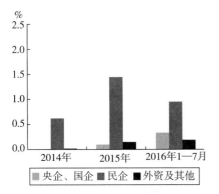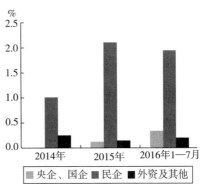

注：期间违约率（金额）＝期间违约金额/期间债券到期量×100%。

期间违约率（只数）＝期间违约只数/期间债券到期只数×100%。

资料来源：Wind 资讯，诺亚研究，数据截至 2016 − 07 − 31。

图 7 − 2 2014 年以来分主体期间违约率

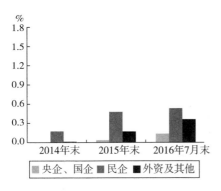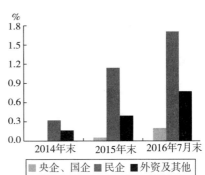

注：期末违约率（金额）＝期末违约金额/期末存量债券金额×100%。

期末违约率（只数）＝期末违约只数/期末存量债券只数×100%。

资料来源：Wind 资讯，诺亚研究，数据截至 2016 − 07 − 31。

图 7 − 3 2014 年以来分主体期末违约率

（4）隐性债务终身问责，政府对待债务管理极为严肃，让地方更有积极性来解决问题，化解债务风险。

（5）政府信用对整个社会信用体系而言具有引导和宏观调控的功能，具体包括信用规则的制定和保证信用规则能够被公正实施。

第二节　政信投资模式的应用领域

一、精准扶贫带来投资机遇

2018 年 3 月 5 日，在党的十三届全国人民代表大会第一次会议上，国务院总理李克强所作的政府工作报告中，再次出现了"乡村振兴""脱贫攻坚"等高频词汇，表明了政府大力实施乡村振兴战略的态度和决心。

2018 年"两会"期间，国家主席习近平表示要扎实推进脱贫攻坚。国务院扶贫办主任刘永富则表示，要确保打赢脱贫攻坚战。

2018 年政府工作报告指出，五年来，全面推进精准扶贫、精准脱贫，并定下易地扶贫搬迁任务。深入推进产业、教育、健康、生态扶贫。

2018 年中央一号文件也强调，在中国特色社会主义新时代，乡村是一个可以大有作为的广阔天地，将迎来难得的发展机遇。

随着针对性强的政策紧密出台，通过不断加大脱贫攻坚的力度，贫困地区基础设施、公共服务得以显著改善。

1. 脱贫攻坚取得决定性进展：中央将加大转移支付力度

2018 年政府工作报告指出，五年来，全面推进精准扶贫、精准脱贫，健全中央统筹、省负总责、市县抓落实的工作机制，中央财政五年投入专项扶贫资金 2 800 多亿元。我国贫困人口减少 6 800 多万人，易地扶贫搬迁 830 万人，贫困发生率由 10.2% 下降到 3.1%。

到 2020 年彻底消除贫困是个艰巨挑战，李克强总理在中国全国人大开幕后所作的政府工作报告中提到，脱贫攻坚任务艰巨，农业基础仍然薄弱，城乡区域发展和收入分配差距依然较大。

此次政府工作报告还指出，区域经济方面，中央将会加大转移支付

力度，重点在于中西部地区。2018 年中央对地方一般性转移支付增长
10.9%，高于上年的9.5%，新增的部分将主要用于"增强地方特别是
中西部地区财力"。

我国贫困地区的形成有历史原因，也有地理位置偏远等地域原因。
但是贫困地区的"贫"是相对的，面对新的历史机遇，这些"贫困地
区"在目前高度市场化的融资条件下，抓住政策优势，发挥当地特色，
整合各方力量，有望实现快速脱贫，走上共同富裕的道路。

未来的投资机遇在于把握政信，深入国家政策重点支持区域，充分
运用资源、业务、资金等优势，帮助地方政府打造特色产业生态链，助
力贫困地区，振兴国家乡村。

2. 促进就业，通过 PPP 模式精准扶贫

2016 年12 月19 日，国务院印发《"十三五"国家战略性新兴产业
发展规划》（以下简称《规划》），《规划》中明确指出了在产业发展中
拉动就业的要求，而在 2016 年初发布的"十三五"规划纲要提出，充
分发挥政治优势和制度优势，贯彻精准扶贫、精准脱贫基本方略，创新
扶贫工作机制和模式，采取超常规措施，加大扶贫攻坚力度，坚决打赢
脱贫攻坚战。因此，如何更好地落实扶贫政策也成为全社会关注的
焦点。

扶贫与就业的关系密不可分，在 2016 年首届中国 PPP 投资论坛
上，担任论坛总顾问的著名经济学家厉以宁发表了自己关于贵州扶贫
的经历和促进就业的观点。厉以宁指出，在扶贫方面，如今各地都用
到了 PPP 模式，在这个过程中，要以道德和诚信作为规范，通过发挥
百姓的积极性，能够更高效扶贫，促进就业，帮助实现全面小康
社会。

党的十九大报告指出：未来需要大规模开展职业技能培训，鼓励创
业带动就业，破除妨碍劳动力、人才社会性流动的体制机制弊端，扩大
中等收入群体，增加低收入者收入，拓宽居民劳动收入和财产性收入渠

道，加快推进基本公共服务均等化，缩小收入分配差距。另外，要坚持精准扶贫、精准脱贫，深入实施东西部扶贫协作，重点攻克深度贫困地区脱贫任务，确保到 2020 年我国现行标准下农村贫困人口实现脱贫，贫困县全部摘帽。

厉以宁先生说，现在中国正在发生一件大事，就是人口革命。中国的人口红利并没有消失，而是在升级，依靠的就是大家的努力奋斗。贵州毕节政府建立职业教育体系，最后整体提高劳动力水平的成功事例表明，扶贫要启发劳动者的积极性，让他们自发参与，自主就业和脱贫。因此，道德力量介入 PPP 扶贫模式，是实现伟大国家的有力保证。

与经济发达地区相比，贫困地区的交通、供水等基础设施是制约经济发展的主要因素。脱贫需要基础设施的支撑，公共工程建设必须配套。在贫困地区的基础设施建设等"硬件"上，企业履行社会责任，应积极运用政府与社会资本合作（PPP）模式，投入贫困地区的基础设施建设，使这些贫困地区尽快富裕起来，为中国消除贫困事业贡献力量。

二、乡村振兴中的投资机会

2018 年"两会"政府工作报告中，乡村振兴是重头戏。报告中称，要大力实施乡村振兴战略。

财政部副部长胡静林表示，财政部将坚决贯彻中央决策部署，精准发力，拓宽融资渠道，加强资金监管。农业部部长韩长赋表示，要通过产业振兴，使农业实现快速发展和转型升级。

政府工作报告中称："大力实施乡村振兴战略。科学制订规划，健全城乡融合发展体制机制，依靠改革创新壮大乡村发展新动能""我们要坚持走中国特色社会主义乡村振兴道路，加快实现农业农村现代化"。

乡村振兴战略将成为很长一段时间内我国"三农"工作的总纲领，是推进农业农村现代化建设的总抓手。

乡村振兴战略的本质在于增强农村产业基础，战略的落地将为土地改革、农业规模化经营、基础设施建设、三产融合等领域带来投资机会。

三、生态文明打造投资领域"金山银山"

2018 年"两会"中，生态环保成为热门话题。李克强总理在政府报告中提到"推进污染防治取得更大成效"。环境保护部部长李干杰表示：要在过去污染防治的基础上继续下功夫，狠抓落实。

习近平总书记曾强调："环境就是民生，青山就是美丽、蓝天就是幸福"。生态环境与每个人的生活息息相关。全国工商联团体则提交《关于推进环保领域 PPP 项目实施的提案》，在完善资源环境类 PPP 项目招投标、定调价、合同履约、项目落地等方面提出重要建议。

2018 年"两会"期间，国务院总理李克强在政府工作报告中指出：五年来，我们坚持人与自然和谐发展，着力治理环境污染，生态文明建设取得明显成效。李克强总理明确了健全生态文明体制的重点任务和部署，要求建设天蓝地绿水清的"美丽中国"。

政府工作报告指出：未来要深入推进水、土壤污染防治，实施重点流域和海域综合治理，全面整治黑臭水体。加大污水处理设施建设力度扩大湿地保护和恢复范围。

党的十九大报告则指出：将持续实施大气污染防治行动，提高污染排放标准，强化排污者责任，加强农业污染防治，开展农村人居环境整治行动。另外，将完成生态保护红线，强化湿地保护和恢复，加强地质灾害防治。国投信达正在以自身的实践，帮助地方加快污染防治。

党的十九大报告把"坚持人与自然和谐共生"作为新时代坚持和发展中国特色社会主义基本方略的重要组成部分。党的十九大报告强调，建设生态文明是中华民族永续发展的千年大计，必须树立和践行"绿水青山就是金山银山"的理念，坚持节约资源和保护环境的基本国策，实行最严格的生态环境保护制度建设美丽中国，为人民创造良好的生产生活环境。

"绿水青山就是金山银山"，生态兴则文明兴，生态衰则文明衰。"产业兴旺、生态宜居、乡风文明、治理有效、生活富裕"，党的十九大报告提出的二十字总要求蕴含着深刻意义。美丽中国，是建设社会主义现代化强国的目标之一，也是人民对美好生活的向往。

生态文明建设离不开资本投入，公共财政预算要向农村倾斜。

在政策导向影响下，各省、直辖市在 2018 年 PPP 项目工作计划中纷纷表态。其中贵州在 2018 年要求抓好重点领域 PPP 推行工作，对确定的污水处理、垃圾处理领域新建项目，全面推行 PPP 模式。

四、依靠政信推动中国产业发展升级

自 2013 年底全国财政工作会议期间召开"公私合作（PPP）模式专题研讨会"以来，中国开始高规格、大规模推广 PPP 模式。在这期间，国务院、财政部和发展改革委等部门出台了一系列推广、规范 PPP 的政策，财政部也连续三年推出 PPP 示范项目，推广先进经验和成果。

在 2016 年 12 月国务院印发的《规划》中指出：要创新财税政策支持方式，积极运用政府和社会资本合作（PPP）等模式，引导社会资本参与重大项目建设。

1. 助力产业升级，培育新的经济增长点

战略性新兴产业代表新一轮科技革命和产业变革的方向，是培育发展新动能、获取未来竞争新优势的关键领域。《规划》提出，到 2020 年，战略性新兴产业增加值占国内生产总值比重达到 15%，形成新一代信息技术、高端制造、生物、绿色低碳、数字创意 5 个产值规模 10

万亿元级的新支柱，并在更广的领域形成大批跨界融合的新增长点，平均每年带动新增就业 100 万人以上。

厉以宁先生曾经说过，"任何国家在经济发展的过程中，都会遇到原有的发展方式逐渐不再适应新形势的问题。"经济继续转型、产业升级是每一个走上工业化道路的国家必须经历的一个阶段，在这个转变中，谁有实力、谁有眼光，谁就将继续走在世界经济的前列。

2. 积极引导民资进入 PPP 领域，助力金融领域改革深化

目前，新一轮 PPP 热潮已经开启，PPP 法治环境正大幅改善。在地方政府举债主体上，随着地方融资平台融资功能的进一步解除，加上经济转型升级阶段融资需求仍非常旺盛，催生了强大的政信融资业务需求。

PPP 模式有利于打破区域、行业封锁，为民营企业进入基础建设等领域提供了通道。自 20 世纪 80 年代，PPP 模式在国内基础设施建设领域就被陆续应用。此轮政府重新力推 PPP 模式，以期通过 PPP 模式创新投融资体制。

PPP 模式通过大力引进社会资本尤其是民间资本，参与基础设施领域的投资、建设和运营，打破了以往国企垄断基建的局面。同时，目前仍然存在民间投资参与难度较大等问题。目前在参与 PPP 模式的社会资本中，央企、国企占了大头，尤其是以工程类为主。

在国内经济增长持续放缓的形式下，PPP 模式的推出化解了一部分政府的债务压力。随着改革的深入，民间资本的力量将得到更大限度的释放，市场进行资源配置的效率也将大大提升，这对于金融领域的深化改革意义重大。

五、基建与 PPP 融合成为大势所趋

2018 年 7 月 23 日，国务院常务会议确定围绕"补短板、增后劲、惠民生"推动有效投资措施之后，多地相继召开重点项目投资工作推

进会，不少省份发布"补短板"重点项目投资计划，增大内需的一个重要抓手就是稳定基建投资。

1. 多地发布重大项目投资计划

2018 年上半年地方政府财政压力较大，新增融资需求多，地方融资平台渠道被收紧后，贷款艰难，各地资金供给都比较紧张，在这种情况下，上半年基建投资增速下滑。2018 年 7 月 23 日国务院常务会议提及"要引导金融机构按照市场化原则保障融资平台公司合理融资需求，对必要的在建项目要避免资金断供、工程烂尾"，无疑给地方政府吃了一颗定心丸。

国务院常务会议为地方投资定调：加快地方政府专项债券发行和使用进度、盘活财政存量资金。未来专项债的加快发行将为地方基建打开资金筹集新渠道，增强了民间投资的信心。

2. 基建项目引入 PPP 模式助力融资

在"稳金融、稳投资、稳预期"的定调之下，PPP 模式作为基建投资的主要融资方式，将稳步推进。

据了解，目前地方政府基础设施建设通过 PPP 模式引入社会资本是一个重要方向。PPP 模式有利于让政府与社会资本形成公平合作关系，有望成为政府职能转变和简政放权的重要推动力，也可以为社会资本带来新的发展机会。作为中央政府大力推进的 PPP 模式，目前 PPP 项目已经分布在各地区的相关行业中。

在经历了自 2017 年以来的 PPP 严监管之后，已有部分地区重新启动 PPP 项目，项目质量更有保证，执行过程更为规范。一些合规的项目可能会加快落地进度，规范的 PPP 项目将助力基建投资企稳。

3. 基建项目引入社会资本是大势所趋

融资对基础设施建设的影响巨大，城市化率的提高直接带来投资需求的增加，但财政资金明显不足。专家建议，要引入市场机制，进行基础设施项目领域的改革和融资。预计下半年基建投资引入社会资本作为主要融资方式，将得到稳步推进。建议多方式探索和引进市场机制在城市基础设施建设、经营过程中的应用。要多引入社会资本，社会资本具有资金、技术和管理上的多重优势，能够降低投融资风险、提高投资收益；社会资本具有强大的动力和积极性节约建设资金和运营成本。

同时，为缓解基础设施建设资金缺口压力，在中央加快投融资体制改革的契机下，要积极调动社会资本积极性，拓展社会资本参与基础设施建设的渠道和方式。

4. 如何在基建领域发挥社会资本积极性

专家指出，提高社会资本在基础设施建设领域的参与率，需要优化社会资本的投资环境，主要包括以下几点。

一是继续深化简政放权，进一步转变政府职能，由事前监管逐渐转变为事中—事后监管，为社会资本松绑，释放社会资本活力，从而激发其新动能；二是降低社会资本的准入门槛，建立平等的市场准入机制；三是坚持政府和社会资本地位平等、权利义务对等等原则，建立政府违约追责机制，积极探索成立 CEF（增信便利）基金，解除社会资本参与投资的后顾之忧。

相对于民营企业来说，国有企业作为"社会资本"参与地方基础设施建设具备较大的优势。在中国特殊国情下，国有企业在基础设施与公共服务领域具有扎实的实践经验，以及较好的投资、建设与运营项目的经验，能发挥市场竞争下的资源配置作用，又能更好地承担公共服务职能。同时，国有企业与地方政府具备较好的沟通条件和业务操作上的便利。相对于民营企业来说，国有企业具备较好的资信等级，容易获得金融机构和社会投资者的青睐，更好地嫁接资本与地方建设，因此国有企业参与基础设施建设深受地方政府欢迎。以合作的形式对当地合资公司进行增信，能够拓宽企业的融资渠道，盘活资产，激活地区产业的发展建设。

第三节　新时代风口下的政信投资

一、政信金融投资成为未来发展趋势

1. 时代背景：政策变更，使政府负债投资受阻

分税制改革后，地方政府基本形成税收收入、土地财政收入以及投融资平台向银行贷款等多种融资格局。但由于税收制度短期难以调整、税收收入有限，因而，地方政府更多依赖土地财政和政府投资平台等预算外收入来解决融资缺口问题。

在城镇化建设资金需求巨大的今天，土地财政和地方政府融资平台公司对城市化进程原始资本的积累起到重要作用。但地方政府对土地出让收益和融资平台公司融资能力的依赖性越来越大，一旦土地资源枯竭或债务规模增大，地方财政及融资平台可能很快陷入困境；而且，随着国家进行供给侧结构性改革，以及推行的 PPP 项目投资模式要求地方政府的职能向公共服务及资产管理转变，使以前"负债发展"的地方经济模式难以为继。

随着 43 号文的出台，对地方政府债务"借""用""还"以及如何处理存量债务等重点、难点问题予以明确。因此，政府债务只能由政府及其部门举借，原来的 30 多种政府债务融资渠道不复存在，政府债券成为地方政府举债唯一的合法来源。

2015 年 1 月 1 日，新《预算法》正式施行，对地方政府债务管理作出明确规定，赋予地方政府以适度的举债权，但同时也将地方举债关入制度的笼子里，对于化解地方债务风险、合理控制地方债增长有着很大的影响。

2017 年 4 月 26 日，财政部、国家发展和改革委员会、中国人民银行等六部委联合发布《关于进一步规范地方政府举债融资行为的通知》

（财预〔2017〕50号），对地方政府融资担保清理整改，要求地方政府举债一律采取在国务院批准的限额内发行地方政府债券方式。除此之外，地方政府及其所属部门不得以任何方式举借债务，至此，地方政府及融资平台公司举债几乎全部阻断。为保证地方实体经济发展，鼓励地方融资平台公司尽快转型为市场化运营的国有企业，开展市场化融资，同时规范政府与社会资本方的合作行为，引导社会资本投资经济社会发展的重点领域和薄弱环节。

2017年5月28日，财政部发布《关于坚决制止地方以政府购买服务名义违法违规融资的通知》，对政府购买服务规定负面清单，明确规定政府购买服务预算管理"先预算，后购买"的规定。预算没有安排资金的，不得实施政府购买服务。因此，政府与社会资本合作项目、棚户区改造项目、易地扶贫搬迁工作中涉及的政府购买服务事项成为政府购买服务中合规及鼓励项目。

在这样的政策背景下，"PPP（公私合营）、地方融资平台公司转型市场化运作公司、融资担保、产业引导基金、资产证券化、股权融资"等多种模式，逐渐成为我国地方政府投融资的主要方式。

2. 经济战略中的政信金融创新

地方政府职能的无限拓展、地方经济社会发展的巨大需求、分税制财政体制的倒逼作用以及片面的政绩考核机制等迫使地方政府越来越深地陷入公司化和金融化。

在财政资金之外，地方政府以政府信用为基础，或者以市场化的方式，利用多种投融资手段，为地方经济发展寻找资源，国债转贷、城投类企业债券、政府信托、资产证券化、地方政府投融资平台、PPP模式、政府投资基金等各种创新性的政信金融形式得到迅猛发展。

我国政府为控制地方政府债务，规范地方政府融资模式，鼓励、推广、规范PPP融资模式等相继出台了一系列政策性文件。

国投信达是在最近几年伴随着国家提倡并力推 PPP 模式的过程中成长起来的，专门服务于政府的金融专家企业，成为政信行金融业的翘楚。国投信达一端连接着政府，另一端连着各类金融机构和投资人，在提供顶层设计、金融服务、咨询服务和产业导入过程中，不仅解决了重大基础设施建设的资金问题，为政府财政压力解忧，而且为投资者实现了稳定、可期的收益。

3. PPP 模式，开启国有资产市场化运作

PPP 模式以授予特许经营权为基础，以利益共享和风险共担为特征，通过引入市场竞争和激励约束机制，发挥双方优势，提高公共产品或服务的质量和供给效率，对政府的投资发展影响重大，具有重要意义。

有效控制建设费用的超支；

有利于转换政府职能，减轻财政负担；

促进投资主体的多元化；

有利于提高公共部门服务水平；

应用范围广泛；

经济发展带动能力强；

促成公共利益最大化。

2013 年底，财政部开始推广 PPP 模式。2014 年，地方政府对 PPP 模式还比较陌生，推出的 PPP 项目数量和规模并不大。但随着 2015 年新《预算法》的施行，PPP 模式成为政府债券之外唯一合法的举债通道被迅速推广至全国。截至 2016 年底，PPP 项目数量达到高速增长，PPP 模式已成为未来基础设施建设的主流模式。

同时，在《关于进一步规范地方政府举债融资行为的通知》《关于坚决制止地方以政府购买服务名义违法违规融资的通知》以及财政部、发展改革委出台一系列政策的支持下，地方融资平台公司加速转型市场化运行，加之政府购买服务限制，政府和社会资本合作

（PPP）模式势必在基础设施、民生建设等项目投资领域获得更广的空间。

二、政信金融投资前景研判

1. 政信投资强调公共服务

PPP 模式是在基础设施及公共服务领域建立的一种长期合作关系。推广运用 PPP 模式，一是加快转变政府职能、提升国家治理能力的一次体制机制变革；二是深化财税体制改革、构建现代财政制度的重要内容。完善基础设施、提高公共服务供给质量与效益，采用 PPP 模式已是主流。

政府通过 PPP 模式向社会资本开放基础设施和公共服务项目，可以拓宽城镇化建设的融资渠道，形成多元化、可持续的资金投入机制，有利于整合社会资源，盘活社会存量资本，激发民间投资活力，拓展企业发展空间，提升经济增长动力。

另外，政策将会倾向于更好地发挥市场配置资源的基础性作用，更好地发挥金融政策、财政政策和产业政策的协同作用，优化社会融资结构，持续加强对重点领域和薄弱环节的金融支持，有力促进经济结构调整和转型升级。

目前，从财政部倡导的 PPP 模式来看，运用 PPP 模式的该类项目要有稳定的现金流，项目性质由"以投资为导向"转变为"以服务和经营为导向"。

财政部《关于推广运用政府和社会资本合作模式有关问题的通知》（财金〔2014〕76 号）明确规定，PPP 项目涉及预算管理、政府采购、政府性债务管理，对财政管理提出了更高要求，要求地方各级财政部门要从"补建设"向"补运营"逐步转变，探索建立动态补贴机制，将财政补贴等支出分类纳入同级政府预算，并在中长期财政规划中予以统筹考虑。

2. 经济形势要求做好国有资产管理

2016 年是"十三五"规划实施的开局之年，在国有企业改革方面，各地纷纷将国有资产证券化作为一项重要的工作来抓。根据初步估计，未来几年内将有至少 30 万亿元的国有资产进入资本市场。

2017 年初，中共中央办公厅、国务院办公厅印发了《关于创新政府配置资源方式的指导意见》（以下简称《意见》），提出创新经营性国有资产配置方式，推动国有资本合理流动、有序进退和优化配置，提高国有资本配置效率和效益。坚持以管资本为主，以提高国有资本流动性为目标，积极推动经营性国有资产证券化。

《意见》支持企业依法合规通过证券交易、产权交易等市场，以市场公允价格处置国有资产，实现国有资本形态转换。股权多元化、资产证券化就是国有资本形态转换的重要方式。

2017 年 4 月，财政部等六部委发布《关于进一步规范地方政府举债融资行为的通知》（财预〔2017〕50 号），提出鼓励地方融资平台公司尽快转型市场化运营的国有企业，开展市场化融资，服务于实体经济，为有效盘活国有资产以及实现资产证券提供支持。

引入社会资本，股权多元化、国有资产证券化决定着地方融资平台公司整体改革的成败，决定着政府投融资体制改革的成败，不仅关系到国有经济的整体实力与控制力大小，也关系到地方政府调控经济的能力与发展社会公共事业的能力。可以大胆预测，未来转型后的地方融资平台公司及地方国有资产的营运及收入将在地方政府财政中扮演更重要的角色，而且，最终会成为最重要的主渠道和"钱袋子"。届时，地方平台公司及国有资产的营运效率、估值水平、变现能力和可持续发展能力，将直接关系到一个地方政府的经济调控能力和发展社会公共事业的能力。

3. 政信牵动未来中国经济的增长

（1）中国经济四十年高增长的动力

表 7 - 1　　　　　　　　中国经济增长"三驾马车"贡献力度

年份	最终消费支出		资本形成总额		货物和服务净出口	
	贡献率（%）	拉动（百分点）	贡献率（%）	拉动（百分点）	贡献率（%）	拉动（百分点）
2007	45.3	6.4	44.1	6.3	10.6	1.5
2008	44.2	4.3	53.2	5.1	2.6	0.3
2009	56.1	5.3	86.5	8.1	-42.6	-4
2010	44.9	4.8	66.3	7.1	-11.2	-1.3
2011	61.9	5.9	46.2	4.4	-8.1	-0.8
2012	54.9	4.3	43.4	3.4	1.7	0.2
2013	47	3.6	55.3	4.3	-2.3	-0.1
2014	48.8	3.6	46.9	3.4	4.3	0.3
2015	59.7	4.1	41.6	2.9	-1.3	-0.1
2016	64.6	4.3	42.2	2.8	-6.8	-0.4

中国经济四十年的高增长，投资是拉动中国经济成长的绝对主力，尤其是 2008—2010 年，我国形成了投资高峰拉动经济增长。投资对经济贡献率：2008 年为 53.2%，2009 年更是高达 86.5%，2010 年为 66.3%。2016 年投资对经济增长贡献率为 42.2%，2017 年投资对经济增长贡献率为 32.1%。

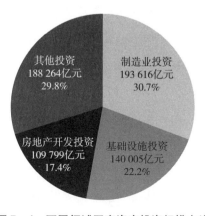

图 7 - 4　不同领域固定资产投资规模占比

2016 年基础设施投资增长 17.4%，2017 年基础设施投资增长 19%。2014—2017 年铁路建设投资进入 8 000 亿元稳定期，其中 2014 年为 8 088 亿元，2015 年为 8 238 亿元，2016 年为 8 015 亿元，2017 年为 8 010 亿元。2018 年，这个数字大概为 7 320 亿元。政信支持地方建设，投资价值洼地，投资者享受高于同期经济发展速度的收益。

（2）谁牵动未来中国的经济增长

2019 年既是新中国成立 70 周年，也是中共提出决胜全面建成小康社会第一个百年奋斗目标的关键之年，因此，坚持"稳中求进"工作总基调意义重大。未来"进一步稳就业、稳金融、稳外贸、稳外资、稳投资、稳预期"，"保持经济持续健康发展和社会大局稳定"，要求"保持战略定力，注重稳扎稳打"。在全球贸易摩擦加剧、世界经济增长不确定性上升的背景下，一个"稳"字对中国尤为重要。同时，一个稳定发展的中国，也势必会继续成为世界经济增长的发动机。"高质量发展""提高人民群众获得感、幸福感、安全感"，将是中国发展的重中之重。

要想实现这些目标，还需要政府从以下几个方面着力，结合政信金融，推动改革发展。

①增强基建投资"补短板"。

2018 年 10 月 31 日，国办发布《关于保持基建补短板力度的指导意见》（以下简称《指导意见》），定调将坚持既不过度依赖投资，也不能不要投资、防止大起大落的原则，聚焦关键领域和薄弱环节，将加大对在建项目和"补短板"重大项目的金融支持力度，合理保障融资平台的正常融资需求。

国办此次发布《指导意见》，表示将重点关注脱贫攻坚、铁路、公路、水运、机场、水利、能源、农业农村、生态环保和社会民生等基建领域。我国的基础设施建设仍存在发展空间和现实需求，诸如水利设施、环境整治、中西部高铁高速建设等方向的基建仍然是未来政策

"补短板"的重要发展方向。

2018 年国家发展改革委密集批复千亿元高铁特高压项目，而地方多个城际轨道交通项目也获地方发展改革委批复，多省市还密集发布了交通中长期规划。从地方规划来看，未来基建投资的潜力巨大。从宏观经济的视角来看，受政策的大力支持，我国投资领域的增速呈现加快态势，一些重大投资领域项目进度加快。

根据预测，2018—2022 年，农村基建规模或将高达 4.52 万亿元。

②供给侧结构性改革。

2018 年以来，随着供给侧结构性改革深入推进，我国经济社会保持了持续健康发展，新旧动能转换进一步加快，各项宏观调控目标较好完成，为迈向高质量发展夯实了基础。

据统计，2018 年前三季度，得益于优质产能对落后产能的取代，全国生铁、粗钢和钢材产量同比分别增长 1.19%、6.07% 和 7.21%；经过持续 3 年的努力，煤炭行业产业集中度逐步提高，优质产能占比进一步提升并稳步释放，大型现代化煤矿已成为全国煤炭生产的主体，行业供给质量和效率大幅提升。

国家统计局的数据显示，前三季度，我国工业产能利用率达 76.6%，产能过剩局面得到有效缓解。

传统企业加快在创新发展中提质增效，地区新旧动能转换呈现蓬勃发展态势。2018 年初，我国首个以新旧动能转换为主题的区域性国家发展战略在山东落地，河北、天津等传统产业占比较大的省份也在加快转型步伐。

在深化供给侧结构性改革中，降成本仍是一项难度大、影响广、挑战性强的系统工程，未来将以提高实体经济供给体系质量为重点，持续增强我国经济质量优势。

③混合所有制改革。

2013 年，党的十八届三中全会确定发展混合所有制为深化国企改革的重要方向。当时，国有企业正处于由大向强迈进的关口，企业债务重，资金需求大。民营企业也正面临有钱没处投的尴尬局面，拓宽投资渠道的呼声很高。为此，中央明确提出，国有资本、集体资本、非公有资本等交叉持股、相互融合的混合所有制经济，是基本经济制度的重要实现形式，有利于各种所有制资本取长补短、相互促进、共同发展。

对于如何实现"深化国有企业改革，发展混合所有制经济，培育具有全球竞争力的世界一流企业"这一目标，习近平总书记曾明确指出，"对于发展混合所有制经济，基本政策已经明确，关键是细则，成败也在细则。要吸取过去国企改革经验和教训，不能在一片改革声浪中把国有资产变成牟取暴利的机会。改革的关键是公开透明"。

国有企业混合所有制改革是为了让国有企业在改革中能够增强竞争力和活力。要彻底改变过去依靠财政补贴"输血"维持经营的模式，善于借力发展、开放发展，让国有资产动起来、活起来。在混合所有制改革中，涉及大量国有资产的出售、引入社会资本的参股等，因此评估、定价、监督、内控等环节的公开透明就显得格外重要。

④立法护航 PPP 模式发展。

当前，在我国发展 PPP 模式，对于加快新型城镇化建设、提升国家治理能力、构建现代财政制度具有重要意义。

PPP 项目投资仍是拉动基建投资重要的推动力量，基建项目约占 PPP 项目的 75%。PPP 有望引领基建投资浪潮，重塑行业格局。例如，水生态治理成为推动生态环保类工程公司业绩增长的核心动力，主要增量来自海绵城市建设、黑臭水体和农村污水治理，市场规模将达到 1.16 万亿元。雄安新区建设将为建筑公司提供新动能，新建基建、房建、水生态治理分别投资约 1 万亿元、1.6 万亿元和 1 505 亿元。特色小镇有望成为建筑公司业务拓展的新方向，将带来 5 万亿~6 万亿元的投资空间。PPP 资产证券化新规出台后，社会资本退出机制更加健全，PPP 项目的流动性有望改善。

近年来，国家有关部门着力推进 PPP 立法工作。PPP 立法正在加快，PPP 立法对加强政府与社会资金合作，共同开展公共基础设施和公共服务项目投资具有重要意义，将会解决社会资本不敢投的问题，会进一步增强社会资本的投资信心。

我国距官方 2035 年建成社会主义现代化强国的目标，还有 16 年。因此需要抓住机会，获取经济增长红利。

附　　录

附录一　国际政信金融深化服务专家——国投信达

一、企业实力

1. 企业简介

国投信达（北京）投资基金集团有限公司（以下简称国投信达集团），成立于 2014 年 3 月，总部设立于北京。

国投信达集团是央企主导的政信投资企业集群，旗下有 20 余家由央企、券商、保险、信托、国资背景公司等优质企业控股成立的分子公司。

国投信达集团秉承"政信为本、服务民生"的经营理念和立业宗旨，逐步发展成为一家为地方政府提供政信项目的多元化产业综合投资集团，旗下业务板块涵盖国内外保险、融资租赁、保理、证券、产业基金、地方交易所和项目工程建设等。

2. 企业理念

集团秉承"政信为本、服务民生"的经营理念和立业宗旨，在"为国家发展做贡献、为广大人民谋福祉、为政信事业献良计"的高度政治使命和社会责任的指引下，深耕政信领域，稳步利用国内外资源，积极布局全国，从事政信理论的顶层研究，通过各类股权债权金融产品，树立了专业形象。

国投信达业务开展紧跟国家政策引导，为各地建设架设资金桥梁。

截至目前，已与240多家地方政府进行深度政信业务交流与合作，形成了完整的政信金融生态系统。联合中央财经大学政信研究院，汇集百余位政信行业专家、财政部、发展改革委"双库"PPP专家，对政信领域顶层理论进行研究探索，为集团业务发展提供前瞻性理论引导，为地方政府提供高水平的专家咨询服务。

3. 企业定位

国投信达作为国际政信金融深化服务专家，依托政信金融服务地方政府，是国内以"政信金融服务"为唯一主要业务的集团公司，实现政信金融项目服务全闭环。通过多元化服务模式，为合作地方带去先进的投融资模式、合理合规的项目顶层设计。

国投信达立志让金融更高效、更快捷、更安全地服务实体经济，最终让科技赋能于产业、服务于产业，引导更多资金回归实体、服务实体，推动产业升级，提升区域经济社会发展水平。

4. 服务优势

作为国资背景专注政信项目的政信金融服务集团，集团旗下业务板块涵盖保险、融资租赁、保理、证券、信托、产业基金、地方交易所和项目工程建设等。政信项目包括涉水项目、道路公路项目、综合市政项目、保障性安居工程、环卫环保项目、能源产业、非遗或特色小镇、旅游开发等诸多领域。

附图1-1　国投信达集团实际业务布局

国投信达集团服务优势——集团资金渠道广泛，投资能力强；高端智库支撑，项目运营效率高。

（1）项目投资资金到位迅速。

（2）项目启动速度快捷。

（3）国家级智库专家支持，项目设计优化专业。

（4）项目模式创新，有效降低成本。

（5）结构化资金来源，降低项目投资风险。

二、合作机构

1. 中国政信研究院

中国政信研究院是由国投信达集团战略合作，联合国家相关机构、部委、科研院所等政府决策者与战略核心单位共同组建的，致力于政府与社会资本合作领域的全方位研究的非营利性公益机构。

中国政信研究院以高端专家团队为依托，以理念科学创新为先导，以深厚理论基础和实践经验为背景，以实地调查研究为依据，针对各级政府在发展过程中遇到的热点、疑点、难点等问题，提供专业、高效、科学的决策依据和解决方案。

中国政信研究院主要是对政策、经济、信息、科学协调发展的中长期战略进行咨询、规划；对政府项目融资改革、发展、实践中所遇到的重大理论问题进行梳理；对政府重大项目相关方面进行科学的综合性研究论证，并负责对政府重大项目组织考察、论证，从国内外理论前沿及战略政策出发，结合当地实际情况，帮助各地政府及企业制定全局性、局部性、技术性的发展规划，推荐对应的机构参与政府项目的投资以及项目的中后期软硬件技术性管理。

中国政信研究院专家来自中央办公厅、中央党校、中央政策研究室、国务院参事室、国务院研究室、国务院发展研究中心、中国社会科学院、发展改革委、国资委、财政部、证监会、银保监会、人民银行，全国各大知名院校、科研院所等单位，国内外专家学者近千名。

中国政信研究院致力于推动政府政务管理与市场运营理念及模式的创新，充分整合和利用行业资源，发挥行业群体优势，促进服务成员之间的信息沟通和合作；实现各服务成员单位的市场资源共享、信息互通、优势互补、共同发展，最终达到多方共赢的目的。

2. 中央财经大学政信研究院

中央财经大学政信研究院成立于 2017 年 7 月，所属中央财经大学，旨在为我国国家治理体系和政信体系的理论研究、实践探索与制度创新提供智力支持，是国内第一家以政信领域学术研究、决策咨询、学科培育、人才培养、社会服务、文化传承为主要职能的高校智库。

中央财经大学政信研究院开展学术和政策研究，为政信行业发展、政府信用体系建设、政府与社会资本合作、产业转型升级、国企改制、农村工作研究提供城市规划、产业规划、全域旅游、乡村振兴、城市发展等做顶层设计；为城市规范可持续发展提供课题研究、法律、咨询、融资、运营管理等方面的可行性实施方案论证和定位服务，以及政信相关的教育培训、咨询评估，助力地方政府债务化解和系统性金融风险防范，助力"一带一路"、新型城镇化、乡村振兴、雄安新区等重大战略的实施。目前已建立中央财经大学政府与社会资本合作（PPP）智库专家库，聘请了近百位财政部、发展改革委 PPP 双库专家入库；邀请国内知名咨询、法律、规划、设计、财税及相关科研院所等机构近百家，建立政信机构合作库。

中央财经大学政信研究院坚持高站位、开放式、前瞻性的发展导向，紧紧围绕国家经济社会发展和政信服务实践中的重大理论和实践问题，开展学术和政策研究，着力打造中国政信专业智库。

中央财经大学政信研究院围绕使命和愿景，紧扣研究核心，围绕研究领域，提炼研究方向，推动自身的机制建设。

新兴交叉学科建设，建立和拓展政信学术研究体系与学科体系，形成独具特色的研究方向。

研究咨询机制建设，发挥智库功能，为政府、企业和相关组织提供研究、咨询和评估服务。

人才教育机制建设，公开发布研究课题，面向全校及社会招聘科研助理，培养科研人才。满足政信领域的培训需求，开展教育培训。

数据库、案例库和政策资料库建设，建设政信数据库，为政信领域的研究和实务提供支持。建立政信案例数据库、政策资料库，以政策分析、案例研讨、评优评奖、宣传推广等方式推动理论和实践创新。

成果应用机制建设，推动学术成果的应用转化，切实发挥研究院服务社会的功能。与机构合作，做好政信金融顶层设计，开发政信金融产品。

国际交流机制建设，支持政信领域跨机构、跨国界、跨行业的多方位交流，加强与高校、科研机构、各级政府、企事业单位、社会组织等机构的合作。

宣传推广机制建设，依托本院研究、咨询、培训等业务，出版研究杂志、评论刊物和信息简报，通过网站、微信公众号、媒体、论坛等形式，介绍和推广中国政信领域的理论前沿和最新实践，力争成为国内权威的中国政信宣传平台。

中央财经大学政信研究院主要业务包括：

（1）研究成果：发布《中国 PPP 行业发展蓝皮书》；举办中国 PPP 投资论坛；发布《中国政信发展蓝皮书》；举办中国政信发展论坛；发布中国地方政府政信指数；开展中国 PPP 行业和项目的绩效研究；举办中央财经大学 PPP 大讲堂等。

（2）政信服务

①课题研究。以研究院的三个研究中心为依托，开展政信领域学术研究，承接政信领域研究课题。根据客观实际需要，发布课题指南，以

研究院名义委托课题研究。

②咨询服务。提供与政信相关的城市规划、产业规划、乡村振兴、全域旅游、金融设计、公共基础设施和公共服务等方面的顶层设计；提供政信领域的法律、法规、政策咨询；提供政府存量债务转化、城市发展基金、产业引导基金、PPP + EPC、平台转型升级、资产证券化、现有城市项目合规转化、城市建设项目融资 + 合规创覆盖成本全流程金融方案设计田园综合体、特色小镇、美丽乡村、产业新城、PPP 项目全流程咨询管理等方面的方案设计咨询；以政府为主导，全面提供专家咨询、产业导入、金融服务、行业应用、运营管理等服务。

③运营管理。以研究院研究成果、咨询服务、智库人才、机构合作为依托，为政府的项目运营管理、产业运营管理、城市运营管理提供全方位实施方案和落地服务。

④评估培训。开展城市规划、产业规划、政信金融、政府与社会资本合作项目的评估与培训，建立行业标准，推介行业经验，引导行业健康发展。

⑤战略合作。共建省市"中央财经大学××省（市）政信研究院"；接受政府委托，推荐专家，共建省（市）政府政信智库作为政府长期的顾问团和智囊团；定期为政府做政策、法律、财税、金融、招商、城市运营管理等培训。

中央财经大学政信研究院将秉持诚信、合作、包容、共赢的宗旨，与社会各界精诚合作，共同推动中国政信事业发展，更好地服务于国家经济社会发展及国家治理现代化。

3. 中国政法大学 PPP 研究院

中国政法大学 PPP 研究院作为全国第一家依托专业政法院校成立的科研机构，将充分利用政法大学的法学专家资源及学术研究高度为 PPP 项目解决实际操作过程中面临的法律问题提出解决建议和路径，培养 PPP 项目参与各方的法律意识和法治习惯，在 PPP 项目中加强法律执行问题，保证 PPP 项目的质量，降低 PPP 项目的风险。

中国政法大学是国家首批"双一流"学科建设高校，为中国教育及政法事业发展做出了四大贡献：一是人才培养，中国政法大学被誉为"政法人才的摇篮"，多年来为我国培养输出了大量栋梁人才；二是参与国家立法，为中国法制建设提供了支持，促进了我国"依法治国"的发展理念；三是进行理论创新，积极参与国家法律政策的修正，协助完善了我国的法律制度；四是作为国家对外交往的一个窗口，促进国际间学术交流的同时，更塑造了我国高校的国际形象。

党的十八大以来全面推进依法治国，中国政法大学作为以法学为特色和优势的学校，主动引领高校法学研究，推动相关学科建设，重视新型研究院建设。中国政法大学 PPP 研究院顺应社会发展需要，符合国家政策导向，对中国 PPP 规范化发展起到引导和支持作用。能够从 PPP 顶层设计入手，以专业引导发展，对国家、企业发展给予合规指导，帮助政府和企业防控风险，缓解地方财政压力，创造效益，实现多方共赢。

中国政法大学 PPP 研究院在理论研究、法律指导、会议论坛等方面取得了很多成果，理论研究的基础上，校企合作、产学研合作、深入地方、深入项目、深入实践、指导实践，为中国 PPP 的理性、合法、合规、可持续发展贡献了一份法律的力量。

4. 中国政府和社会资本合作投资促进会

中国投资论坛政府和社会资本合作投资促进会是在国家相关部委机构指导下筹建的，由中国 PPP 投资论坛组委会主办，国投信达（北京）投资基金集团有限公司承办，并共同发起成立的，集联合性、专业性和政策性于一体的全国性行业跨界合作机构，致力于推动我国政府与社会资本合作投资市场的发展，加快 PPP 模式在全国各地的推广。

中国投资论坛政府和社会资本合作投资促进会的宗旨是遵守法律

法规，遵守社会道德规范，贯彻执行国家关于产业发展的方针、政策、规划，协助政府提升产业整体的技术研发水平及经济水平，促进在中国建设完整的产业链和成熟健康的市场，维护产业和成员单位的合法权益。致力于推动我国城市 PPP 投资市场运营经营理念及模式的创新，充分整合和利用行业资源，发挥行业群体优势，促进成员之间的信息沟通和合作。实现各成员单位资源共享、信息互通、市场共赢、财富共享，达到多方共赢的目的。

5. 政信金融人才培训中心

（1）中心使命

全国科技人才培养工程金融理财专业鉴定中心致力于金融理财行业职业队伍的建设和培养，致力于中国金融从业者评价体系标准的研究和实践。

（2）机构设置

秘书处：负责主持鉴定中心全面工作。

办公室：负责行政印章管理、内勤协调工作、文件印发及催办工作，中心文件通知核稿、印发及邮寄工作；负责职业鉴定档案整理和保管工作以及其他工作。

鉴定和质量管理部：负责中心各鉴定站、培训基地业务指导工作和协调工作；负责专业鉴定管理人员、督导员的培训认证和管理协调工作，建立和管理资源库；负责每季度鉴定数据统计、汇总、审核和上报工作；负责《专业技术证书》的保管登记、统计、管理、分发、查询、邮寄发放等工作。

教学培训部：负责标准教材和培训的全面组织工作；负责金融理财行业特有职业技能标准和题库开发和修订及维护管理；负责联系专业技能鉴定专家、裁判员队伍，建立、完善和管理资源库；协助做好鉴定题库维护管理、鉴定试卷抽取、命制、审核和试卷印刷等工作。

项目推广部：负责项目定位、推广的全面组织工作；收集、整理并分析业内信息；负责网站、微博等信息媒体的新闻宣传、信息发布等工作；制订会员推广和招募计划，指导会员的开发、管理、维护及接待等工作的开展。

（3）培训范围

职业道德：包含统一的职业道德标准、胜任能力标准以及实际操作标准等内容的培训。由于理财师在工作中遇到的问题涉及面非常广泛，需要内心对职业道德坚守。理财师职业道德培训是理财师整体培训的基础。

基础知识：构建宏观经济分析、金融基础知识、税收基础、理财规划基础等从业所需的基础知识体系。受训人员在受训后拥有基本完备的从业知识体系，可以根据形势变化，有能力作出合理、正确的判断。

专业能力：主要包含理财规划的各个门类，如保险、投资、税收、养老规划的实际操作指导，力争构建完整的理财通道，并同步开展财产分配与综合理财规划的知识培训。

6. 央企联盟

央企联盟在国家发展和改革委员会、财政部、中国人民银行、中国证监会、中国银监会对 PPP 投资相关政策支持以及有关部门指导下，由中国政府和社会资本合作投资促进会、人民日报《民生周刊》杂志社、中华名人协会主办，教育部学校规划建设发展中心、校企合作创新发展联盟、中国投资论坛组织工作委员会联合主办，中国政府和社会资本合作投资促进网承办，中国政信智库网、中关村互联网文化创意产业园协办，国投信达集团提供战略支持。

三、国投信达综合运营模式

1. 财富业务价值链创新优势

国投信达集团有别于其他金融机构，放眼长远，通过采取入股、并购、重组、联谊等多种方式整合各行各业优质公司，针对优质的单体项目、产城融合、园区建设运营进行多元化的资源整合，强调与政府的深度合作、风险控制、利润锁定、后续退出，等等。

产品优势：四大债权产品＋三大股权产品。

深化服务：产城融合、国资改制、债务化解、结构化投资。

投资设计：海内外信托、券商、资管、上市公司。

财税法务：最权威法务设计财政方案设计者专家智库。

2. 投：项目投资与运营机制

（1）项目投资背景

区域背景要求：①符合国家中长期战略发展规划；②产业定位符合国家政策支持；③特殊区域投资趋势价值研判。

地方政府背景考察：①国家战略及经济地位；②三产结构及支柱产业；③地方政府财政收入及增速；④"十三五"发展规划。

项目背景收集资料：①基本信息；②选址要素；③功能定位；④发展策略；⑤产业形态；⑥投资概算；⑦退出机制。

（2）项目运营流程

项目运营流程包括：①项目尽调：项目接洽、走访调研；②项目分析：资料收集、项目立项、拟订方案；③项目设计：拟订及签署协议、项目投决、成立合资公司；④项目运作：运营合资公司、项目招投标、组建项目公司、项目公司运营。

3. 融：项目融资流程

（1）项目尽职调查

项目尽职调查的核心点主要分为以下几个方面：项目基本情况、融资方情况、担保方情况、增信基础资产情况、用款项目情况以及政府综合财力，我们对这几项都会进行较为详细的尽调，特别是对于增信资产、用款项目以及地方经济我们都会实地进行多次尽调以核实真实性。

公司项目实行三级审查、审批制度。项目负责人及相关人员须承担保密责任，严格保守公司及项目相关资料的秘密，若因其个人原因造成公司损失的，应承担相应的赔偿责任。

初审：项目经理审查，淘汰、跟踪、上报，项目审查阶段，由项目经理根据各审查人意见进行分类，并报投资总监批示。

复审：投资总监审查，投资总监根据项目经理上报的项目资料复审后报请投资决策委员会。

决策：投资决策委员会，项目投资与否由投资决策委员会决定。

（2）产品设计

债权：应收账款保理融资、境外债/海外 ABS、实物资产融资租赁、地方交易所定融、私募债。

股权：PPP 项目直接投资、产业基金对项目投资、国企改制基金。

四大深化服务：集团提供产城融合、国资改制、债务化解、结构化投资四大深化服务。

（3）平台对接：地方交易所，AMC 资产管理

经过多年在政信领域的精耕细作，通过与国内百余家地方政府的深度政信业务互动及探索，在国内外各类证券公司、信托公司、基金公司的配合下，发展成了完整的政信金融生态系统。

公司将对接以下平台：地方交易所、AMC 资产管理、海内外保理或融资租赁、股权或收益权基金、离岸股权或债权基金、海外证券公司、上市公司、工程公司、保险机构、财富管理机构。

4. 建：旗下工程公司

（1）华宇政信建设工程有限公司

公司自成立以来，依靠丰富的施工经验、先进的施工技术和科学的管理手段，为国家建设作出了突出的贡献。

公司现在具有以下资质。施工总承包一级：房屋建筑工程、市政工程；专业承包一级：消防设施、装饰装修工程、建筑幕墙工程、城市道路照明工程、环保工程；专业承包二级：钢结构工程、电子与智能化工程、建筑机电安装工程、公路交通安全设施和机电工程。

（2）四川金海建设有限公司

注册地为四川省泸县经济开发区，注册资金 56 600 万元。

企业资质经国家住房和城乡建设部核准现有：房屋建筑工程施工总承包一级、市政公用工程施工总承包一级、消防设施工程专业承包一级、环保工程专业承包一级、地基基础工程专业承包一级、水利水电工程施工总承包二级、公路路面工程专业承包二级、公路路基工程专业承包二级、桥梁工程专业承包二级、隧道工程专业承包二级、河湖整治工程专业承包二级、石油化工工程施工总承包三级等，并有国家商务部颁发的企业境外投资、对外贸易经营、对外承包工程资质。

具有承建高层群体建筑、大跨度工业厂房、大型公共建筑、市政建设施工、大型水利水电项目施工及高标准道路的施工能力。

5. 管：财富业务价值链管理模式、风控体系

（1）财富业务价值链管理模式

项目接洽工作内容：调查融资需求；进行商务谈判；探讨合作方案。

尽职调查：调查融资方；调查项目。

法律文件：基金、保理等文件审查；各类交易文件审查。

合规风控审查：法律合规审查；风险控制审查。

募集成立：产品发行募集；客户签约打款。

存续管理：运营监控；资金监控；投后报告。

清算分配：资金清算；分配收益。

（2）国投风控体系

投资管理部：①对投资项目进行初步判断；②对投资项目的投资操作、执行事宜进行审议；③识别、评估投资风险。

风控合规部：①开展风险控制、合规检查、监督评价等工作；②对项目的合规性进行审核；③跟踪项目实施情况；④向风控会发送报告。

董事会：①听取投决会、风控会报告；②决定公司风控机构设置；③制定风控制度、原则及方法；④决定自有资金投资事项；⑤法律法规或公司章程规定的其他职权。

风险控制委员会：①组织拟订风险管理基本制度；②对项目的合规性进行终审；③监督和评估风险管理制度执行情况。

投资决策委员会：①审议决定自有资金投资项目以及退出项目；②授权投资管理部负责人在授权范围内行使职责；③监督投资管理部及投后管理部。

财务管理部：①有关费用支付、管理费收缴；②公司员工的薪酬发放；③公司年度财务预算和决算等。

投后管理部：①对已投资项目进行跟踪；②履行信息披露义务；③负责退出事务的管理和执行。

（3）风险控制体系：事前—事中—事后

投前及投中控制：①为保证投资业务合法、合规，制定、审查相关的管理制度和业务流程；②制定、审阅投资业务的相关合同、协议，确保合同的规范性和合法性；③监督投资业务管理制度和业务流程的执行情况，确保国家法律、法规和公司内部控制制度有效地执行；④确保投资业务投资决策服从国家产业政策，符合国家法律、法规。

投后控制：①制定投资业务的合规检查制度；②对投资业务运作和内部管理的合规性进行检查，并向公司通报；③检查相关管理制度和业务流程的执行情况，确保资产管理业务遵守公司内部制度。

6. 退：退出机制与退出方式

（1）退出机制

股权投资退出机制：风险企业，资本投入，股权形态，保障机制，资本增值，安全退出。

债权投资退出机制：融资企业，协议签署，资金放款，增信保障，到期还款，本息兑付。

（2）股权投资退出方式

A、B、C、IPO：可通过被投公司的 A 轮、B 轮、C 轮和 IPO 上市股权融资的方式实现资本金退出。

减资、清算：在被投公司有足够收益或标的项目周期完结的情况下，国投信达可通过减资或清算的方式实现资本金退出。

股权转让：国投信达可通过将所持有被投公司的股权溢价受让给其他股东或者第三方，实现资本金的退出。

股转债：可按被投公司的意愿签订《对赌协议》，在被投公司达到或者完不成协议所约定的业绩指标时，可按债权的方式实现退出。

（3）债权投资退出方式

债转股：对于有潜力、创收能力强的融资企业，可通过债权转换成股权的方式，以创造超额收益的方式实现退出。

ABS：在融资企业用款项目产生稳定收益后，可通过发行资产支持证券的方式实现先前债务性资金的退出。

政府财政支出：政信类融资项目，对于项目总投资额已纳入政府财政支出预算的，政府财政资金为最终还款来源。

政府统筹：对于非纳入政府财政支出预算的政信类项目，政府可通过平台公司发行企业债或公司债的方式筹集资金，统筹管理，帮助融资企业实现还款。

附录二　相关法规政策

一、政府投融资体制

1. 国务院关于加强地方政府性债务管理的意见

文号：国发〔2014〕43 号

公告日期：2014 年 10 月 2 日

内容简介：允许适度举债，规范发债方式。允许地方政府适度举债，采取政府债券方式。市县级政府确需举借债务的由省、自治区、直辖市政府代为举借，不得通过企事业单位等举措；限定债务规模。债务限额由国务院确定并报全国人大或其常委会批准，地方政府举债不得突破批准的限额；地方政府在限额内举借的债务，必须报本级人大或其常委会批准。也就是说，中央对地方的规模控制，只是设定地方举债的上限。在不突破上限的前提下，地方举债的实际规模由本级人大或其常委会决定。

2. 关于印发《地方政府存量债务纳入预算管理清理甄别办法》的通知

文号：财预〔2014〕351 号

公告日期：2014 年 10 月 23 日

内容简介：通过 PPP 模式转化为企业债务的，不纳入政府债务；项目没有收益、计划偿债来源主要依靠一般公共预算收入的，甄别为一般债务；项目有一定收益、计划偿债来源依靠项目收益对应的政府性基金收入或专项收入、能够实现风险内部化的，甄别为专项债务；项目有一定收益但项目收益无法完全覆盖的，无法覆盖的部分列入一般债务，其他部分列入专项债务。

3. 国务院关于创新重点领域投融资机制鼓励社会投资的指导意见

文号：国发〔2014〕60 号

公告日期：2014 年 11 月 26 日

内容简介：实行统一市场准入，创造平等投资机会；创新投资运营机制，扩大社会资本投资途径；优化政府投资使用方向和方式，发挥引导带动作用；创新融资方式，拓宽融资渠道；完善价格形成机制，发挥价格杠杆作用。

4. 关于深化投融资体制改革的意见

文号：中发〔2016〕18 号

公告日期：2016 年 7 月 5 日

内容简介：依托多层次资本市场体系，拓宽投资项目融资渠道，支持有真实经济活动支撑的资产证券化，盘活存量资产，优化金融资源配置，更好地服务投资兴业。

二、政府预算管理

1. 全国人民代表大会常务委员会关于修改《中华人民共和国预算法》的决定

文号：主席令第十二号

公告日期：2014 年 8 月 31 日

内容简介：对地方政府债务管理作出明确规定，赋予地方政府以适度的举债权，但同时也将地方举债关入制度化的笼子里，对于化解地方债务风险、合理控制地方债增长有着不小的影响。

2. 国务院关于改革和完善中央对地方转移支付制度的意见

文号：国发〔2014〕71 号

公告日期：2015 年 2 月 2 日

内容简介：明确一般性转移支付在整个转移支付中的占比提高到 60% 以上；取消地方资金配套要求，除按照国务院规定应当由中央和地方共同承担的事项外，中央在安排专项转移支付时，不得要求地方政府承担配套资金。由中央和地方共同承担的事项，要依据公益性、外部性等因素明确分担标准或比例。

3. 关于对地方政府债务实行限额管理的实施意见

文号：财预〔2015〕225 号

公告日期：2015 年 12 月 21 日

内容简介：对地方政府债务余额实行限额管理，具体分为一般债务限额和专项债务限额。地方政府债务总限额由国务院根据国家宏观经济形势等因素确定，并报全国人民代表大会批准。将地方政府债务分类纳入预算管理。其中，一般债务纳入一般公共预算管理，主要以一般公共预算收入偿还，当赤字不能减少时可采取"借新还旧"的办法。专项债务纳入政府性基金预算管理，通过对应的政府性基金或专项收入偿还；政府性基金或专项收入暂时难以实现，如收储土地未能按计划出让的，可先通过借新还旧周转，收入实现后即予归还。

4. 国务院办公厅关于印发地方政府性债务风险应急处置预案的通知

文号：国办函〔2016〕88 号

公告日期：2016 年 10 月 27 日

内容简介：存量担保债务不属于政府债务，除外国政府和国际经济组织贷款外，地方政府及其部门出具的担保合同无效，地方政府及其部门对其不承担偿债责任，仅依法承担适当民事赔偿责任，但最多不应超过债务人不能清偿部分的 1/2，担保额小于债务人不能清偿部分 1/2 的，以担保额为限；存量救助债务不属于政府债务。对政府可能承担一定救助责任的存量或有债务，地方政府可以根据具体情况实施救助，但保留对债务人的追偿权。

5. 关于印发《地方预决算公开操作规程》的通知

文号：财预〔2016〕143 号

公告日期：2016 年 10 月 27 日

内容简介：地方各级财政部门应当公开一般公共预算、政府性基金预算、国有资本经营预算、社会保险基金预算四项预算。涉及国家秘密的除外。

6. 关于印发《地方政府一般债务预算管理办法》的通知

文号：财预〔2016〕154 号

公告日期：2016 年 11 月 9 日

内容简介：对非债券形式一般债务，债务人为地方政府及其部门的，应当在国务院规定的期限内置换成一般债券；债务人为企事业单位或个人，且债权人同意在国务院规定的期限内置换成一般债券的，地方政府应当予以置换，债权人不同意在国务院规定的期限内置换成一般债券的，不再计入地方政府债务，由债务人自行偿还，对应的一般债务限额由财政部按照程序予以调减。

7. 关于印发《地方政府专项债务预算管理办法》的通知

文号：财预〔2016〕155 号

公告日期：2016 年 11 月 9 日

内容简介：对非债券形式专项债务，应当由政府、债权人、债务人通过合同方式，约定在国务院规定的期限内置换成专项债券的时限，转移偿还义务；对非债券形式专项债务，债务人为地方政府及其部门的，应当在国务院规定的期限内置换成专项债券；债务人为企事业单位或个人，且债权人同意在国务院规定的期限内置换成专项债券的，地方政府应当予以置换，债权人不同意在国务院规定的期限内置换成专项债券的，不再计入地方政府债务，由债务人自行偿还，对应的专项债务限额由财政部按照程序予以调减。

三、政府采购管理

1. 中华人民共和国政府采购法

内容简介：政府采购实行集中采购和分散采购相结合。集中采购的范围由省级以上人民政府公布的集中采购目录确定。

属于中央预算的政府采购项目，其集中采购目录由国务院确定并公布；属于地方预算的政府采购项目，其集中采购目录由省、自治区、直辖市人民政府或者其授权的机构确定并公布。

纳入集中采购目录的政府采购项目，应当实行集中采购。

2. 中华人民共和国政府采购法实施条例

内容简介：政府采购工程以及与工程建设有关的货物、服务，采用招标方式采购的，适用《中华人民共和国招标投标法》及其实施条例；采用其他方式采购的，适用政府采购法及本条例。

采购代理机构应当自评审结束之日起 2 个工作日内将评审报告送交

采购人。采购人应当自收到评审报告之日起 5 个工作日内在评审报告推荐的中标或者成交候选人中按顺序确定中标或者成交供应商。

采购人或者采购代理机构应当自中标、成交供应商确定之日起 2 个工作日内，发出中标、成交通知书，并在省级以上人民政府财政部门指定的媒体上公告中标、成交结果，招标文件、竞争性谈判文件、询价通知书随中标、成交结果同时公告。

3. 中华人民共和国招标投标法

内容简介：在中华人民共和国境内进行下列工程建设项目包括项目的勘察、设计、施工、监理以及与工程建设有关的重要设备、材料等的采购，必须进行招标：

（1）大型基础设施、公用事业等关系社会公共利益、公众安全的项目；

（2）全部或者部分使用国有资金投资或者国家融资的项目；

（3）使用国际组织或者外国政府贷款、援助资金的项目。

4. 中华人民共和国招标投标法实施条例

内容简介：县级以上地方人民政府发展改革部门指导和协调本行政区域的招标投标工作。县级以上地方人民政府有关部门按照规定的职责分工，对招标投标活动实施监督，依法查处招标投标活动中的违法行为。县级以上地方人民政府对其所属部门有关招标投标活动的监督职责分工另有规定的，从其规定。

财政部门依法对实行招标投标的政府采购工程建设项目的预算执行情况和政府采购政策执行情况实施监督。

监察机关依法对与招标投标活动有关的监察对象实施监察。

四、PPP

1. 关于推广运用政府和社会资本合作模式有关问题的通知

文号：财金〔2014〕76 号

公告日期：2014 年 9 月 23 日

内容简介：从项目识别和论证到项目采购、融资安排、运营绩效监管的全流程，政府和社会资本都不得缺位，就需要财政补贴的项目而言，强调要从"补建设"向"补运营"转变，探索动态补贴机制，强化运营绩效评估，避免在实际操作中重签约、重建设，不重运营、不重监管的现象；明确"风险由最适宜的一方来承担"，判断某方是否适宜，条件应包括"风险是否由最有能力以最小成本管理的一方承担"，以及"风险和收益相对等"和"风险有上限"的安排。

2. 关于印发政府和社会资本合作模式操作指南（试行）的通知

文号：财金〔2014〕113 号

公告日期：2014 年 11 月 29 日

内容简介：物有所值评价和财政可承受能力论证今后将成为项目采用 PPP 模式的必备条件；中央和省、市、县级财政部门要通过 PPP 综合信息平台，及时了解国家 PPP 工作政策、发展动态，特别是跟踪、监督所辖行政区域内 PPP 项目开发、执行情况，进行全生命周期管理。

3. 关于开展政府和社会资本合作的指导意见

文号：发改投资〔2014〕2724 号

公告日期：2014 年 12 月 2 日

内容简介：PPP 模式主要适用于政府负有提供责任又适宜市场化运作的公共服务、基础设施类项目。燃气、供电、供水、供热、污水及垃圾处理等市政设施，公路、铁路、机场、城市轨道交通等交通设施，医疗、旅游、教育培训、健康养老等公共服务项目，以及水利、资源环境和生态保护等项目均可推行 PPP 模式。各地的新建市政工程以及新型城镇化试点项目，应优先考虑采用 PPP 模式建设。

4. 政府和社会资本合作项目政府采购管理办法

文号：财库〔2014〕215 号

公告日期：2014 年 12 月 31 日

内容简介：PPP 项目采购应当实行资格预审。项目实施机构应当根据项目需要准备资格预审文件，发布资格预审公告，邀请社会资本和与其合作的金融机构参与资格预审，验证项目能否获得社会资本响应和实现充分竞争。项目实施机构应当组织社会资本进行现场考察或者召开采购前答疑会，但不得单独或者分别组织只有一个社会资本参加的现场考察和答疑会；PPP 项目采购评审结束后，项目实施机构应当成立专门的采购结果确认谈判工作组，负责采购结果确认前的谈判和最终的采购结果确认工作。

5. 关于在公共服务领域推广政府和社会资本合作模式的指导意见

文号：国办发〔2015〕42 号

公告日期：2015 年 5 月 19 日

内容简介：在能源、交通运输、水利、环境保护、农业、林业、科技、保障性安居工程、医疗、卫生、养老、教育、文化等公共服务领域，广泛采用政府和社会资本合作模式，对统筹做好稳增长、促改革、调结构、惠民生、防风险工作具有战略意义；列举能源、交通运输、水利、环境保护、农业、林业、科技、保障性安居工程、医疗、卫生、养老、教育、文化共计十三个领域。

6. 关于规范政府和社会资本合作（PPP）综合信息平台运行的通知

文号：财金〔2015〕166 号

公告日期：2015 年 12 月 18 日

内容简介：PPP 信息发布平台以外网形式对社会发布 PPP 政策法规、工作动态、PPP 项目库、PPP 项目招商与采购公告以及知识分享等信息。网址为 http：//www. cpppc. org；财政部 PPP 中心负责 PPP 信息发布平台和 PPP 信息管理平台下的机构库（咨询服务机构与专家、金融机构等）和资料库的运行、维护和管理。

7. 财政部关于印发《政府和社会资本合作项目财政管理暂行办法》的通知

文号：财金〔2016〕92 号

公告日期：2016 年 9 月 24 日

内容简介：PPP 项目合同审核时，应当对照项目实施方案、物有所值评价报告、财政承受能力论证报告及采购文件，检查合同内容是否发生实质性变更，并重点审核合同是否满足以下要求：合同应当根据实施方案中的风险分配方案，在政府与社会资本双方之间合理分配项目风险，并确保应由社会资本方承担的风险实现了有效转移；合同应当约定项目具体产出标准和绩效考核指标，明确项目付费与绩效评价结果挂钩；合同应当综合考虑项目全生命周期内的成本核算范围和成本变动因素，设定项目基准成本；合同应当根据项目基准成本和项目资本金财务内部收益率，参照工程竣工决算合理测算确定项目的补贴或收费定价基准。项目收入基准以外的运营风险由项目公司承担；合同应当合理约定项目补贴或收费定价的调整周期、条件和程序，作为项目合作期限内行业主管部门和财政部门执行补贴或收费定价调整的依据。

8. 关于在公共服务领域深入推进政府和社会资本合作工作的通知

文号：财金〔2016〕90 号

公告日期：2016 年 10 月 11 日

内容简介：积极引导各类社会资本参与。各级财政部门要联合有关部门营造公平竞争的环境，鼓励国有控股企业、民营企业、混合所有制企业、外商投资企业等各类型企业，按同等标准、同等待遇参与 PPP 项目。对民营资本设置差别条款和歧视性条款的 PPP 项目，各级财政部门将不再安排资金和政策支持。

9. 关于联合公布第三批政府和社会资本合作示范项目加快推动示范项目建设的通知

文号：财金〔2016〕91 号

公告日期：2016 年 10 月 11 日

内容简介：在实施建设用地供应时，不得直接以 PPP 项目为单位打包或成片供应土地；PPP 项目主体或其他社会资本，除通过规范的土地市场取得合法土地权益外，不得违规取得未供应的土地使用权或变相取得土地收益；不得作为项目主体参与土地收储和前期开发等工作；不得借未供应的土地进行融资；PPP 项目的资金来源与未来收益及清偿责任，不得与土地出让收入挂钩。

10. 关于印发《传统基础设施领域实施政府和社会资本合作项目工作导则》的通知

文号：发改投资〔2016〕2231 号

公告日期：2016 年 10 月 24 日

内容简介：对于社会资本的选择将通过公开招标、邀请招标、两阶段招标、竞争性谈判等方式择优选择具有相应投资能力、管理经验、专业水平、融资实力以及信用状况良好的社会资本方作为合作伙伴。禁止排斥、限制或歧视民间资本和外商投资，并要鼓励社会资本方成立联合体投标及鼓励设立混合所有制项目公司；由发展改革委、财政、规划、国土、价格等政府相关部门对 PPP 项目实施方案进行联合评审。在实施过程中社会资本方可依法设立项目公司；项目公司承担设计、融资、建设、运营等责任并自主经营自负盈亏。

11. 关于推进传统基础设施领域政府和社会资本合作（PPP）项目资产证券化相关工作的通知

文号：发改投资〔2016〕2698 号

公告日期：2016 年 12 月 21 日

内容简介：明确重点推动资产证券化的 PPP 项目范围：一是项目已严格履行审批、核准、备案手续和实施方案审查审批程序，并签订规范有效的 PPP 项目合同，政府、社会资本及项目各参与方合作顺畅；二是项目工程建设质量符合相关标准，能持续安全稳定运营，项目履约能力较强；三是项目已建成并正常运营两年以上，已建立合理的投资回报机制，并已产生持续、稳定的现金流；四是原始权益人信用稳健，内部控制制度健全，具有持续经营能力，最近三年未发生重大违约或虚假信息披露，无不良信用记录。对于符合 2698 号文条件的优质 PPP 项目资产证券化产品实行"5 + 3"（5 个工作日提出反馈意见，收到反馈后 3 个工作日明确是否符合挂牌要求）的即报即审措施，提升挂牌效率。

12. 财政部关于印发《政府和社会资本合作（PPP）综合信息平台信息公开管理暂行办法》

文号：财金〔2017〕1 号

公告日期：2017 年 1 月 23 日

内容简介：根据 PPP 项目全生命周期的不同阶段，规定了项目识别、准备、采购、执行和移交各个阶段信息公开的内容；PPP 信息公开质量的责任，PPP 信息公开的监督，PPP 信息公开年度报告，公民、法人和其他组织对 PPP 信息公开情况的反馈渠道等事项；PPP 项目信息公开的方式包括即时公开和适时公开两种方式。

13. 关于规范开展政府和社会资本合作项目资产证券化有关事宜的通知

文号：财金〔2017〕55 号

公告日期：2017 年 6 月 7 日

内容简介：PPP 项目资产证券化的发起人在基础资产与发起人资产之间做好风险隔离。PPP 项目公司资产证券化的发行成本应当由项目公司按照合同约定承担，不得将发行成本转嫁给政府和社会资本方。资产证券化产品的偿付责任，由项目公司以其持有的基础资产和增信安排承担，不得将资产证券化产品的偿付责任转嫁给政府或公众，并影响公共服务的持续稳定供给。

14. 关于加强中央企业 PPP 业务风险管控的通知

文号：国资发财管〔2017〕192 号

公告日期：2017 年 11 月 17 日

内容简介：坚持战略引领，强化集团管控；严格准入条件，提高项目质量；严格规模控制，防止推高债务风险；优化合作安排，实现风险共担；规范会计核算，准确反映 PPP 业务状况；严肃责任追究，防范违规经营投资行为。

五、政府购买服务

1. 国务院办公厅关于政府向社会力量购买服务的指导意见

文号：国办发〔2013〕96 号

公告日期：2013 年 9 月 30 日

内容简介：政府向社会力量购买服务的内容为适合采取市场化方式提供、社会力量能够承担的公共服务，突出公共性和公益性。教育、就业、社保、医疗卫生、住房保障、文化体育及残疾人服务等基本公共服务领域。非基本公共服务领域，凡适合社会力量承担的，都可以通过委托、承包、采购等方式交给社会力量承担。对应当由政府直接提供、不适合社会力量承担的公共服务，以及不属于政府职责范围的服务项目，政府不得向社会力量购买。

2. 关于做好事业单位政府购买服务改革工作的意见

文号：财综〔2016〕53 号

公告日期：2016 年 11 月 30 日

内容简介：现由公益二类事业单位承担并且适宜由社会力量提供的服务事项，全部转为通过政府购买服务方式提供；通过政府购买服务，促进建立公益二类事业单位财政经费保障与人员编制管理的协调约束机制；将现由事业单位承担并且适宜由社会力量提供的服务事项纳入政府购买服务指导性目录；落实税收等相关优惠政策；加强合同履约管理；2017 年开始，各有关部门要根据本部门所属事业单位实际情况，推进事业单位政府购买服务改革，逐步增加公益二类事业单位实行政府购买服务的项目和金额。

3. 关于坚决制止地方以政府购买服务名义违法违规融资的通知

文号：财预〔2017〕87 号

公告日期：2017 年 5 月 28 日

内容简介：严格按照《中华人民共和国政府采购法》确定的服务范围实施政府购买服务，不得将原材料、燃料、设备、产品等货物，以及建筑物和构筑物的新建、改建、扩建及其相关的装修、拆除、修缮等建设工程作为政府购买服务项目。严禁将铁路、公路、机场、通讯、水电煤气，以及教育、科技、医疗卫生、文化、体育等领域的基础设施建设，储备土地前期开发，农田水利等建设工程作为政府购买服务项目。严禁将建设工程与服务打包作为政府购买服务项目。严禁将金融机构、融资租赁公司等非金融机构提供的融资行为纳入政府购买服务范围。

六、地方政府融资平台管理

1. 国务院关于加强地方政府融资平台公司管理有关问题的通知

文号：国发〔2010〕19 号

公告日期：2010 年 6 月 10 日

内容简介：纳入此次清理范围的债务，包括融资平台公司直接借入、拖欠或因提供担保、回购等信用支持形成的债务。债务经清理核实后按以下原则分类：（1）融资平台公司因承担公益性项目建设举借、主要依靠财政性资金偿还的债务；（2）融资平台公司因承担公益性项目建设举借、项目本身有稳定经营性收入并主要依靠自身收益偿还的债务；（3）融资平台公司因承担非公益性项目建设举借的债务。

2. 关于地方政府融资平台贷款监管有关问题的说明

文号：银监办发〔2011〕191 号

公告日期：2011 年 6 月 17 日

内容简介：不得向银行"名单制"管理系统以外的融资平台发放贷款，不得再接受地方政府以直接或间接形式提供的任何担保和承兑，不得再接受以学校、医院、公园等公益性资产作为抵（质）押品，不得再接受以无合法土地使用权证的土地预期出让收入承诺作为抵

（质）押。

3. 关于制止地方政府违法违规融资行为的通知

文号：财预〔2012〕463 号

公告日期：2012 年 12 月 24 日

内容简介：以出让方式注入土地的，融资平台公司必须及时足额缴纳土地出让收入并取得国有土地使用证；以划拨方式注入土地的，必须经过有关部门依法批准并严格用于指定用途。融资平台公司经依法批准利用原有划拨土地进行经营性开发建设或转让原划拨土地使用权的，应当按照规定补缴土地价款。地方各级政府不得将储备土地作为资产注入融资平台公司，不得承诺将储备土地预期出让收入作为融资平台公司偿债资金来源。

4. 国务院关于改革和完善国有资产管理体制的若干意见

文号：国发〔2015〕63 号

公告日期：2015 年 11 月 4 日

内容简介："权责明晰、突出重点、放管结合、稳妥有序"，主要包括坚持政企分开、政资分开、所有权与经营权分离。依法理顺政府与国有企业的出资关系。切实转变政府职能，依法确立国有企业的市场主体地位，建立健全现代企业制度。坚持政府公共管理职能与国有资产出资人职能分开，确保国有企业依法自主经营地位，激发活力、创新力和内生动力。

5. 关于在企业债券领域进一步防范风险加强监管和服务实体经济有关工作的通知

文号：发改办财金〔2017〕1358 号

公告日期：2017 年 8 月 7 日

内容简介：做好存量企业债券涉及的地方政府债务风险的排查化解。如企业已发行的企业债券涉及政府性债务，省级发展改革部门应主动配合相关部门，指导发债企业和中介机构依法依规做好地方政府债务风险的排查化解；在企业债券申报中严格防范地方政府债务风险。企业新申报发行企业债券时，应明确发债企业和政府之间的权利责任关系，实现发债企业与政府信用严格隔离，严禁地方政府及部门为企业发行债券提供不规范的政府和社会资本合作、政府购买服务、财政补贴等情况。对不符合以上规定的，省级发展改革部门应不予转报。

七、土地政策与棚改

1. 关于深入推进新型城镇化建设的若干意见

文号：国发〔2016〕8号

公告日期：2016年2月2日

内容简介：提升县城和重点镇基础设施水平；加快拓展特大镇功能；加快特色镇发展；培育发展一批中小城市；加快城市群建设。

2. 关于规范土地储备和资金管理等相关问题的通知

文号：财综〔2016〕4号

公告日期：2016年2月2日

内容简介：对清理甄别后认定为地方债务的土地储备贷款（截至2014年底），需纳入政府性基金预算管理，偿债资金通过预算统筹安排，并逐步发行地方政府债券进行置换，自2016年起，各地不得再向银行举借土地储备贷款；从2016年1月1日起，对土地储备资金的筹集渠道进行了明确，并且强调专款专用，土地储备机构日常费用和土地储备资金严格分账核算，不得混用。

3. 地方政府土地储备专项债券管理办法（试行）

文号：财预〔2017〕62号

公告日期：2017年5月16日

内容简介：土地储备机构应当严格储备土地管理，厘清土地产权，按照有关规定完成土地登记，加强储备土地的动态监管和日常统计，及时评估储备土地资产价值；地方各级国土资源部门要履行国有资产运营维护责任，确保土地储备资产保值增值；明确地方政府不得以储备土地为任何单位和个人的债务以任何方式提供担保，防止地方政府违法违规使用储备土地资产为融资平台公司等企业债务融资进行抵（质）押担保。

八、资本金管理

1. 国务院关于调整固定资产投资项目资本金比例的通知

文号：国发〔2009〕27号

公告日期：2009年5月25日

内容简介：各行业固定资产投资项目的最低资本金比例按以下规定执行：

钢铁、电解铝项目，最低资本金比例为40%。

水泥项目，最低资本金比例为35%。

煤炭、电石、铁合金、烧碱、焦炭、黄磷、玉米深加工、机场、港口、沿海及内河航运项目，最低资本金比例为30%。

铁路、公路、城市轨道交通、化肥（钾肥除外）项目，最低资本金比例为25%。

保障性住房和普通商品住房项目的最低资本金比例为20%，其他房地产开发项目的最低资本金比例为30%。

其他项目的最低资本金比例为20%。

经国务院批准，对个别情况特殊的国家重大建设项目，可以适当降低最低资本金比例要求。属于国家支持的中小企业自主创新、高新技术投资项目，最低资本金比例可以适当降低。外商投资项目按现行有关法规执行。

2. 国务院关于调整和完善固定资产投资项目资本金制度的通知

文号：国发〔2015〕51号

公告日期：2015 年 9 月 9 日

内容简介：金融机构在提供信贷支持和服务时，要坚持独立审贷，切实防范金融风险。要根据借款主体和项目实际情况，按照国家规定的资本金制度要求，对资本金的真实性、投资收益和贷款风险进行全面审查和评估，坚持风险可控、商业可持续原则，自主决定是否发放贷款以及具体的贷款数量和比例。对于产能严重过剩行业，金融机构要严格执行《国务院关于化解产能严重过剩矛盾的指导意见》（国发〔2013〕41号）的有关规定。

九、政府产业基金管理

1. 私募投资基金监督管理暂行办法

文号：证监会令　第 105 号

公告日期：2014 年 8 月 21 日

内容简介：创业投资基金，是指主要投资于未上市创业企业普通股或者依法可转换为普通股的优先股、可转换债券等权益的股权投资基金。对于创业投资基金，目前的政策导向为鼓励和引导，实行差异化监管并为其设立、运作等提供便利。

2. 国家和发展改革委员会关于印发《政府出资产业投资基金管理暂行办法》的通知

文号：发改财金规〔2016〕2800 号

公告日期：2016 年 12 月 30 日

内容简介：政府出资产业投资基金应主要投资于以下领域：非基本公共服务领域，基础设施领域，住房保障领域，生态环境领域，区域发展领域，战略性新兴产业和先进制造业领域，创业创新领域。

十、存量公共资产盘活

1. 关于发挥政府出资产业投资基金引导作用推进市场化银行债权

转股权相关工作的通知

文号：发改办财金〔2017〕1238号

公告日期：2017年7月15日

内容简介：支持现有政府出资产业投资基金或新设政府出资市场化债转股专项基金按以下方式参与市场化债转股项目：以权益投资的方式参与《指导意见》所列各类实施机构发起的市场化债转股项目；以出资参股符合条件的实施机构发起设立的债转股投资基金的方式参与市场化债转股项目；以经基金章程、合伙协议或基金协议明确或约定的符合国家法律法规和有关规范性文件的其他投资形式参与市场化债转股项目。

2. 关于加快运用PPP模式盘活基础设施存量资产有关工作的通知

文号：发改投资〔2017〕1266号

公告日期：2017年7月3日

内容简介：对拟采取PPP模式的存量基础设施项目，根据项目特点和具体情况，可通过转让—运营—移交（TOT）、改建—运营—移交（ROT）、转让—拥有—运营（TOO）、委托运营、股权合作等多种方式，将项目的资产所有权、股权、经营权、收费权等转让给社会资本。

对已经采取PPP模式且政府方在项目公司中占有股份存量基础设施的项目，可通过股权转让等方式，将政府方持有的股权部分或全部转让给项目的社会资本方或其他投资人。

对在建的基础设施项目，也可积极探索推进PPP模式，引入社会资本负责项目的投资、建设、运营和管理，减少项目前期推进困难等障碍，更好地吸引社会资本特别是民间资本进入。

十一、政府债券管理

1. 关于加强保险资金运用管理支持防范化解地方政府债务风险的指导意见

文号：保监发〔2018〕6 号

公告日期：2018 年 1 月 8 日

内容简介：积极支持依法合规开展投资；妥善配合存量债务风险处置；切实规范投资融资平台公司行为；审慎合规开展创新业务；着力强化行业风险管理；严格落实市场主体责任。

2. 关于进一步增强企业债券服务实体经济能力严格防范地方债务风险的通知

文号：发改办财金〔2018〕194 号

公告日期：2018 年 2 月 8 日

内容简介：严禁将公立学校、公立医院、公共文化设施、公园、公共广场、机关事业单位办公楼、市政道路、非收费桥梁、非经营性水利设施、非收费管网设施等公益性资产及储备土地使用权计入申报企业资产；严禁涉及与地方政府信用挂钩的虚假陈述、误导性宣传。信用评级机构应当基于企业财务和项目信息等开展评级工作，不得将申报企业信用与地方政府信用挂钩。相关企业申报债券时应主动公开声明不承担政府融资职能，发行本期债券不涉及新增地方政府债务；严禁申报企业以各种名义要求或接受地方政府及其所属部门为其市场化融资行为提供担保或承担偿债责任。

3. 关于做好 2018 年地方政府债务管理工作的通知

文号：财预〔2018〕34 号

公告日期：2018 年 2 月 24 日

内容简介：年度地方政府债务限额等于上年地方政府债务限额加上当年新增债务限额（或减去当年调减债务限额）；逐级下达分地区地方政府债务限额，市县级政府确需举借债务的，依照经批准的限额提出本地区当年政府债务举借和使用计划，列入预算调整方案，报本级人大常委会批准，报省级政府备案并由省级政府代为举借；严格按照限额举借地方政府债务；地方政府要将其所有政府债务纳入限额，并分类纳入预算管理；切实履行政府债务偿还责任；依法妥善处置或有债务。

十二、行业政策

1. 资产证券化监管问答

文号：证监会《监管问答》

公告日期：2016 年 5 月 13 日

内容简介：为社会提供公共产品或公共服务的相关收费权类资产、绿色环保产业相关项目的中央财政补贴部分可以作为基础资产开展资产证券化业务，同时 PPP 项目开展资产证券化原则上需为纳入财政部 PPP 示范项目名单、国家发展和改革委员会 PPP 推介项目库或财政部公布的 PPP 项目库的项目。

2. 商务部办公厅关于开展融资租赁业风险排查工作的通知

文号：商办流通函〔2017〕175 号

公告日期：2017 年 5 月 2 日

内容简介：商务部办公厅发布的《关于开展融资租赁业风险排查工作的通知》，提到对于融资租赁企业重点排查的问题包括违反国家有关规定向地方政府、地方政府融资平台公司提供融资或要求地方政府为租赁项目提供担保、承诺还款等，以及以不符合法律规定的标的为租赁物、未实际取得租赁物所有权等行为。

3. 关于规范金融机构资产管理业务的指导意见

发文单位：中国人民银行、中国银行保险监督管理委员会、中国证券监督管理委员会和国家外汇管理局联合发布。

公告日期：2018 年 4 月 27 日

内容简介：一是统一监管标准；二是消除多层嵌套、减少监管套利；三是打破刚性兑付；四是规范资金池、降低期限错配、减少流动性风险。

十三、重磅合规文件

1. 关于印发《财政部驻各地财政监察专员办事处实施地方政府债务监督暂行办法》的通知

文号：财预〔2016〕175号

公告日期：2016年11月24日

内容简介：明确专员办可以综合运用调研、核查、检查等手段，建立常态化的监督机制；必要时可延伸至相关政府部门、事业单位、融资平台公司、金融机构等单位，防范地方政府通过企事业单位违法违规融资。同时，要求专员办重点加强对政府债务高风险地区的监督，定期评估风险。

2. 关于进一步规范地方政府举债融资行为的通知

文号：财预〔2017〕50号

公告日期：2017年4月26日

内容简介：对地方政府融资担保清理整改，要求地方政府举债一律采取在国务院批准的限额内发行地方政府债券方式。除此以外，地方政府及其所属部门不得以任何方式举借债务，因此，地方政府及融资平台公司举债几乎全部阻断。为保证地方实体经济发展，鼓励地方融资平台公司尽快转型为市场化运营的国有企业，开展市场化融资，同时规范政府与社会资本方的合作行为，引导社会资本投资经济社会发展的重点领域和薄弱环节。

3. 关于规范金融企业对地方政府和国有企业投融资行为有关问题的通知

文号：财金〔2018〕23号

公告日期：2018年3月28日

内容简介：除购买地方政府债券外，不得直接或通过地方国有企事业单位等间接渠道为地方政府及其部门提供任何形式的融资，不得违规新增地方政府融资平台公司贷款。不得要求地方政府违法违规提供担保或承担偿债责任。不得提供债务性资金作为地方建设项目、政府投资基金或政府和社会资本合作（PPP）项目资本金。

后　　记

　　国投信达（北京）投资基金集团有限公司响应国家鼓励政府和社会资本合作政策号召而成立，专注政信金融并在此领域不断摸索，在此过程中积累了一些经验和教训，总结了一些方法。我们以此为基础扩大研究范围，组织各方专家深入讨论，在 2018 年至 2019 年，历经多次调研、修改补充完善，终成定稿。

　　在此，特别感谢集团各部门同事在此期间给予的大力支持，感谢同业各位专家的指导与斧正。有赖于大家的慷慨相助，本书才得以顺利出版。

　　谨以此书作为小结，旨在抛砖引玉，以期为政信事业发展作出些许贡献，共同探究一条利国利民共赢之路。

　　因为水平有限，书中难免存在谬误，希望各位同行与读者批评指正，联系邮箱：service@ guotouxinda. com

中国政信金融研究课题组